公安院校创新应用型
精品规划系列教材

危险物品管理

Dangerous goods management

主　编　张家忠　盛　虎
副主编　李海燕　曾　伟　万　红
　　　　李振宇　蒋荣清　魏莲芳
撰稿人　万　红　李振宇　李海燕　杨山林
　　　　杨　帆　蒋荣清　魏莲芳　魏　琳
　　　　盛　虎　张家忠　张　颖　曾　伟

WUHAN UNIVERSITY PRESS
武汉大学出版社

图书在版编目(CIP)数据

危险物品管理/张家忠,盛虎主编 .—武汉:武汉大学出版社,2016. 5
(2023.7 重印)
公安院校创新应用型精品规划系列教材
ISBN 978-7-307-17845-8

Ⅰ.危… Ⅱ.①张… ②盛… Ⅲ. 危险物品管理—中国—高等学校—教材 Ⅳ.D631.44

中国版本图书馆 CIP 数据核字(2016)第 103196 号

责任编辑:胡 荣 田红恩 责任校对:汪欣怡 版式设计:马 佳

出版发行:**武汉大学出版社** (430072 武昌 珞珈山)
(电子邮箱:cbs22@ whu.edu.cn 网址:www.wdp.com.cn)
印刷:武汉中科兴业印务有限公司
开本:787×1092 1/16 印张:14.75 字数:378 千字 插页:1
版次:2016 年 5 月第 1 版 2023 年 7 月第 6 次印刷
ISBN 978-7-307-17845-8 定价:45.00 元

公安院校创新应用型精品规划系列教材编委会名单

公安院校创新应用型精品规划系列教材编委会名单

前　　言

危险物品是经济建设和社会生活中不可缺少的重要物品，对人们的生产、生活起着十分重要的作用。同时，危险物品又极具破坏作用，在生产、储存、销售、运输、使用和销毁等过程中一旦操作不当或者管理不善，不仅会造成治安灾害事故，而且还容易被违法犯罪人员利用进行各种违法犯罪活动，直接危及公共安全和人民群众生命财产的安全。

危险物品管理是一个系统管理工程，其涉及的部门较多，范围也较广，内容既包括政府有关部门的监督管理，还包括危险物品从业单位的自我管理。危险物品管理是治安管理的主要内容之一，属于公安学中治安学学科体系的重要组成部分，危险物品管理课程属治安学专业的核心课程。

本教材以公安职业分析为依据，以危险物品管理治安岗位需求为基本要求，以公安业务综合素质培养为基础，以警察职业精神、基本技能和专业能力的教学为核心，突出警察职业核心能力的教育培养，以适应培养公安政法一线实战能力强的应用型、复合型公安专门人才为宗旨的需要。

本教材具有如下三个特点：

一是简明，即教材内容简单而明了。在突出公安机关治安管理部门对危险物品管理要点的基础上，教材内容安排力求做到简单、明了。主要以治安管理部门危险物品管理需求、要点为核心，突出重点，去除不必要的多余内容。既便于教师授课时使用，又便于学生和在职民警对教材的学习和使用。

二是实用，即教材内容具有较高实际使用价值。本教材在注重危险物品管理基本知识、基本技能的学习，注重危险物品管理实践运用知识和能力培养的基础上，针对公安机关治安管理部门对危险物品管理职能、任务要求，在内容安排上尽可能以指导、帮助学生和基层公安民警履行好危险物品管理职责、任务为主，力求贴近实战、增强教材实际使用价值。同时，教材在设计时，考虑到治安管理部门对涉及危险物品单位安全检查不仅是其履行危险物品管理职责的一项重要内容，还是其履行危险物品管理职责的重要措施、手段。因此，本教材在每一章的内容中都增加了涉及危险物品单位安全检查的内容，力求对学生和基层民警开展安全检查提供有益的帮助。

三是够用，即教材内容满足公安机关危险物品管理需求即可。目前，危险物品管理的部门涉及到公安、安监、工商、卫生、质监、体育、工信等众多部门，各部门管理的职责、任务各不相同。依据公安机关治安管理部门对危险物品管理职责和要求，本教材在内容安排上尽可能以满足公安机关治安管理部门管理危险物品需求够用即可。

本教材编写人员由云南警官学院、河南警察学院、重庆警察学院、广西警察学院、湖南警察学院、湖北警官学院、四川警察学院和内蒙古警察职业学院等八所公安院校从事危险物品管理教学和研究的人员组成。张家忠、盛虎为主编，李海燕、曾伟、万红、李振宇、蒋荣清和魏莲芳为副主编。教材编写时，由张家忠主编提出教材的编写思想、编写原则、编写框架、编写大纲及编写体例，在征求各位副主编的意见和建议后，确定了教材的编写框架、编写大纲和编写体例，由作者分工撰写完成。全书书稿完成后，由张家忠、盛虎二位主编进行了统稿，最后由张家忠统一修改定稿。

本教材具体编写分工为：云南警官学院张家忠、张颖、杨帆撰写第一章；内蒙古警察职业学院李海燕撰写第二章；广西警察学院曾伟撰写第三章；河南警察学院万红、杨山林撰写第四章；重庆警察学院李振宇撰写第五章；湖南警察学院蒋荣清撰写第六章；四川警察学院魏莲芳、魏琳撰写第七章；湖北警官学院盛虎撰写第八章。

本教材在编写过程中，参考和引用了许多教材、著作、论文和资料，在此，向有关专家教授和编著者表示衷心感谢。同时，本教材在编写过程中，得到武汉大学出版社的大力支持，在此一并表示衷心的感谢。

由于作者水平有限，本教材虽经多次讨论修改，但书中难免仍有疏漏和不妥之处，敬请批评指正。

张家忠

2016年2月

目　　录

第一章　危险物品管理概述

☞ **本章重点：**

1. 危险物品管理的范围及危险物品管理的任务；
2. 危险物品管理的原则；
3. 危险物品管理的主要方法。

☞ **本章难点：**

1. 危险物品管理原则的理解和运用；
2. 危险物品管理方法的掌握和运用。

第一节　危险物品管理的概念和范围

危险物品是经济建设和社会生活中不可缺少的重要物品，对人们的生产、生活起着十分重要的作用。同时，危险物品又极具破坏作用，在生产、储存、销售、运输、使用和销毁等过程中一旦操作不当或者管理不善，不仅会造成治安灾害事故，而且还容易被违法犯罪人员利用进行各种违法犯罪活动，直接危及公共安全和人民群众生命财产的安全。

目前世界各国对危险物品的管理都是非常严格的。在美国，一方面，美国宪法第2条修正案规定："公民拥有和携带武器的权利不可侵犯。"① 另一方面，美国政府为加强对枪支的管理，制定了一系列加强民用枪支管理的法律法规。如1934年制定了第一个联邦法令《国家武器法》；1938年制定了《联邦武器法令》；1968年美国国会又通过了《枪支控制法令》。在日本，通过《枪支和刀具管制法》、《爆炸物品管制法》进一步加强了对枪支弹药、管制刀具和制造枪支、弹药的管理。在我国，党和政府一直高度重视危险物品的管理工作，经过长期的努力，管理法规不断完善，管理工作也不断得以改进，有效地保障了社会公共安全。

一、危险物品的概念

（一）危险源的概念

危险源是产生事故或安全问题的根源。英文词典给出危险源词义为"危险的源头"。安全科学技术方面的文献资料关于危险源概念主要有几种：W. 哈默（Willie Hammer）将危险源定义为："可能导致人员伤害或财物损失事故的、潜在的不安全因素。"② 该定义中，危险源具有"潜在"和"能导致事故"两个重要属性。国外资料中，还有将危险源解释为：

---

① 潘自勤．美国政府加强民用枪支的管理［J］．警察技术，2003（3）．

② 隋鹏程，陈宝智，隋旭．安全原理［M］．北京：化学工业出版社，2005．

“危险源是导致伤害、损害或危害的潜在因素。”① 2002年11月1日起施行的《中华人民共和国安全生产法》指出：“重大危险源，是指长期地或者临时地生产、搬运、使用或者储存危险物品，且危险物品的数量等于或者超过临界量的单元（包括场所和设施）。”我国学者罗云在2004年的《注册安全工程师手册》中指出：“危险源是指一个系统中具有潜在能量和物质释放危险的、在一定的触发因素作用下可转化为事故的部位、区域、场所、空间、岗位、设备及其位置。也就是说，危险源是能量、危险物质集中的核心，是能量从那里传出来或爆发的地方。”② 这个定义中使用的是用更贴近实际生产活动的语言对危险源概念的解释。中国人民公安大学郭太生教授在2009年出版的《公共安全危机管理》中指出：“所谓危险源，是指在工业生产和社会活动中存在的危险物质，以及和这些物质有关的设备、设施和场所。”③ 由以上概念可以看出，在现代安全科学理论中，危险源一般存在于工业生产活动中，主要指易燃、易爆、有毒、放射性等物质。

事实上，危险源的含义非常广泛，它可以是物质性的，有确定的物理位置；也可以是意识上的，没有确定的物理位置，可能存在于人们（如企业管理人员、员工）的思想上。管理安排不当、违章指挥、缺乏安全意识、培训不充分等都可以看作危险源。④ 综合以上概念，危险源中，除了物质、设备、设施和场所之外，人的因素也应包括在内。所以，我们认为：所谓危险源，是指在工业生产和社会活动中存在的危险物质，以及和这些物质有关的人员、设备、设施和场所。

在我国，根据危险源的数量和危险程度，危险源可以分为一般危险源和重大危险源两类。一般危险源主要分为五类：易燃、易爆和有毒有害物质类危险源；锅炉及压力容器设施类危险源；电气设施类危险源；高温作业区类危险源；辐射危害类危险源。所谓重大危险源，依据《危险化学品重大危险源辨识》GB18218—2009，是指长期地或临时地生产、加工、使用或储存危险化学品，且危险化学品的数量等于或超过临界量的单元。此外，世界各国对重大危险源有不同的分类与辨识标准，有的国家把重大危险源大体分为两类：一类是可燃性物质泄漏，与空气混合形成可燃性烟云或气体，遇到火源引起火灾或爆炸；另一类是大量有毒物质泄漏，造成大面积人员的死亡、中毒和环境污染。总的来说，无论危险源的标准如何制定，危险源的种类总是和石油化工企业、化学品仓库、大型化工企业、爆炸物品的生产厂以及其他大量使用可能引起中毒、火灾、爆炸事故的企业和场所联系在一起。

（二）危险物品的概念

危险物品一词在我国法律体系中是一个专用名词。从法的角度来说，现有涉及危险物品的法律、行政法规、部门规章以及其他规范性文件有几十个之多，其中包括《中华人民共和国刑法》（以下简称《刑法》）在内的法律就有五部。⑤⑥ 源于各种因素影响，我国法律并未明文定义危险物品，与危险物品法律概念相关的表述就有“危险物品”、“危险物质”、

① Occupational Safety and Health Administration, U. S. Depamrtment of Labor. Job Hazard Analysis [EB/OL]. http://www.osha.gov/pls/publications/pubindex.list, 2002.

② 罗云．注册安全工程师手册［M］．北京：化学工业出版社，2004.

③ 郭太生主编．公共安全危机管理［M］．北京：中国人民公安大学出版社，2009.

④ 赵宏展，徐向东．危险源的概念辨析［J］．中国安全科学学报，2006，16（1）.

⑤ 郭瑶，李继红，黄超．危险物品管理之定义［J］．江苏警官学院学报，2009（1）.

⑥ 五部法律即：《中国人民共和国人民警察法》、《中华人民共和国刑法》、《中华人民共和国治安管理处罚法》、《中华人民共和国道路交通安全法》和《中华人民共和国民用航空法》.

“危险品”和“危险货物”四个法律名词，公安学对危险物品的定义也不一致。①

在危险物品法律概念表述方面：

表述一是“危险物品”。《中华人民共和国人民警察法》（以下简称《人民警察法》）第6条规定人民警察的职责包括“管理枪支弹药、管制刀具和易燃易爆、剧毒、放射性等危险物品”；《刑法》第130条与第136条设有“非法携带危险物品危及公共安全罪”和“危险物品肇事罪”两个罪名；《中华人民共和国道路交通安全法》（以下简称《道路交通安全法》）第48条与第66条分别规定了“机动车载运爆炸物品、易燃易爆化学物品以及剧毒、放射性等危险物品的责任”和“乘车携带易燃易爆等危险物品的责任”；2002年11月1日起施行的《中华人民共和国安全生产法》指出：“危险物品，是指易燃易爆物品、危险化学品、放射性物品等能够危及人身安全和财产安全的物品。”

表述二是“危险物质”。《中华人民共和国治安管理处罚法》（以下简称《治安管理处罚法》）第25条与第30条设有“投放虚假的爆炸性、毒害性、放射性、腐蚀性物质或者传染病病原体等危险物质扰乱公共秩序行为”、“制造、买卖、储存、运输、邮寄、携带、使用、提供、处置爆炸性、毒害性、放射性、腐蚀性物质或者传染病病原体等危险物质行为”与“危险物质”有关的违法行为；《刑法》第114条、第125条、第127条与第291条设有“投放危险物质罪”、“非法制造、买卖、运输、储存危险物质罪”、“盗窃、抢夺、抢劫危险物质罪”和“投放虚假危险物质罪”四项与“危险物质”相关的罪名。

表述三是“危险品”。《中华人民共和国民用航空法》（以下简称《民用航空法》）第193条与第195条分别就旅客非法携带与放置“危险品”的法律责任进行了规定。

表述四是“危险货物”。《道路危险货物运输管理规定》第3条与国家标准《危险货物分类和品名编号》（GB6944—2012）对“危险货物”的定义与分类进行了明确的规定。

公安学对危险物品的定义存在：

说法一是：“具有杀伤、爆炸、毒害或放射性等性能，在管理失当的情况下，易引起重大伤亡和物质严重损毁，并导致公众心理恐惧，危害公共安全和公共秩序的物品。”②

说法二是：“法律法规规定的范围内由公安机关管理的危险物品。”③

说法三是：“具有爆炸、易燃、射穿、毒害、腐蚀、放射等性质，在生产、储存、购销、运输、使用和销毁等过程中，容易造成人身伤亡、财产损毁，或可能危害公共安全而需要特别防护或管制的物品。”④

综上所述，我们认为：公安机关所指的危险物品，是指具有杀伤、爆炸、毒害、腐蚀、放射性等性能，在生产、储存、销售、运输、使用和销毁等过程中，容易造成人身伤亡和财产损毁或可能危害公共安全而需要特别防护或管制的物品。简单地讲，危险物品是指根据目前法律、法规的规定，由政府有关部门实施管理的物品。本书中的危险物品是指公安机关所管理的危险物品。

（三）危险物品的特性

根据上述危险物品的概念，危险物品容易造成人身伤亡和财产损毁或可能危害公共安

① 李振宇．危险物品法律定义问题刍议［J］．广西警官高等专科学校学报，2014，27（6）．

② 熊一新．治安管理学［M］．北京：中国人民公安大学出版社，2002.

③ 蔡少铿．危险物品管理教程［M］．北京：中国人民公安大学出版社，2005.

④ 张瑞萍主编．危险物品管理学［M］．北京：中国人民公安大学出版社，2014.

全，危险物品的危害性是由其内在特性所决定的。危险物品的特性主要体现在以下几个方面。

1. 穿透性

危险物品中的枪弹、管制刀具和弩发射的箭、弹丸都具有较强的穿透性，这些物品一旦被击发后，会射入人体或者其他动植物体内，造成组织和器官的损坏，导致伤残，甚至死亡。

2. 爆炸性

爆炸性，指一些危险物品具有强烈爆炸性能。如炸药在受到外界作用（如高温、撞击、摩擦），或与其他物质接触，瞬间能发生激烈化学反应，在这一过程中，系统在极短时间内产生大量气体和热量，从而引起强大破坏作用。

3. 燃烧性

一些危险化学品，燃点较低，极易燃烧而引发火灾，造成生命和财产的损失。如汽油的闪点仅为-46℃，黄磷的燃点仅为34℃，黑火药对火焰和火花的作用非常敏感，甚至金属撞击、摩擦产生的火花也能引起燃烧或爆炸。

4. 毒害性

不少危险物品对人或生物具有强烈的毒害作用，当有毒物质进入人体或生物体内后，会使人或生物体受到损伤，引起中毒甚至死亡。如氰化钾，一般成人口服0.05~0.1克，在10~60秒内即发生昏倒、呼吸困难、强直性痉挛，2~3分钟后呼吸麻痹，心跳停止而死亡。

5. 腐蚀性

腐蚀是物质在周围介质作用下，由表及里逐渐被损耗与破坏的过程。如强酸、强碱，不仅会腐蚀金属和非金属，还会灼伤皮肤，引起皮肤的红肿、溃烂，导致皮肤组织的坏死。腐蚀品若进入人体还会迅速破坏胃、肠等消化器官，严重的会在较短的时间内致人死亡。

6. 放射性

放射性是指有些元素和它们的化合物在没有外力作用下，能自发地射出肉眼看不见的、具有穿透性的射线（如α射线、β射线、γ射线等）的现象。人体受到放射物品照射或入侵后，可能导致疾病的发生（如红细胞减少、出血、脱发），人体器官发生病变，甚至死亡。

二、危险物品管理的概念

（一）管理的概念

人类历史上，自从有了人与人之间的社会生活，就有了管理实践和经验的总结。管理的产生、发展和积累都源于人类生存和组织生活的现实需要。管理经验、管理思想的历史与人类的历史一样古老。生活在幼发拉底河域的闪米尔人，早在公元5000年前就开始了最原始的管理记录活动，这是有据可考的人类历史上最早的管理活动。①

什么是管理？近百年来许多学者试图对管理进行定义：现代管理理论创始人、法国实业家法约尔（Henri Fayol）于1916年提出：管理是由计划、组织、指挥、协调及控制等职能为要素组成的活动过程。美国学者福莱特（Follett）于1942年提出：管理就是通过其他人来完成工作。诺贝尔经济学奖获得者赫伯特·西蒙（Herburt Simon）于1978年提出：管理就是决策。美国著名管理学家哈罗德·孔茨（Harold Koontz）和海因茨·韦里克（Heinz

① 周三多，陈传明，鲁明泓编著．管理学——原理与方法［M］．上海：复旦大学出版社，2014.

Weihrich）于 1993 年在《管理学》中提出：管理就是设计并保持一种良好环境，使人在群体里高效率地完成既定目标的过程。美国学者加雷思·琼斯（Gareth R. Jones）于 2000 年提出：管理是对资源进行计划、组织、领导和控制以快速有效地达到组织目标的过程。我国管理学家徐国华教授 1998 年也就提出过类似的定义。以上这些管理定义的观点，从不同角度描绘了管理的面貌。

综合以上研究，我们认为：所谓管理，就是管理者为了有效地实现组织目标、个人发展和社会责任，运用管理职能进行协调的过程。这一概念包含了四个方面的内涵：一是管理是人类有意识、有目的的活动。管理的目的就是通过群体的力量实现组织目标；二是管理应当是有效的。管理不仅要有较高的效率，同时还要有较好的效果；三是管理的本质是协调。协调包括两方面的内容，一方面是组织内部各种有形和无形资源（如人、财、物、信息、技术等）之间的协调，另一方面是组织与外部环境的协调；四是协调是运用各种管理职能的过程。有效的协调在管理学范畴内就是计划、组织、指挥、控制等管理职能的运用过程。①

（二）危险物品管理的概念

危险物品管理是一个系统管理工程，其涉及的部门较多，范围也较广，内容既包括政府有关部门的监督管理，还包括危险物品从业单位的自我管理。危险物品管理从管理的主体来分，可以分为政府有关部门的监督管理主体和单位自我管理主体。在政府有关部门监督管理主体中又包括国务院有关部门、地方各级人民政府有关职能部门以及经法律、法规授权的机构或组织（如民航、铁路、邮政等企、事业单位，经法律、法规的授权也可以成为危险物品监督管理的主体）。危险物品较广的范围决定了危险物品管理主体中，涉及政府有关职能部门也较多，主要包括公安机关、安全生产监督管理部门、工业和信息化主管部门、环境保护部门、卫生行政部门、质量监督检验检疫部门、工商行政管理部门、体育行政主管部门、交通运输管理部门等。

本书所说的危险物品管理是以公安机关为主体的管理，它不同于从业单位的自我管理，也有别于政府其他行政部门的管理。因此，所谓危险物品管理，是指公安机关为保障危险物品的安全，根据国家法律、法规的规定，对危险物品的生产、储存、销售、运输、使用和销毁等环节实施的审批发证、登记注册、监督指导、安全检查和事故查处等一系列治安行政管理活动。危险物品管理是治安管理的主要内容之一，属于公安学中治安学学科体系的重要组成部分。

危险物品管理具有以下基本特征：

一是管理措施的强制性。这里所说的强制，是指管理主体为了保障危险物品管理的顺利进行，根据国家有关法律、法规的规定，依法采取强制措施，迫使拒不履行法律义务的相对人或组织履行义务，或者出于维护社会秩序或保护公民人身健康、安全的需要，对违反法律、法规的行为采取预防、制止或控制措施的行为。

二是管理内容的广泛性和复杂性。危险物品管理内容的广泛性和复杂性是由其管理范围和对象所决定的：一方面，纳入危险物品管理的物品种类繁多、范围广，不仅涉及枪支弹药、民用爆炸物品，还涉及管制器具、烟花爆竹、危险化学品、剧毒化学品和放射性物品等。另一方面，危险物品管理不仅仅是对物品本身的管理，还涉及与危险物品有关的人、地、行为、组织等。

---

① 周三多，陈传明，鲁明泓编著．管理学——原理与方法［M］．上海：复旦大学出版社，2014.

三是管理过程的全程性。危险物品管理是对危险物品从生产到消亡的全过程管理，即对危险物品的生产、储存、销售、运输、使用和销毁等环节的全程性管理。

四是管理活动的社会性。危险物品管理内容较多、范围较广、情况也较为复杂，关系到国家、企业和群众的切身利益。因此，除了政府有关部门和从业单位对危险物品实施管理之外，还必须调动社会各方面的积极性，充分依靠广大人民群众参与管理。

三、危险物品管理的范围

危险物品管理的范围，即列入管理的危险物品种类，是国家根据经济建设和社会公共安全的需要，通过立法的形式确定的。《危险货物分类和品名编号》（GB6944—2012）按危险货物具有的危险性或最主要的危险性分为以下 9 个类别：爆炸品，易燃气体，易燃液体，易燃固体、易于自燃的物质、遇水放出易燃气体的物质，氧化性物质和有机过氧化物，毒性物质和感染性物质，放射性物质，腐蚀性物质，杂项危险物质和物品。根据《人民警察法》第 6 条之规定，危险物品应包括枪支弹药、管制刀具和易燃易爆、剧毒、放射性等物品。同时，由于弩具有枪支、管制刀具的部分功能和特性，如不严加控制和管理，极易被违法犯罪分子利用，危害公共安全。1999 年 9 月 28 日，公安部、国家工商行政管理局联合发出《关于加强弩管理的通知》，明确将“弩”规定为危险物品。

因此，根据现行的法律、法规规定，目前公安机关和政府有关部门列入管理的危险物品主要有枪支弹药、管制器具、民用爆炸物品、烟花爆竹、危险化学品、剧毒化学品、放射性物品几类。

（一）枪支弹药

根据 1996 年 10 月 1 日起实施、2015 年 4 月 24 日第十二届全国人民代表大会常务委员会第十四次会议修订的《中华人民共和国枪支管理法》（以下简称《枪支管理法》）第 46 条之规定：“本法所指的枪支，是指以火药或者压缩气体等为动力，利用管状器具发射金属弹丸或者其他物质，足以致人伤亡或者丧失知觉的各种枪支。”

除中国人民解放军、中国人民武装警察部队和民兵装备枪支的管理适用国务院中央军事委员会有关规定外，国务院公安部门主管全国的枪支管理工作。其中县级以上地方各级人民政府公安机关主管本行政区域内的枪支管理工作，上级人民政府公安机关监督下级人民政府公安机关的枪支管理工作。

枪支弹药包括各种公务用枪、民用枪支、各种非制式枪支、枪支的主要零部件以及枪支所配用的弹药。同时，《枪支管理法》明确规定，国家严格管制枪支。禁止任何单位或者个人违反法律规定持有、制造（包括变造、装配）、买卖、运输、出租、出借枪支。

（二）管制器具

1983 年 3 月 12 日公安部发布的《对部分刀具实行管制的暂行规定》对管制刀具的范围作了原则性的规定，其第 2 条规定：“本规定所管制的刀具是：匕首、三棱刀（包括机械加工用的三棱刮刀）、带有自锁装置的弹簧刀（跳刀）以及其他相类似的单刃、双刃、三棱尖刀。”2006 年 3 月 1 日开始施行的《治安管理处罚法》首次启用了管制器具这个法律名词，并且明确把弩列为一种管制器具进行管理，因此，管制器具包括管制刀具和弩。

2007 年 1 月 14 日公安部下发的《管制刀具认定标准》，更进一步对管制刀具管理的范围作了明确界定：一是匕首（带有刀柄、刀格和血槽，刀尖角度小于 60 度的单刃、双刃或多刃尖刀）；二是三棱刮刀（具有三个刀刃的机械加工用刀具）；三是带有自锁装置的弹簧刀或跳刀（刀身展开或弹出后，可被刀柄内的弹簧或卡锁固定自锁的折叠刀具）；四是其他相类似的刀具（刀尖角度小于 60 度，刀身长度超过 150 毫米的各类单刃、双刃和多刃刀具）；五是其他刀具（刀尖角度大于 60 度，刀身长度超过 220 毫米的各类单刃、双刃和多刃刀具）。

（三）民用爆炸物品

2006 年 9 月 1 日起施行的《民用爆炸物品安全管理条例》第 2 条规定，本条例所称民用爆炸物品，是指用于非军事目的、列入民用爆炸物品品名表的各类火药、炸药及其制品和雷管、导火索等点火、起爆器材。民用爆炸物品品名表，由民用爆炸物品行业主管部门会同国务院公安部门制订、公布。国家对民用爆炸物品的生产、销售、购买、运输和爆破作业实行行政许可制度。未经许可，任何单位或者个人不得生产、销售、购买、运输民用爆炸物品，不得从事爆破作业。

（四）烟花爆竹

2006 年 1 月 21 日起实施的《烟花爆竹安全管理条例》第 2 条规定，本条例所称烟花爆竹，是指烟花爆竹制品和用于生产烟花爆竹的民用黑火药、烟火药、引火线等物品。国家对烟花爆竹的生产、经营、运输和举办焰火晚会以及其他大型焰火燃放活动，实行行政许可制度。未经许可，任何单位或者个人不得生产、经营、运输烟花爆竹，不得举办焰火晚会以及其他大型焰火燃放活动。

（五）危险化学品

2002 年 3 月 15 日起施行、2011 年 2 月 16 日国务院第 144 次常务会议修订的《危险化学品安全管理条例》第 3 条规定，本条例所称危险化学品，是指具有毒害、腐蚀、爆炸、燃烧、助燃等性质，对人体、设施、环境具有危害的剧毒化学品和其他化学品。《危险化学品安全管理条例》明确指出，危险化学品目录，由国务院安全生产监督管理部门会同国务院工业和信息化、公安、环境保护、卫生、质量监督检验检疫、交通运输、铁路、民用航空、农业主管部门，根据化学品危险特性的鉴别和分类标准确定、公布，并适时调整。其中，民用爆炸物品、烟花爆竹和剧毒化学品有专门的法律规定，所以公安机关在实际管理工作中把民用爆炸物品、烟花爆竹和剧毒化学品部分从中单独列出来，作单独一部分进行管理。

（六）剧毒化学品

根据国家安全生产监督管理总局会同国务院工业和信息化部门、公安、环境保护、卫生、质量监督检验检疫、交通运输、铁路、民用航空、农业主管部门制定，2015 年 5 月 1 日起实施的《危险化学品目录（2015 版）》的规定："剧毒化学品，是指具有剧烈急性毒性危害的化学品，包括人工合成的化学品及其混合物和天然毒素，还包括具有急性毒性易造成公共安全危害的化学品。"该目录中包括剧毒化学品条目 148 种。剧毒化学品的剧烈急性毒性判定界限为：急性毒性类别，即满足下列条件之一：大鼠实验，经口 $LD_{50} \leqslant 5$ 毫克/千克，经皮 $LD_{50} \leqslant 50$ 毫克/千克，吸入（4h）$LC_{50} \leqslant 100$ 毫升/立方米（气体）或 0.5 毫克/升（蒸气）或 0.05 毫克/升（尘、雾）。经皮 LD_{50}的实验数据，也可使用兔实验数据。

（七）放射性物品

根据 2005 年 12 月 1 日起施行的《放射性同位素与射线装置安全和防护条例》等有关法律规定，放射性物品包括放射性同位素、放射源、射线装置、非密封放射性物质、放射性废物、伴有产生 X 射线的电器产品、具有放射性能的核材料、军用放射性同位素、射线装置等。

以上七类就是目前列入公安机关危险物品管理的范围，当然，其范围的内容也不是一成不变的，随着危险物品应用范围和形势的变化，列入管理的危险物品种类和范围也将发生变化。

第二节　危险物品管理的法律依据

一、法律、法规

（一）法律

1.《刑法》（1979 年 7 月 1 日第五届全国人民代表大会第二次会议通过，1997 年 3 月 14 日第八届全国人民代表大会第五次会议修订，2011 年 2 月 25 日第十一届全国人民代表大会常务委员会第十九次会议通过《中华人民共和国刑法修正案（八）》修正，自 2011 年 5 月 1 日起实施）。

2.《治安管理处罚法》（2005 年 8 月 28 日第十届全国人大常委会第十七次会议通过，2006 年 3 月 1 日起实施，2012 年 10 月 26 日第十一届全国人大常委会第二十九次会议通过《全国人民代表大会常务委员会关于修改〈中华人民共和国治安管理处罚法〉的决定》修正，自 2013 年 1 月 1 日起施行）。

3.《人民警察法》（1995 年 2 月 28 日第八届全国人民代表大会常务委员会第十二次会议通过，2012 年 10 月 26 日第十一届全国人大常委会第二十九次会议通过《全国人民代表大会常务委员会关于修改〈中华人民共和国人民警察法〉的决定》修正，自 2013 年 1 月 1 日起施行）。

4.《枪支管理法》（1996 年 7 月 5 日第八届全国人民代表大会常务委员会第二十次会议通过，2015 年 4 月 24 日第十二届全国人民代表大会常务委员会第十四次会议修订，自 2015 年 4 月 24 日起施行）。

5.《中华人民共和国安全生产法》（2002 年 6 月 29 日第九届全国人民代表大会常务委员会第二十八次会议通过，2014 年 8 月 31 日第十二届全国人民代表大会常务委员会第十次会议修订，自 2014 年 12 月 1 日起施行）。

6.《中华人民共和国行政许可法》（2003 年 8 月 27 日第十届全国人民代表大会常务委员会第四次会议通过，自 2004 年 7 月 1 日起施行）。

7.《中华人民共和国放射性污染防治法》（2003 年 6 月 28 日第十届全国人民代表大会常务委员会第三次会议通过，自 2003 年 10 月 1 日起施行）。

8.《中华人民共和国消防法》（1998 年 4 月 29 日第九届全国人民代表大会常务委员会第二次会议通过，2008 年 10 月 28 日第十一届全国人民代表大会常务委员会第五次会议修订，自 2009 年 5 月 1 日起施行）。

9.《中华人民共和国固体废物污染环境防治法》（1995 年 10 月 30 日第八届全国人民代表大会常务委员会第十六次会议通过，2013 年 6 月 29 日第十二届全国人民代表大会常务委员会第三次会议《关于修改〈中华人民共和国文物保护法〉等十二部法律的决定》修订，自 2013 年 6 月 29 日起施行）。

10.《中华人民共和国职业病防治法》（2001 年 10 月 27 日第九届全国人民代表大会常

务委员会第二十四次会议通过，2011年12月31日第十一届全国人民代表大会常务委员会第二十四次会议修订，自2011年12月31日起施行）。

11.《中华人民共和国道路交通安全法》（2003年10月28日第十届全国人民代表大会常务委员会第五次会议通过，2011年4月22日第十一届全国人民代表大会常务委员会第二十次会议《关于修改〈中华人民共和国道路交通安全法〉的决定》修订，自2011年5月1日起施行）。

12.《中华人民共和国民用航空法》（1995年10月30日第八届全国人民代表大会常务委员会第十六次会议通过，2015年4月24日第十二届全国人民代表大会常务委员会第十四次会议《关于修改〈中华人民共和国计量法〉等五部法律的决定》修订，自2015年4月24日起施行）。

13.《中华人民共和国铁路法》（1990年9月7日第七届全国人民代表大会常务委员会第十五次会议通过，2015年4月24日第十二届全国人民代表大会常务委员会第十四次会议《关于修改〈中华人民共和国义务教育法〉等五部法律的决定》修订，自2015年4月24日起施行）。

14.《中华人民共和国突发事件应对法》（2007年8月30日第十届全国人民代表大会常务委员会第二十九次会议通过，自2007年11月1日起施行）。

（二）行政法规

1.《安全生产许可证条例》（2004年1月7日国务院第34次常务会议通过，2014年7月9日国务院第54次常务会议《国务院关于修改部分行政法规的决定》修订，自2014年7月29日起施行）。

2.《企业事业单位内部治安保卫条例》（2004年9月13日国务院第64次常务会议通过，自2004年12月1日起施行）。

3.《大型群众性活动安全管理条例》（2007年8月29日国务院第190次常务会议通过，自2007年10月1日起施行）。

4.《中华人民共和国人民警察使用警械和武器条例》（1996年1月8日国务院第41次常务会议通过，自1996年1月16日起施行）。

5.《专职守护押送人员枪支使用管理条例》（2002年7月27日国务院令第356号公布实施）。

6.《民用爆炸物品安全管理条例》（2006年4月26日国务院第134次常务会议通过，2014年7月9日国务院第54次常务会议《国务院关于修改部分行政法规的决定》修订，自2014年7月29日起施行）。

7.《烟花爆竹安全管理条例》（2006年1月11日国务院第121次常务会议通过，自2006年1月21日起施行）。

8.《危险化学品安全管理条例》（2002年1月9日国务院第52次常务会议通过，2013年12月4日国务院第32次常务会议通过《国务院关于修改部分行政法规的决定》修订，自2013年12月7日起施行）。

9.《农药管理条例》（1997年5月8日国务院第216号令公布，2001年11月29日《国务院关于修改〈农药管理条例〉的决定》修正，自2001年11月29日起施行）。

10.《麻醉药品和精神药品管理条例》（2005年7月26日国务院第100次常务会议通过，2013年12月4日国务院第32次常务会议通过《国务院关于修改部分行政法规的决定》

修订，自 2013 年 12 月 7 日起施行）。

11.《易制毒化学品管理条例》（2005 年 8 月 17 日国务院第 102 次常务会议通过，2014 年 7 月 9 日国务院第 54 次常务会议《国务院关于修改部分行政法规的决定》修订，自 2014 年 7 月 29 日起施行）。

12.《放射性同位素与射线装置安全和防护条例》（2005 年 8 月 31 日国务院第 104 次常委会议通过，2014 年 7 月 9 日国务院第 54 次常务会议《国务院关于修改部分行政法规的决定》修订，自 2014 年 7 月 29 日起施行）。

13.《放射性物品运输安全管理条例》（2009 年 9 月 7 日国务院第 80 次常务会议通过，自 2010 年 1 月 1 日起施行）。

14.《放射性药品管理办法》（1989 年 1 月 13 日国务院令第 25 号公布，2010 年 12 月 29 日国务院第 138 次常务会议《国务院关于废止和修改部分行政法规的决定》修订，自 2011 年 1 月 8 日起施行）。

（三）部门规章

1.《公安机关办理行政案件程序规定》（2012 年 12 月 19 日公安部令第 125 号发布，自 2013 年 1 月 1 日起施行）。

2.《公安机关行政许可工作规定》（2005 年 9 月 17 日公安部令第 80 号发布，自 2005 年 12 月 1 日起施行）。

3.《公务用枪配备办法》（1998 年 6 月 11 日公安部发布，2002 年 8 月 28 日公安部修订后重新发布）。

4.《公安民警违反公务用枪管理使用规定行政处分若干规定》（2002 年 11 月 6 日公安部令第 58 号发布施行）。

5.《射击竞技体育运动枪支管理办法》（2010 年 8 月 8 日国家体育总局、公安部令第 12 号印发，于 2011 年 1 月 1 日起施行）。

6.《公安部对部分刀具实行管制的暂行规定》（1983 年 3 月 12 日公安部第 31 号颁布施行）。

7.《民用爆炸物品进出口管理办法》（2012 年 3 月 19 日工业和信息化部、公安部、海关总署令第 21 号公布，自 2012 年 9 月 1 日起施行）。

8.《烟花爆竹生产企业安全生产许可证实施办法》（2012 年 7 月 1 日国家安全生产监督管理总局令第 54 号公布，自 2012 年 8 月 1 日起施行）。

9.《烟花爆竹经营许可实施办法》（2013 年 10 月 16 日国家安全生产监督管理总局令第 65 号公布，自 2013 年 12 月 1 日起施行）。

10.《危险化学品登记管理办法》（2012 年 7 月 1 日国家安全生产监督管理总局令第 53 号公布，自 2012 年 8 月 1 日起施行）。

11.《危险化学品经营许可证管理办法》（2012 年 7 月 17 日国家安全生产监督管理总局令第 55 号公布，自 2012 年 9 月 1 日起施行）。

12.《铁路危险货物运输管理规则》（2006 年 8 月 1 日铁道部（铁路〔2006〕79 号）公布实施）。

13.《剧毒化学品购买和公路运输许可证管理办法》（2005 年 5 月 25 日公安部令第 77 号公布，自 2005 年 8 月 1 日起施行）。

14.《放射性物品道路运输管理规定》（2010 年 10 月 27 日交通运输部令第 6 号公布，

自2011年1月1日起施行)。

15.《放射性物品运输安全许可管理办法》(2010年9月25日环境保护部令第11号公布,自2010年11月1日起施行)。

(四)地方性法规

1.《云南省民用爆炸物品销售许可实施细则》(2007年5月14日云政办发〔2007〕99号,自2007年5月14日起施行)。

2.《云南省烟花爆竹经营许可实施细则》(2007年9月12日云南省安全生产监督管理局发布,自2007年10月1日起施行)。

二、国家及行业标准

(一)国家标准

1.《危险货物分类与品名编号》(GB 6944—2012)。

2.《危险货物品名表》(GB 12268—2005)。

3.《重大危险源辨识》(GB 18218—2009)。

4.《危险货物包装标志》(GB 190—2009)。

5.《危险货物包装通用技术条件》(GB 12463—2009)。

6.《爆破安全规程》(GB 6722—2014)。

7.《民用爆破器材工厂设计安全规范》(GB 50089—2007)。

8.《烟花爆竹安全与质量》(GB 10631—2013)。

9.《烟花爆竹工厂设计安全规范》(GB 50161—2009)。

10.《大型焰火燃放安全技术规程》(GB 24284—2009)。

11.《化学品分类和危险性公示通则》(GB 13690—2009)。

12.《化学品安全标签编写规定》(GB 15258—2009)。

13.《放射性物质安全运输规程》(GB 11806—2004)。

14.《电离辐射防护与辐射源安全基本标准》(GB 18871—2002)。

(二)行业标准

1.《枪支去功能处理与展览枪支安全防范要求》(GA 1015—2012)。

2.《枪支(弹药)库室风险等级划分与安全防范要求》(GA 1016—2012)。

3.《爆破作业人员安全技术考核标准》(GA 53—1993)。

4.《民用爆炸物品储存库治安防范要求》(GA 837—2009)。

5.《小型民用爆炸物品储存库安全规范》(GA 838—2009)。

6.《民用爆炸物品警示标示、登记标识通则》(GA 921—2010)。

7.《爆破作业单位资质条件和管理要求》(GA 990—2012)。

8.《爆破作业项目管理要求》(GA 991—2012)。

9.《焰火晚会烟花爆竹燃放安全规程》(GA 183—2005)。

10.《大型焰火燃放作业人员资格条件及管理》(GA 898—2010)。

11.《大型焰火燃放作业单位资质条件及管理》(GA 899—2010)。

12.《剧毒化学品、放射源存放场所治安防范要求》(GA 1002—2012)。

三、规范性文件

（一）国务院规范性文件

1.《国务院办公厅关于进一步加强民用爆炸物品安全管理的通知》（2002 年 9 月 30 日国务院办公厅印发）。

2.《国务院办公厅关于切实加强民用爆炸物品安全管理的紧急通知》（2006 年 7 月 10 日国务院办公厅印发）。

（二）部门规范性文件

1.《关于印发〈仿真枪认定标准〉的通知》（公安部公通字〔2008〕8 号，2008 年 2 月 22 日发布）。

2.《公安机关人民警察佩戴使用枪支规范》（公安部公通字〔2015〕2 号，2015 年 5 月 1 日起施行）

3.《公安机关公务用枪管理规定》（公安部公通字〔2015〕3 号，2015 年 5 月 1 日起施行）

4.《公安部、国家工商行政管理局关于加强弩管理的通知》（公治〔1999〕1646 号，1999 年 9 月 28 日公安部、国家工商行政管理局颁布）。

5.《公安部关于进一步加强弩治安管理的通知》（公治〔2010〕360 号，2010 年 7 月 10 日公安部发布）。

6.《关于印发〈管制刀具认定标准〉的通知》（公安部公通字〔2007〕2 号，2007 年 1 月 14 日发布）。

7.《关于进一步明确民用爆炸物品安全监管部门职责分工的通知》（中央编办发〔2005〕6 号，2005 年 2 月 18 日中央机构编制委员会办公室印发）。

8.《关于严厉打击违反爆炸物品、枪支弹药管理违法犯罪活动的通告》（2001 年 4 月 18 日公安部发布）。

9.《关于加强爆炸案件和爆炸物品丢失被盗案件倒查责任追究工作的通知》（公明发〔2000〕1186 号，2000 年 5 月 9 日公安部发布）。

10.《关于爆炸物品购买证有关问题的批复》（公治〔2000〕226 号，公安部 2000 年 5 月 30 日发布）。

11.《公安机关处置爆炸物品工作安全规范》（公安部公通字〔2010〕51 号，公安部 2010 年 9 月 30 日发布）。

12.《铁路危险货物运输管理规则》（铁道部铁运〔1995〕104 号，1995 年 8 月 14 日发布）。

13.《铁路剧毒品运输跟踪管理暂行规定》（铁道部铁运〔2002〕21 号，2002 年 2 月 28 日发布）。

14.《铁路危险货物托运人资质审查暂行规定》（铁道部铁运〔2002〕20 号，2002 年 3 月 4 日发布）。

15.《水路危险货物运输规则》（交通部令〔1996〕10 号，交通部 1996 年 11 月 4 日发布）。

16.《关于贯彻执行〈剧毒化学品购买和公路运输许可证件管理办法〉有关问题的通知》（公通字〔2005〕38 号，公安，2005 年 6 月 30 日发布）。

17.《关于发布放射源编码规则的通知》（环发〔2004〕118号，国家环保总，2004年8月24日发布）。

18.《关于放射源安全监管部门职责分工的通知》（中央编办发〔2003〕17号，中央编办2003年12月8日发布）。

19.《放射源分类办法》（国家环境保护总局公告2005年第62号，2005年12月23日发布）。

第三节　危险物品管理的原则

所谓原则，是指人们在社会活动中言论和行为所应该遵循的基本标准。原则是人们在长期的社会生活实践中总结和概括出来的，反映了一定领域事物的规律性，原则的形式是主观的，其所反映的内容是客观的。因此，原则对人们的社会活动具有指导作用。①

任何管理活动都需有必须遵循的共同准则和基本要求，危险物品管理也不例外，从事危险物品管理活动所必须遵循的这些共同准则和基本要求，就构成了危险物品管理的原则，它们来源于管理实践，又进一步指导着管理实践。当然，原则也不是一成不变的，随着社会生活的发展，事物的改变，人们利益的变化和认识的发展，原则的内容和形式也会发展和变化。

当前，危险物品管理作为治安行政管理工作的一个重要方面，除了应该遵循行政管理一般原则和公安工作的基本原则之外，应当着重坚持以下五项原则，即：预防为主、保障安全原则；依法管理、严格管理原则；科学管理、文明管理原则；专门机关与群众路线相结合原则；服务社会原则。

一、预防为主、保障安全原则

预防为主、保障安全是危险物品管理的重要指导思想和立足点。在危险物品管理中，坚持预防为主、保障安全的原则，是由危险物品本身具有的危害性所决定的。涉及危险物品的案件或事件一旦发生，都会给国家和人民生命财产造成重大损失。

预防为主，是指在危险物品管理中，管理的基本措施、方法、手段应该具有预见性、先发性，无论是日常管理还是事后查处，都要把预防工作作为重点。保障安全，是指在危险物品管理中，管理的基本目标是保障人员安全、财产安全和公共安全，这是危险物品管理的出发点和归宿。预防为主和保障安全二者是相辅相成、不可分离的。没有积极有效的预防工作，就难以防止和遏制各类案件和事件的发生，难以实现保障安全；没有安全的有效保障，危险物品一定程度上就失去了应用的意义。

预防为主、保障安全原则要求：一是要牢固树立以预防为主导的观念。公安机关在危险物品管理中的任务之一是查处在危险物品的生产、储存、运输、销售和使用过程中，因疏忽大意、违反操作规程和安全管理制度或其他原因造成的案件和事件。但这绝不能影响预防工作，要把预防工作放在主要的地位上，千方百计搞好预防工作，努力消除不安全因素，并且要在预防工作的基础上开展查处工作，通过查处工作，进一步总结案件和事件发生的经验、教训，掌握其规律和特点，促进危险物品管理防范措施及制度的落实和进一步完善，尽可能

① 熊一新，李健和主编．治安管理学概论［M］．北京：中国人民公安大学出版社，2004.

杜绝或减少危险物品管理中各类案件和事件的发生。二是要认真履行监督检查职责。认真监督检查危险物品的从业单位及其从业人员遵守国家法律、法规、规章和安全管理制度及其规程的情况，及时发现各种不安全因素并督促其消除或改进，从而消除安全隐患，防患于未然。三是要与时俱进完善危险物品管理工作。要及时掌握危险物品管理中的新动态，通过各种途径收集、分析危险物品管理中产生的新问题、新趋势和新特点，实时完善危险物品管理工作，及时把握危险物品管理的主动权。

二、依法管理、严格管理原则

依法管理、严格管理是危险物品管理的基本要求。在危险物品管理中实行依法管理、严格管理，是由危险物品管理工作的特殊性质决定的。所谓依法管理，就是指公安机关依据危险物品管理的法律、法规、规范性文件和标准等，对危险物品进行监督管理，对符合国家法律、法规的规定，有利于国家经济建设和社会发展的行为，依法予以保护、支持；对违反国家法律、法规的规定，有损于公共安全和社会发展的行为，依法予以制裁。

严格管理，是指公安机关依据国家有关法律、法规、规范性文件和标准等，从严执行各项规章制度，严密各项安全措施。由于危险物品具有危险性和危害性，其用途广泛，品种繁多，在生产、储存、销售、运输、使用和销毁过程中，若管理不善，使用不当，则容易发生爆炸、火灾、中毒等治安灾害事件，给国家和人民生命财产造成严重损失。如 2001 年 3 月 16 日，河北省石家庄市突然相继发生 5 起特大爆炸案，造成 108 人死亡、38 人受伤的严重后果。① 因此，危险物品管理工作不能随心所欲，需要强制性进行管理，利用法律的权威性和约束力，引导、教育、评价、调整人们的行为；制裁、惩罚违法犯罪行为，强制性地限制违法行为的发生，减少危险物品管理中的违法行为给人类带来的危害。

依法管理、严格管理原则要求：一是要建立并完善各种包括法律、行政法规、规章、规范等在内的管理依据，做到“有法可依”。随着我国经济和社会的飞速发展，对危险物品管理工作的要求越来越高，危险物品管理中的新问题、新情况不断出现，急需法律、法规的调整。不断完善危险物品管理方面的法律、法规，是危险物品管理工作适应社会发展、完成管理任务的基本方法之一。二是为贯彻好这一原则，作为执法人员要学法、懂法、吃透法律精神，能够及时发现危险物品管理中存在的违法行为，做到“有法必依”。随着社会发展和管理工作的需要，有关危险物品管理的各类法律、法规相继出台。有了这些以服从为前提的各类法律法规，管理者才能找到管理依据，被管理者也就有了行动指南。三是公安机关必须按照国家有关法律、法规、规范性文件和标准，从严进行管理，做到“执法必严”。由于危险物品具有危险性和危害性，若管理不善，使用不当，则容易发生爆炸、火灾、中毒等治安灾害事件，给国家和人民生命财产造成严重损失。因此，对危险物品管理必须从严要求。四是在危险物品管理中，对于符合危险物品法律、法规规定的行为，要大力支持、予以保护；对于违反国家法律、法规规定，不利于社会公共安全的行为，要迅速制止纠正、依法严厉处罚，做到“违法必究”。这不仅能够依法打击这类违法犯罪，遏制危险物品管理中违法犯罪的势头，同时，也是对危险物品从业单位和广大人民群众进行遵守危险物品管理法律、法规教育的一种必要形式。

---

① 石家庄“3. 16”特大爆炸案的前前后后［EB/OL］. 人民网 . http：//www. people. com. cn/GB/shehui/44/20010419/446580. html，2001 年 4 月 19 日。

三、科学管理、文明管理原则

管理活动必须以科学的理论为指导，运用科学的手段和方法。科学管理，又名古典管理理论、传统管理理论，是由美国古典管理学家、科学管理的创始人、被管理界誉为“科学管理之父”的弗雷德里克·温斯洛·泰勒提出的。泰勒科学管理的内容主要包括五个方面：“一是工作定额原理；二是能力与工作相适应原理；三是标准化原理；四是差别计件原理；五是计划和执行相分离原理。”泰勒所提出的按科学来分析人在劳动中的机械动作，省去多余的笨拙的动作，制定精确的工作方法，实行最完善计算和监督制度等无疑是科学的。①

危险物品管理中的科学管理原则，是指公安机关根据危险物品管理的规律特点，运用现代科学原理和管理理论，采用现代先进的科学技术手段和方法，合理使用人力、物力和财力，形成高效管理机制，充分发挥公安机关管理的职能作用，取得最佳的管理效果。文明管理，是指在危险物品管理过程中，要做到依法办事，廉洁奉公，遵守纪律，举止端正，态度和蔼。

科学管理、文明管理原则要求：一是要按科学规律实施管理。危险物品所涉及的范围和种类较多、引发事件的因素也较多，不同危险物品从生产到消亡都有其内在的规律性，其安全问题的发生也存在一些可以识别的征兆。因此，要根据危险物品的特性和发展变化的客观规律，实施科学管理，而不是脱离实际、盲目地实施管理。二是要发挥现代科学技术在危险物品管理中的作用。一方面，要将系统论、控制论、信息论等科学理论引入危险物品管理中，使有限的人力、物力、财力发挥出最大效能；另一方面，要采用现代化技术、计算机技术、现代网络技术、卫星定位技术等，有效跟踪、监控危险物品的流向，实现危险物品的动态管理，从而有效避免危险物品的非法销售、运输、购买和使用，同时也为公安机关破获涉及危险物品的违法犯罪案件提供有利线索。三是要坚持文明管理。这是党和政府对监管部门的要求，也是社会主义精神文明建设的具体体现。公安机关及其人民警察在对危险物品管理的过程中，要始终树立全心全意为人民服务的思想和管理就是服务的观念，执法过程中要举止端正，态度和蔼，讲究策略方式，杜绝简单粗暴、故意刁难群众的不良作风，以取得群众的理解和支持，为做好危险物品管理工作打下良好的群众基础。

四、专门机关与群众路线相结合原则

专门机关与群众路线相结合原则也简称“专群结合原则”，是危险物品管理的一项重要原则。专是指专门机关，群是指广大人民群众。这一原则是公安工作专门机关与广大人民群众相结合方针在危险物品管理中的体现和具体化，也是我国公安工作的优良传统和特点。

危险物品管理专门机关，是指各级公安机关及其政府其他行政机构是社会危险物品管理大系统的组织者、监督者、指挥者，也是各级政府在开展宏观危险物品管理时的参谋机关。没有专门机关的管理，危险物品管理工作就会放任自流，不能有较大的发展。

列宁同志强调：“只有相信人民的人，只有投入生气勃勃的人民创造力源泉中去的人，才能获得胜利并保持政权。”② 群众路线是党的根本工作路线，是以毛泽东为代表的中国共产党在长期斗争中形成的一切为了群众、一切依靠群众和从群众中来、到群众中去的群众路

① 徐国华，张德，赵平．管理学［M］．北京：清华大学出版社，2001.

② 列宁全集（第33卷）［M］．北京：人民出版社，1985.

线。群众路线是我们党的根本工作路线，也是我们党的根本的领导作风和工作方法，是党的群众观点的具体化。危险物品管理中的群众路线，是指危险物品管理工作的具体任务广泛地存在于全社会各行业的生产、生活之中，也就是说广泛存在于人民群众之中，管理必须动员群众、发动群众、依靠群众。如2006年6月2日至9月30日全国公安机关开展治爆缉枪专项行动，行动期间广泛调动了广大人民群众参与专项行动的积极性，全国共接到群众举报线索2.2万条，从中破案6756起，占查破案件总数的54.5%；群众主动上交的枪支、子弹、雷管、管制刀具数量，分别占收缴总数的63.2%、49.8%、28.9%和26.9%。依靠群众有力提升了公安机关管理爆炸物品、枪支弹药、管制刀具的能力和水平。① 再如2014年，昆明"3.01严重暴力恐怖事件"发生后，3月10日，昆明市公安局发布公告，积极开展治爆缉枪活动，并对群众举报爆炸物品枪支弹药管制器具线索的给予一定奖励，如举报仿真枪、彩弹枪、管制刀具、弩等管制器具线索，经查证属实的，给予500元以上5000元以下奖励，这其实也是积极动员群众参与的较好典范。② 因此，要完全实现危险物品管理的最佳安全目标，就需要依靠专门机关与群众路线相结合的原则，动员群众参与、关心危险物品管理事业的发展，充分发挥广大群众的积极性，把危险物品管理的安全意识融入到日常的生产、生活中去，才能创造一个良好的危险物品管理安全环境。

专门机关与群众路线相结合原则要求：一是要对公安机关危险物品管理部门的职责准确定位，将一切不必由公安机关承担的任务和职责剥离出去，交以有关政府机构、社会组织或危险物品行业主管部门和从业单位。由于危险物品品种多、分布广、性能复杂，危险物品涉及国防、化工、冶金、医药、卫生等几乎所有的部门与行业，任何单一部门都难以保障危险物品的安全与正常使用。在目前公安机关警力有限的情况下，没有必要设置众多的部门去完成安全生产监督、环保、卫生、工商等部门和行业主管部门的安全管理任务，也没有必要代替危险物品从业单位的安全保卫部门执行危险物品管理的全部任务。二是对于政府所管理的七大类危险物品，相关的法律、法规明确规定了公安机关应履行的职责，各级公安机关要确实把自己需要负责的任务和职能认真履行好，并且不得擅自委托、转移或者不作为。三是危险物品管理工作既具有较强的法规性、政策性和技术性，又具有广泛的社会性和群众性。没有从业单位的安全管理人员与广大人民群众的参与，危险物品管理工作也就失去了基础。因此，要通过完善危险物品管理立法，充分调动社会、从业单位和公民参与危险物品管理的主动性、创造性和积极性，共同维护稳定、良好的危险物品管理秩序，才能实现对危险物品的有效管理。

五、服务社会原则

服务社会是危险物品管理的出发点。危险物品管理工作必须以保障国家经济发展和保护人民群众的合法利益为目的，在确保安全的前提下，实现最佳的社会效益和经济效益。因此，公安机关在实施危险物品管理过程中，必须始终坚持以经济建设为中心，树立为社会主

---

① 公安部召开全国公安机关集中整治爆炸物品、枪支弹药、管制刀具专项行动总结表彰电视电话会议［EB/OL］. 中华人民共和国公安部网站 . http：//www.mps.gov.cn/n16/n1237/n1447/n37395/n43686/n45015/134189.html，2006-12-15.

② 昆明：公共场所非法携带管制器具将从重处罚［EB/OL］. 昆明信息港 . http：//news.kunming.cn/km-news/content/2014-03/10/content_ 3515739_ 2.htm.

义经济建设服务、为人民服务的观念。

服务社会原则，是指公安机关在危险物品管理工作中，要以保障和促进社会主义市场经济的发展和保护人民群众的合法权益为目的，采取有利于社会发展、有利于经济建设、有利于人民群众的管理方法和措施，从而确保危险物品的安全，实现最佳的社会效益和经济效益。管理是手段，服务是目的。服务经济社会发展、服务广大人民群众是危险物品管理工作的根本出发点和落脚点。

服务社会原则要求：一是要树立以保障、促进社会发展和经济建设为目的的执法观念。公安机关在危险物品管理中，无论是审批发证、登记备案，还是监督检查、查处事故，不仅要以保障生产安全和保护人民群众的合法权益为出发点，还要充分考虑到有利于促进社会发展和经济建设的需要，树立为社会发展和经济建设服务的观念。要保障危险物品合法、安全地生产、经营和使用，更好地为社会服务。对于合法、安全生产危险物品的单位和个人要给予必要的保护；对于不符合危险物品生产、经营条件的单位和个人要限期整改，甚至取消其资质；对于非法生产、经营危险物品的单位和个人要依法取缔。从而使危险物品在社会发展和经济建设中发挥更大的作用。二是要转变管理作风。对于公安机关来讲，要主动适应经济社会发展的客观要求，把握社会主义市场经济的内在要求和运行特点，按照提高行政效率、降低行政成本、整合行政资源的要求，进一步转变工作作风，改进管理方式。危险物品管理过程中，公安机关要从促进经济发展、服务人民生活的角度出发，而不是单纯的限制，更不能简单采用“管、卡、压”的做法，妨碍生产力的发展。要逐步形成行为规范、运转协调、公正透明、廉洁高效的公安行政管理机制，维护社会稳定，为经济社会的发展提供优质高效的服务。三是要创新管理机制。强调服务并不意味着放松管理。公安机关在危险物品管理中要寓服务于管理之中，创新管理思路。在法律法规允许的情况下，公安机关要主动分析市场经济发展、社会全面进步的新形势，科学把握社会主义市场经济的内在要求和运行特点，以为市场主体服务和创造良好发展环境作为改革公安行政管理工作的主要方向，改进管理方式，增强服务意识，实现管理和服务的有机统一。通过管理水平的提高，达到提高服务水平的目的。

第四节　危险物品管理组织机构及职责

一、危险物品管理政府组织机构及职责

（一）公安机关

公安机关作为政府危险物品管理的主要机构之一，其治安管理部门、交通管理部门、消防管理部门和刑事侦查部门等对枪支弹药、管制器具、民用爆炸物品、烟花爆竹、危险化学品、剧毒物品和放射性物品等具有管理职责。具体管理职责见本书第二至第八章内容。

（二）安全生产监督管理部门

安全生产监督管理部门是主管安全生产的政府职能部门，在危险物品中的危险化学品和烟花爆竹监督管理上承担着重要职责。

在危险化学品管理中，其职责包括：一是负责危险化学品安全监督管理综合工作；二是组织确定、公布、调整危险化学品目录；三是对新建、改建、扩建生产、储存危险化学品（包括使用长输管道输送危险化学品）的建设项目进行安全条件审查；四是核发危险化学品

安全生产许可证、危险化学品安全使用许可证和危险化学品经营许可证，并负责危险化学品登记工作；五是负责危险化学品事故应急救援的组织和协调工作等。

在烟花爆竹安全管理中，其职责包括：一是负责监督烟花爆竹生产经营单位贯彻执行安全生产法律法规的情况；二是负责审查烟花爆竹生产经营单位安全生产条件和发放安全生产许可证、销售许可证；三是负责组织查处不具备安全生产基本条件的烟花爆竹生产经营单位，组织查处烟花爆竹安全生产事故。

（三）工业和信息化主管部门

自2008年国务院机构改革后，工业和信息化主管部门承接了原国防科技工业主管部门对于民用爆炸物品的监管职责。

在民用爆炸物品管理中，其职责主要包括：一是负责许可民用爆炸物品生产、销售企业的新建、改扩建；二是负责监督管理民用爆炸物品生产、销售、进出口及相应储存；三是负责监督管理民用爆炸物品产品质量；四是负责组织查处不具备安全生产基本条件的民用爆炸物品生产、销售单位；五是负责组织销毁、处置生产、销售环节中废旧和罚没的非法民用爆炸物品。

（四）环境保护部门

环境保护部门是危险化学品和放射性物品安全监管的重要职能部门。

在危险化学品管理中，其职责包括：一是负责废弃危险化学品处置的监督管理；二是组织危险化学品的环境危害性鉴定和环境风险程度评估，确定实施重点环境管理的危险化学品；三是负责危险化学品环境管理登记和新化学物质环境管理登记；四是依照职责分工调查相关危险化学品环境污染事故和生态破坏事件；五是负责危险化学品事故现场的应急环境监测。

在放射性物品管理中，其职责包括：一是负责放射性同位素与射线装置的生产、进出口、销售、使用、转让、储存及废弃处置安全和防护的监督管理；二是负责拟订放射性同位素与射线装置安全和防护方面的法规草案、规章草案和有关标准规范，并组织实施；三是负责核发生产、销售、使用放射性同位素与射线装置的辐射安全许可证，并通报同级公安部门、卫生行政主管部门；四是负责许可证的变更、注销；五是负责从事辐射安全关键岗位工作专业技术人员的资格管理；六是负责会同有关部门制定并公布限制进出口放射性同位素目录和禁止进出口放射性同位素目录；七是负责会同有关部门编制辐射事故应急预案；八是负责辐射事故的应急响应、调查处理和定性定级工作，协助公安部门监控追缴丢失、被盗的放射源等。

（五）卫生部门

卫生部门在危险化学品和放射性物品管理中具有管理职责。

在危险化学品管理中，其职责包括：一是负责危险化学品毒性鉴定的管理；二是负责组织、协调危险化学品事故受伤人员的医疗卫生救援工作。

在放射性物品管理中，其职责包括：一是负责放射性同位素与射线装置的职业病危害评价管理工作；二是负责放射源诊疗技术和医用辐射机构的准入管理；三是参与辐射事故应急工作；四是负责辐射事故的医疗应急。

（六）质量监督检验检疫部门

在危险化学品管理中，质量监督检验检疫部门职责主要包括：一是负责危险化学品及其包装物、容器生产许可证管理工作；二是负责危险化学品包装物、容器的检验监管工作；三是负责危险化学品包装物、容器产品质量的监督检查。

在烟花爆竹安全管理中，其职责包括：一是监督抽查烟花爆竹的质量；二是检验进出口烟花爆竹的安全质量等。

（七）工商行政管理部门

工商行政管理部门主要是依据有关部门的许可证件，核发涉及危险物品生产、储存、经营、运输企业所需的营业执照，查处经营企业违法采购危险物品的行为。

（八）体育行政主管部门

体育行政主管部门主要负责射击运动枪支管理的部分管理职责：一是负责对专门从事射击竞技体育运动单位配枪资格的审批；二是负责制定专门从事射击竞技体育运动单位所需使用的射击运动枪支弹药的购置计划，订货供应；三是负责对外国体育代表团入境参加射击竞技体育活动，或者中国体育代表团出境参加射击竞技体育活动，需要携带射击运动枪支入境、出境的审批。

（九）交通运输主管部门

交通运输主管部门的主要职责包括：一是负责危险化学品道路运输、水路运输的许可以及运输工具的安全管理；二是对危险化学品水路运输安全实施监督；三是负责危险化学品道路运输企业、水路运输企业驾驶人员、船员、装卸管理人员、押运人员、申报人员、集装箱装箱现场检查员的资格认定。

（十）邮政管理部门

邮政管理部门主要是负责查处邮寄危险物品的行为。

（十一）其他管理部门

其他管理部门主要是指经过相关法律规定对危险品进行管理的机构，比如：铁路部门、民用航空部门等。铁路部门负责危险化学品铁路运输的安全管理，负责危险化学品铁路运输承运人、托运人的资质审批及其运输工具的安全管理。民用航空部门负责危险化学品航空运输以及航空运输企业及其运输工具的安全管理。

二、危险物品从业单位及人员安全管理职责

危险物品从业单位，即生产、储存、经营、运输、使用、销毁危险物品的单位。危险物品从业单位的自我管理在危险物品管理中有着特别重要的地位和作用。要真正做好危险物品的管理工作，切实落实危险物品管理法律、法规的要求，根本上还是要依靠危险物品从业单位的自我管理。

（一）危险物品从业单位安全管理职责

危险物品从业单位职责包括：

一是认真贯彻和执行国家有关对危险物品管理的法律、法规、规章的规定和国家标准的要求，建立、健全本单位危险物品管理的安全管理规章制度和操作规程；

二是建立、健全主要负责人、分管负责人、安全生产管理人员、职能部门、岗位安全生产责任制。加强对本单位从业人员的安全教育、法制教育和岗位技术培训，提高他们的安全意识和技能，从业人员经考核合格的，方可上岗作业，对有资格要求的岗位，应当配备具有相应资格的人员；

三是应当根据本单位危险物品的种类、特性，设置相应的技术防范措施，并按照国家标准和国家有关规定进行维护、保养，保证符合安全运行要求；

四是根据本单位危险物品的种类、特性，制订本单位事故应急救援预案，配备应急救援人员和必要的应急救援器材、设备，并定期组织演练；

五是建立、健全危险物品管理流向登记制度，防止危险物品流失。发现危险物品丢失、被盗、被抢或者误售、误用时，必须立即向当地公安部门报告；

六是积极配合政府有关部门履行监督管理职责。

（二）危险物品从业单位主要负责人安全管理职责

危险物品从业单位的主要负责人对本单位的安全生产工作全面负责。其主要职责包括：

一是建立、健全本单位安全生产责任制；

二是组织制定本单位安全生产规章制度和操作规程；

三是组织制定并实施本单位安全生产教育和培训计划；

四是保证本单位安全生产投入的有效实施；

五是督促、检查本单位的安全生产工作，及时消除生产安全事故隐患；

六是组织制定并实施本单位的生产安全事故应急救援预案；

七是及时、如实报告生产安全事故。

（三）危险物品从业单位安全生产管理机构以及安全生产管理人员职责

危险物品从业单位应当设置安全生产管理机构或者配备专职安全生产管理人员。安全生产管理机构以及安全生产管理人员履行下列职责：

一是组织或者参与拟订本单位安全生产规章制度、操作规程和生产安全事故应急救援预案；

二是组织或者参与本单位安全生产教育和培训，如实记录安全生产教育和培训情况；

三是督促落实本单位重大危险源的安全管理措施；

四是组织或者参与本单位应急救援演练；

五是检查本单位的安全生产状况，及时排查生产安全事故隐患，提出改进安全生产管理的建议；

六是制止和纠正违章指挥、强令冒险作业、违反操作规程的行为；

七是督促落实本单位安全生产整改措施。

第五节　危险物品管理的任务

危险物品既是具有危害性、危险性、破坏性极大的物品，又是国家经济建设和社会生活中不可缺少的重要物品，其特有的功能无法替代。如果管理不善，就容易导致治安灾害事故的发生，一旦落入不法人员手中，进行违法犯罪活动，将会造成严重的危害后果，直接危及公共安全和公民生命财产安全。

公安机关在危险物品管理中的任务，是指由国家危险物品管理法律法规规定的由公安机关所担负的工作和责任。《人民警察法》第 2 条规定：“人民警察的任务是维护国家安全，维护社会治安秩序，保护人民的人身安全、人身自由和合法财产，保护公共财产，预防、制止和惩治违法犯罪活动……”《人民警察法》第 6 条第 5 款规定：“公安机关的人民警察按照职责分工，依法履行下列职责：……（五）管理枪支弹药、管制刀具和易燃易爆、剧毒、放射性等危险物品……”同时，公安机关对危险物品管理的目的是为了保障危险物品生产、储存、销售、运输、使用和销毁等各个环节的安全，防止危险物品丢失、被盗、被抢，流入社会，预防治安灾害事故和违法犯罪案件的发生，维护社会秩序，保障公共安全，保护公民生命财产安全。

综上，公安机关在危险物品管理中的主要任务是：

一、贯彻执行法律法规，确保危险物品各个环节的安全

国家制定和颁布的危险物品管理的法律法规，是公安机关对危险物品管理的法律依据，是人们从事危险物品生产、储存、销售、运输、使用和销毁等各个环节的行为规范。危险物品的生产、储存、销售、运输、使用和销毁等各个环节，都有以法律强制力为保证的法律法规、规章制度和操作规程来制约，是体现社会规范、技术规范相结合的科学管理方法和技术规程，反映着危险物品各个环节安全运转的规律特点。依法管理是公安机关实施危险物品管理的最基本方法。公安机关对危险物品管理是通过法律手段和行政手段，执行危险物品管理的法律、法规和规章制度，管理相关部门和从业单位、从业人员，规范单位和人员的行为，确保危险物品各个环节的安全，使危险物品能够更好地促进社会经济的发展。

公安工作中，公安机关治安管理部门要认真贯彻执行有关危险物品管理的法律法规，通过严格的监督、检查和指导，使危险物品的各个环节能够严格按照法律法规、规章制度和操作规程的要求进行，确保危险物品生产、储存、销售、运输、使用和销毁等各个环节的安全，有效保障公共安全和人民生命财产安全。

二、建立健全安全管理制度，防止危险物品丢失、被盗、被抢事件或案件的发生

由于管理不善、思想麻痹等原因，危险物品在生产、储存、销售、运输、使用和销毁等过程中，丢失、被盗、被抢的现象时有发生；同时，随着社会的不断进步，危险物品管理和使用中的各种新情况、新问题也不断产生。如在民用爆炸物品生产、运输、销售方面，近年来国内爆破领域逐渐在推广和使用集生产、运输、储存、装药一体化爆破作业技术的炸药现场混装作业，有效减少了民用爆炸物品运输、储存环节，具有高效、便捷、经济、安全等优势，但是散装炸药流向监控又成为了一个问题；在民用爆炸物品储存方面，2009年公安部积极推行了《民用爆炸物品储存库治安防范要求》（GA837—2009）和《小型民用爆炸物品储存库安全规范》（GA838—2009），但在实际操作中，由于受地理位置等因素的限制，有些很难达到标准要求；在爆破作业方面，一些涉爆单位在爆破作业环节上缺乏监督，存在民用爆炸物品领用过程没有监管人员、代领、未及时清退使用剩余的民用爆炸物品等问题。

因此，一方面，国家和相关法律法规制定部门要及时修改和完善危险物品管理的法律法规；另一方面，公安机关要认真按照危险物品管理法律、法规、规章制度和操作规程的要求，发挥职能作用，加强对危险物品各个环节的安全监督、检查和指导，指导涉及危险物品的有关单位、部门，建立健全各种危险物品安全管理制度，严密各项安全措施，严防危险物品丢失、被盗、被抢。另外，公安机关在严格执法，确保规章制度和操作规程的有效实施时，还要及时发现存在的隐患、堵塞漏洞，采取有效措施，防止丢失、被盗、被抢案件的发生。丢失、被盗、被抢事件或案件一旦发生，公安机关要会同有关部门迅速查找，尽可能把这些物品追查出来，防止违法犯罪分子利用这些物品进行各种违法犯罪活动。

三、预防和查处涉及危险物品的治安案件和治安灾害事故

危险物品广泛应用于工业、农业、医疗卫生、科研等各个领域，接触这些物品的单位和人员越来越多，如果危险物品管理的规章制度不健全或违反危险物品管理规章制度、操作规程，随时都有可能发生各种危险物品治安案件，也可能发生爆炸、燃烧、中毒、射线伤害等治安灾害事故。这些危险物品造成的治安案件和治安灾害事故，严重危害社会秩序和公共安全，影响社会安定和国家经济建设。因此，公安机关必须从事前预防、事中控制和事后查处三个方面履行好预防和查处涉及危险物品的治安案件和治安灾害事故的任务。

一是做好事前预防工作。事前预防具有预先性、全面性和易忽视性特点。事前预防不仅是一项积极、主动、未雨绸缪的工作，还是公安机关危险物品管理工作的重中之重。通过事前预防，可以起到堵塞漏洞，防患于未然、有效减少和防止涉及危险物品事故、案件的发生。做好事前预防工作，公安机关可以从宣传教育、培训危险物品的从业单位、从业人员及其他人员，严格遵守危险物品管理规定方面开展工作，也可以从完善危险物品管理各项制度和措施方面开展工作，还可以从强化监督检查，排除各种安全隐患方面开展工作。二是做好事中控制工作。涉及危险物品的治安案件和治安灾害事故发生后，公安机关及时对治安案件和治安灾害事故采取措施进行控制，防止事故后果进一步扩大。涉及危险物品管理的治安案件和治安灾害事故不同于一般治安案件和治安灾害事故，其具有危险性、时效性、协作性和强制性等特点。有效的事中控制能够起到及时控制治安案件和治安灾害事故危害的进一步扩大，减少人员伤亡、经济损失或社会影响的作用。为做好事中控制工作，公安机关在涉及危险物品的治安案件和治安灾害事故发生后可以从控制保护现场、开展人员救治、控制危险源、划定危险区域和采取各种有效措施减少事故危害和影响等几个步骤开展工作。三是做好事后查处工作。涉及危险物品的治安案件和治安灾害事故发生后，公安机关会同有关部门进行事故调查，查明事故原因，判明事故的性质、对人员伤亡和财产损失进行统计、确定事故的责任者，进行严肃处理，直至追究有关人员的刑事责任，以及对治安案件和治安灾害事故的教训进行总结。对于已经发生的涉及危险物品的治安案件，公安机关要认真调查处理，依照《治安管理处罚法》和有关法规给予治安管理处罚；对于已经发生的涉及危险物品的治安灾害事故，公安机关要在查处治安案件和治安灾害事故的同时，要认真总结经验教训，采取有效措施，避免治安案件和治安灾害事故的再次发生。涉及危险物品的事后查处工作不仅可以起到通过追究相关单位和人员的责任警示其他从业单位和人员重视危险物品管理工作，有效预防涉及危险物品的治安案件和治安灾害事故发生的作用，还可以通过对案件和事故教训的总结起到进一步完善危险物品管理的各项安全措施，防范类似治安案件和治安灾害事故发生的作用。

四、侦查非法制造、买卖、储存、运输、邮寄、使用涉危险物品的刑事案件

依据我国现行《刑法》规定，涉及危险物品非法制造、买卖、储存、运输、邮寄、使用的刑事案件主要有第 114 条、第 125 条、第 127 条、第 130 条、第 136 条与第 291 条，与之对应的罪名分别是“投放危险物质罪”、“非法制造、买卖、运输、储存危险物质罪”、“盗窃、抢夺、抢劫危险物质罪”、“非法携带危险物品危及公共安全罪”、“危险物品肇事罪”和“投放虚假危险物质罪”。

公安机关不仅是国家的行政机关，同时它还担负着刑事案件的侦查任务。根据《刑事

诉讼法》第 18 条第 1 款的规定，刑事案件的侦查由公安机关进行，法律另有规定的除外。因此，对于非法制造、买卖、储存、运输、邮寄、使用涉危险物品的刑事案件，由公安机关负责进行侦查。公安机关对于已经立案的非法制造、买卖、储存、运输、邮寄、使用涉危险物品的刑事案件，应当进行侦查，收集、调查犯罪嫌疑人有罪或者无罪、罪轻或者罪重的相关证据材料，对现行犯或者重大嫌疑分子可以依法先行拘留，对符合逮捕条件的犯罪嫌疑人，应当依法逮捕，追究刑事责任。

第六节　危险物品管理的方法

方法，是指关于解决思想、说话、行动等问题的门路、程序等。① 在危险物品管理工作中，作为管理主体之一的公安机关必须借助于一定的途径和手段、采取一定的措施和技术对危险物品实施安全管理。因此，所谓危险物品管理方法，就是指公安机关为了实现危险物品安全管理目标，在依法对危险物品实施治安行政管理活动中所采取的手段、措施、程序和技术的总称。

危险物品管理的方法较多，不同的方法具有不同的特点和作用。目前公安机关对危险物品管理的方法主要包括审批许可，监督检查，审查、考核和培训工作人员，日常指导，收缴失控的危险物品，查处事故和开展安全防范宣传教育几种。

一、审批许可

许可含有准许、容许或授权的意思。② 在现代社会中，行政许可制度是世界各国普遍采用的一项重要的治安管理制度，也是我国治安管理部门进行治安管理的有效措施之一，尤其在危险物品管理、特种行业管理和出入境管理等方面发挥着至关重要的作用。

审批许可是指公安机关治安管理部门根据危险物品管理相对人的申请，经依法审查，以颁发证照或者批准等方式，允许其从事特定活动的行为。这一概念包括三个含义：一是危险物品管理主体公安机关治安管理部门对危险物品管理相对人一般禁止的解除；二是危险物品管理相对人获得了从事危险物品特定活动的资格或权利；三是危险物品管理相对人同时必须承担相应的危险物品管理义务。

审批许可是公安机关治安管理部门对危险物品管理的一项经常性工作，也是一项危险物品源头控制工作。一方面，危险物品管理相对人要获得从事危险物品特定活动的行政许可，必须依法定程序提出该项许可的申请，这是其必须履行的法定义务，否则即为非法；另一方面，危险物品管理主体针对危险物品管理相对人的申请才能决定是否采取治安行政许可，没有危险物品管理相对人的申请，危险物品管理主体不能主动实施治安行政许可。作为危险物品管理主体的公安机关应当根据《中华人民共和国行政许可法》及其有关规定，明确自我职责分工和许可权限，通过实施审批许可，严格依法审查申请者的从业条件，控制不符合条件的公民、法人和其他组织进入危险物品行业，从源头上控制危险物品的流失。

近年来，我国一直在不断进行行政改革，“简政放权”取消了原来许多需要公安机关审核的项目。但是对危险物品管理来说仍然有一些项目没有被取消，必须到公安机关治安管理

---

① 中国社会科学院语言研究所词典编辑室编．现代汉语词典［M］．北京：商务印书馆，1986.

② 熊一新，李健和主编．治安管理学概论［M］．北京：中国人民公安大学出版社，2004.

部门申请许可证。根据现行规定，目前公安机关治安管理部门在危险物品管理中审批许可的事项包括：

枪支弹药管理方面审批事项：公务用枪持枪证核发；枪支运输许可证核发；民用枪支制造许可证核发；民用枪支配售许可证核发；民用枪支配购证核发；民用枪支持枪证核发。

民用爆炸物品管理方面审批事项：民用爆炸物品购买许可证核发；民用爆炸物品运输许可证核发；爆破作业单位许可证核发；爆破作业人员（爆破员、安全员、保管员）许可证核发；爆破工程技术人员安全作业证核发。

烟花爆竹管理方面审批事项：烟花爆竹道路运输许可证核发；焰火燃放许可证核发；大型焰火燃放作业单位资质证明核发；大型焰火燃放作业人员资格证明核发；大型焰火燃放活动审批。

剧毒化学品管理方面审批事项：剧毒化学品购买许可证核发；剧毒化学品公路运输通行证核发。

放射性物品管理方面审批事项：放射性物品运输许可证核发。

根据我国《行政许可法》等有关法律、法规规定，审批许可的程序主要包括：受理申请、审核、审批和告知四个步骤。作为危险物品行政许可审批的公安机关，对涉危险物品申请单位、个人所提供的申请及相关材料必须认真进行审查，对于符合行政许可审批条件的，必须予以批准，发给申请人行政许可。对于不符合行政许可审批条件的，公安机关应当作出不予许可的决定，明确不予许可的理由，并通知申请人。

二、监督检查

监督是指察看并督促；检查是指为了发现问题而用心查看。① 监督检查，就是指危险物品管理主体公安机关为了履行管理职责，依法对危险物品管理相对人遵守国家法律、法规、规章和安全管理制度及规程的情况进行检查、了解、监督，对违反法律、法规的行为，责令改正，并依法实施处罚的一种行政行为。公安机关监督检查的目的，就是对危险物品从业单位及其从业人员的情况进行强制了解，判断从业单位的守法情况和安全防范状况，发现问题及时指出并督促其改进。监督检查的对象是危险物品从业单位及从业人员。监督检查的内容可以是从业单位和人员资质，也可以是物品、场所、设备设施和管理制度等。

目前，公安机关在危险品管理中的监督检查事项主要包括：一是枪支制造、配售、购置、携带、使用、保管、运输、销毁等环节是否守法和民用射击场枪支弹药管理的情况；二是管制器具制造、销售、携带、使用、保管是否守法的情况；三是民用爆炸物品的销售、购买、使用的流向监控和爆破作业安全情况；四是烟花爆竹燃放安全和烟花爆竹厂点四邻安全距离是否符合规定的情况；五是危险化学品、剧毒化学品的销售、携带、使用、保管安全情况和道路运输安全情况；六是放射性工作单位有关放射源安全保卫和道路运输安全情况。

监督检查的方式，可以采用定期检查、不定期检查、临时抽查、普遍检查、企业（单位）自查、公安机关单独检查和与有关部门联合检查等方式进行。

监督检查的程序主要包括：表明身份、说明理由、实施检查、告知权利和公布结果几个步骤。

公安机关在监督检查中如发现危险物品从业者非法生产、储存、买卖、使用危险物品

① 中国社会科学院语言研究所词典编辑室编．现代汉语词典［M］．北京：商务印书馆，1986.

的，可以依法采取查封、扣留等措施，防止违法行为人毁灭、转移或处理危险物品。同时，按照法定程序对违法行为人进行询问、调查，并在全面了解行为人违法事实的基础上依法实施行政处罚。

公安机关在监督检查中如发现危险物品从业单位在场所、设备、设施、工人操作等方面存在安全隐患的，可以视隐患的严重程度，对于一般隐患可令其立即改正或限期改正；对于可能严重威胁国家生产建设和公民生命财产安全的重大隐患，经再三督促仍不能积极整改的，可令其停业整顿或给予吊销许可证的行政处罚。

监督检查时要注意必须至少两名民警进行。民警必须穿着警服，并向被检查单位和人员出示工作证。

三、审查、考核和培训工作人员

审查是指检查核对是否正确、妥当（多指计划、提案、著作、个人的资历等）；考核是指考查审核；培训是指培养和训练（技术工人、专业干部等）。① 危险物品管理中发生的危险物品丢失被盗、乱存乱放、私拿转借等情况，往往是由于工作人员违反安全操作规程和管理制度造成的。因此，危险物品管理不仅需要有健全的组织机构和严密的规章制度，而且需要训练有素的管理人员和从业人员去贯彻执行安全管理制度。

审查、考核和培训工作人员是公安机关对危险物品管理的职责之一。一是审查。对危险物品管理人员和从业人员严格审查是防止危险物品落入不法人员手中、失散社会的一项重要措施。如《民用爆炸物品安全管理条例》第 6 条规定："无民事行为能力人、限制民事行为能力人或者曾因犯罪受过刑事处罚的人，不得从事民用爆炸物品的生产、销售、购买、运输和爆破作业。"因此，公安机关应当督促、协助有关单位对危险物品管理人员和从业人员进行认真、必要的审查，严格把好思想政治关、业务知识关和身体条件，确保录用人员的质量，防止不合乎条件的人员从事危险物品相关工作。二是考核。对危险物品管理人员和从业人员进行考核是公安机关危险物品管理工作的重要内容。如《民用爆炸物品安全管理条例》第 33 条规定："爆破作业单位应当对本单位的爆破作业人员、安全管理人员、仓库管理人员进行专业技术培训。爆破作业人员应当经设区的市级人民政府公安机关考核合格，取得《爆破作业人员许可证》后，方可从事爆破作业。"考核的内容主要包括四个方面：第一，政治立场和思想品质表现；第二，法律、法规和管理制度的熟悉和掌握情况；第三，工作态度和工作业绩；第四，业务知识和操作技能的熟悉和掌握情况。只有经过考核合格的才能从事危险物品相关工作。三是培训。随着科学技术的进步，危险物品应用的领域越来越广，技术含量越来越高，相关的管理法律、法规也在不断地进行完善和修订中。因此，对危险物品管理人员和从业人员的培训工作应该长期坚持下去。如《民用爆炸物品安全管理条例》第 6 条规定："民用爆炸物品从业单位应当加强对本单位从业人员的安全教育、法制教育和岗位技术培训。"除了从业单位对工作人员进行安全教育、培训外，公安机关作为危险物品行政管理主体也要对危险物品管理的工作人员进行安全教育、培训和考核，重点是危险物品基本知识、基本法律法规、安全规章制度、安全常识的安全教育、培训和考核，使他们具备从业所需的知识、技能和法规常识。从业人员经培训、考核合格的，方可上岗作业，对有资格要求的岗位，应当配备具有相应资格的人员。

---

① 中国社会科学院语言研究所词典编辑室编．现代汉语词典［M］．北京：商务印书馆，1986.

四、日常指导

指导是指指示教导；指点引导。① 日常指导是指公安机关要在其职责范围内，对涉及危险物品的单位及其从业人员以引导管理对象接受或认同为目的，以建议、劝告、示范等方式作出，但不产生法律效力的行为。

在危险物品的生产、储存、运输、使用过程中，一些从业人员往往对安全防范的方法、措施了解甚少，或者缺乏自省意识，因而不能自觉地对一些不安全行为作出有效的调整和控制，致使安全防范工作或多或少存在一些不足。为了提高从业人员安全防范工作的有效性，公安机关要重视对危险物品从业单位及其从业人员进行安全防范方面的行政指导，即在职责范围内以建议、劝告、示范等方式，为危险物品从业单位及其从业人员的安全防范工作出谋划策，进行有目的引导，不断提高危险物品从业单位及其从业人员安全防范措施的能力。

五、收缴失控的危险物品

收缴是指接收，缴获。② 收缴失控的危险物品，是指公安机关及其人民警察在其职责范围内，对流散在社会上的危险物品进行强制收回、上交或者销毁的行为。清查收缴失散在社会上的各类危险物品是公安机关的一项重要职责。

在危险物品生产、储存、经营、运输、使用、销毁过程中，常常会因管理不善、制度不严而发生从业人员私拿、私藏、转借、转让、盗窃、丢失等现象，导致一些危险物品落入无关人员之手，散失在社会的各个角落；此外，非法生产、私自买卖的存在，也使部分危险品散失在社会上。这些失控的危险物品，是危害社会公共安全的潜在隐患，必须予以消除。收缴社会上失控的危险物品是公安机关危险物品管理中一种行之有效的方法。如 2006 年 6 月 2 日至 9 月 30 日全国公安机关开展治爆缉枪专项行动行动期间，全国共收缴炸药 3900 吨、雷管 777 万枚、导火索 483 万米，收缴枪支 17. 8 万支、仿真枪 63. 8 万支、子弹 474. 9 万发，收缴管制刀具 206 万把，有力促进了危险物品管理工作。③ 收缴失控的危险物品必须注意以下四点：一是公安机关要广泛深入地宣传收缴失控危险物品的重要性、必要性，动员公民自觉交出危险物品或者提供重要线索，并把这作为一项日常性工作；二是公安机关要根据公民提供的线索，采取各种有效措施，认真追查，最大限度地保证危险物品收缴工作的彻底干净，并对相关人员依法处理；三是要根据本辖区的具体情况适时开展集中收缴专项行动，大力收缴失散在社会上的危险物品；四是对于收缴或者接收的危险物品最后由公安机关实施销毁或者交由政府其他部门统一处理。

六、查处事故

事故是指意外的损失或灾祸（多指在生产、工作上发生的）。④ 在危险物品的生产、储

---

① 中国社会科学院语言研究所词典编辑室编．现代汉语词典［M］. 北京：商务印书馆，1986.

② 中国社会科学院语言研究所词典编辑室编．现代汉语词典［M］. 北京：商务印书馆，1986.

③ 公安部召开全国公安机关集中整治爆炸物品、枪支弹药、管制刀具专项行动总结表彰电视电话会议［EB/OL］. 中华人民共和国公安部网站． http：//www. mps. gov. cn/n16/n1237/n1447/n37395/n43686/n45015/134189. html，2006-12-15.

④ 中国社会科学院语言研究所词典编辑室编．现代汉语词典［M］. 北京：商务印书馆，1986.

存、运输、销售和使用过程中，经常会因为疏忽大意、违反操作规程和安全管理制度或其他原因而造成各种事故。如枪支走火事故、炸药储存仓库爆炸事故、剧毒物品泄漏事故、易燃化学物品起火爆炸事故、放射事故等，这些事故都可能造成严重的人员伤亡和财产损失。

公安机关在事故查处中应遵循“四不放过”的原则，即事故原因未查清不放过；事故责任未追究不放过；责任者和群众未受到教育不放过；安全措施未落实不放过。

涉及危险物品的事故发生后，公安机关必须立即赶赴现场，与有关部门和单位密切配合，调查事故原因，进行善后处置。一是保护现场。事故现场是事故发生的地点，是反映事故真相的关键所在，也是事故责任人或破坏者留有痕迹和物证的场所。现场遗留的痕迹、物证能为查明事故的起因、性质提供重要的线索和证据。所以，当危险物品事故发生后，应该首先采取有效措施，保护现场不受破坏，这对于判断调查范围、调查方向、查明事故原因都是至关重要的。保护现场的任务和方法主要包括：第一，布置警戒，保护现场；第二，积极排除险情，抢救伤员和重要物资；第三，注意事故现场动态，积极进行现场调查走访。二是开展事故调查。事故调查是公安机关查清事故情况，依法处置有关人员，维护社会稳定的基本手段。事故调查主要包括：现场勘查、调查访问、物证鉴定等工作。其目的是寻找物证、发现线索、查清事故的性质和原因，查明肇事者或者作案人员和造成的损失、危害情况、发现隐患、漏洞等。公安机关在开展事故调查时必须做到及时、合法、全面和客观几个要求。三是事故处理。事故处理是事故调查过程的继续，其目的是为了打击犯罪，维护法律的尊严，同时通过事故处理教育事故责任者和广大人民群众，从而使广大人民群众自觉的遵守国家规定的有关危险物品管理法律、法规，防止类似事故再次发生。事故处理包括：第一，处罚事故肇事者和责任人。在弄清事故性质、分清事故责任的基础上，对事故的肇事者、责任人要根据事故的性质、情节、损失大小，依照国家法律、法规严肃处理。事故责任的种类一般包括直接责任、间接责任和领导责任三种。处罚的种类一般包括刑事处罚、行政处罚、经济处罚和行政处分几种。第二，教育群众，强化安全意识。查处事故时，应采用适当的方式，公布事故情况，总结经验教训，以引起大家对危险物品管理安全工作以及预防危险物品事故意识的重视。

公安机关在查处危险物品事故时要注意：一是要从思想上重视，认识危险物品事故对社会的危害和查处工作的意义；二是要不断提高民警素质，提高查处能力；三是要依靠有关部门和单位，严格制定和落实危险物品管理规章、制度，及时掌握信息，发现和消除隐患；四是要搞好与安全生产监督管理局、工业和信息化、卫生、环保等部门的协调和配合，争取主动。

七、开展安全防范宣传教育

安全防范宣传教育是指公安机关以普遍提高全社会的安全防范意识和安全防范能力为目的，针对危险物品从业人员以及社会公众开展的有关危险物品管理工作的方针、原则、法律和危险物品基础知识、安全防范基本技能为内容的安全防范宣传教育活动。开展安全防范宣传教育是危险物品管理中进行安全管理和搞好安全防范的根本性措施。

通过开展安全防范宣传教育，可以起到以下作用：一是使危险物品从业人员和社会公众了解国家对危险物品从生产到消亡各个环节的限制性规定，增强法律意识，自觉遵守国家的法律、法规；二是使危险物品从业人员和社会公众了解危险物品的危险性，懂得必要的安全防范知识；三是获得危险物品从业单位和人员、社会公众对危险物品管理工作的理解、支持；四是激发广大群众维护社会治安的积极性，增强社会责任感，积极协助公安机关收缴散失在社会上的危险物品，积极协助公安机关和有关部门做好危险物品的管理工作，确保正常的社会管理秩序和公共安全。

公安机关开展安全防范宣传教育的主要内容包括：一是危险物品基础知识和防护技能。通过宣传基础知识，可以使人们了解危险物品的危害性和严重性，认识到危险物品管理的重要性；通过宣传防护技能，可以使人们一旦遭遇危险物品事故时能够具备正确处理的基本常识和技能，开展自救和互救活动。二是有关法律、法规和部门规章。通过法律、法规和部门规章的宣传，不仅可以使人们熟悉有关管理规定并认真执行，还可以使人们认识到做好危险物品管理工作是一项法律义务，也是应尽的社会责任。三是危险物品案件和事故的危害。通过一些典型危险物品案件和事故案例的宣传，不仅可以使人们更深刻认识到危险物品的危害性和后果的严重性，还可以使人们吸取经验教训，树立安全意识，重视安全。

公安机关开展安全防范宣传教育的主要方式包括：一是通过宣传媒介进行宣传教育。如通过网络、广播、电视、报刊、宣传车、黑板报、张贴标语、散发资料等不同的形式对广大群众进行安全防范宣传教育。二是开展专题教育宣传。如对涉及危险物品的单位和人员进行专题讲座、报告、座谈、讨论等形式的思想教育、法制教育、安全教育和业务知识教育。三是开展典型宣传教育。典型可以是危险物品管理先进典型，也可以是危险物品事故或案件的反面典型。通过先进典型的宣传教育，可以引导危险物品从业单位和人员学习先进，提高危险物品管理水平；通过危险物品事故或案件反面典型的宣传教育，可以总结经验、吸取教训，提高危险物品从业单位和人员的安全意识和责任，防止类似案件或事故的发生。

☞ 思考题：

1. 什么是危险物品？什么是危险物品管理？
2. 目前列入公安机关管理的危险物品有哪些？
3. 哪些政府部门具有危险物品管理的职责？
4. 公安机关对危险物品管理的措施有哪些？
5. 结合当地公安机关危险物品管理的情况，谈谈公安机关如何加强危险物品管理的工作。
6. 结合当地主要危险物品行业的情况，谈谈公安机关如何运用专门机关与群众路线相结合的原则来做好危险物品管理工作。

☞ 本章参考文献：

［1］周三多，陈传明，鲁明泓编著．管理学——原理与方法［M］．上海：复旦大学出版社，2014.

［2］熊一新，李健和主编．治安管理学概论［M］．北京：中国人民公安大学出版社，2004.

［3］王精忠主编．治安管理学［M］．北京：群众出版社，2007.

［4］王新建，熊一新主编．危险物品管理［M］．北京：中国人民公安大学出版社，2002.

［5］蔡少铿，刘金星，殷英华主编．危险物品管理教程［M］．北京：中国人民公安大学出版社，2007.

[6] 王占军等主编. 危险物品管理实务 [M]. 北京: 群众出版社, 2006.

[7] 黄超, 胡燕飞, 张先福, 张家忠主编. 危险物品管理 [M]. 北京: 中国人民公安大学出版社, 2007.

[8] 张先福, 张家忠主编. 危险物品管理 [M]. 北京: 中国人民公安大学出版社, 2009.

[9] 张瑞萍主编. 危险物品管理学 [M]. 北京: 中国人民公安大学出版社, 2014.

第二章　枪支弹药管理

☞ **本章重点：**

1. 公务用枪管理；
2. 民用枪支管理；
3. 涉枪支弹药单位的安全检查；
4. 违反枪支管理行为的法律责任。

☞ **本章难点：**

1. 枪支、弹药基础知识；
2. 涉枪支弹药单位安全检查；
3. 违反枪支管理规定行为的查处。

第一节　枪支弹药基础知识

一、枪支基础知识

（一）枪支定义

根据《枪支管理法》规定，枪支是指以火药或者压缩气体等为动力，利用管状器具发射金属弹丸或者其他物质，足以致人伤亡或者丧失知觉的各种枪支。

（二）枪支分类

枪支的种类有很多，根据不同的标准有不同的分类方法：

1. 根据枪支的用途分类

根据枪支的用途，枪支可以分为公务用枪和民用枪支，公务用枪一般都是非军事系统的军用枪支，如人民警察或其他工作人员依法执行特定公务时使用的枪支，包括手枪、冲锋枪等；民用枪支是在非执法护卫活动中使用的枪支，包括射击运动枪支、猎枪和麻醉注射枪等。

2. 根据枪支口径分类

口径是枪支的一个重要参数，是指枪管内壁的直径，直径以阳膛线之间距离来计算。根据口径的大小可以把枪支分为三类：大口径枪，口径在12毫米以上；中口径枪，口径在6~12毫米；小口径枪，口径在6毫米以下。

3. 根据枪支的性能分类

根据枪支的性能，枪支可以分为自动枪支和非自动枪支，自动枪支又分为全自动枪支和半自动枪支。全自动枪支能够在第一次发射完成后，自动完成下一发枪弹的装填和击发动作。半自动枪支只能自动完成重新装弹，不能自动击发。非自动枪支则完全依靠射手完成装弹、发射、退壳的动作。①

4. 枪支的其他分类

枪支根据枪管内壁有无膛线分为滑膛枪和线膛枪。膛线的作用就在于能使发射的弹头高速旋转，增加子弹飞行的稳定性、射程和穿透力。因而与滑膛枪相比线膛枪的优点在于射程远、命中率高。滑膛枪枪管内壁没有膛线，目前逐渐被枪管内壁有膛线的线膛枪所取代。

枪支根据枪弹入膛的方位分为前装枪和后装枪。前装枪是指从枪口装填弹药的枪械，后装枪是从枪管后方装填弹药的枪械。在装填速度、隐蔽操作等各个方面后装枪都明显优于前装枪。

枪支根据枪管长短可分为短管枪、中管枪和长管枪三类。短管枪如手枪，中管枪如冲锋枪，长管枪如步枪、猎枪等。

枪支根据枪械弹膛数目可分为单膛枪和多膛枪。单膛枪是指只有一个枪管和一个弹膛的枪支。多膛枪是指有一个枪管多个弹膛的枪支和多个枪管多个弹膛的枪支。

（三）常见枪支②

1. 公务用枪

公务用枪具有结构精密、性能好、射程远、命中率高、威力大等特点，多数装备于人民警察使用。公务用枪主要包括手枪、冲锋枪、步枪、狙击步枪、机枪、信号枪和特种防暴枪七类：

（1）手枪。

手枪是单手射击武器，主要用于单人自卫和近距离攻击。手枪结构简单、便于使用，自问世以来，一直是警察、军队指挥员和守护、押运人员的主要装备，但同时也是暴力案件中犯罪分子经常利用的工具。手枪的有效射程一般是 50 米。目前，国产手枪主要有以下几种：51 式、54 式、59 式、64 式、77 式、80 式、84 式、92 式等。

（2）冲锋枪。

冲锋枪是双手握持、发射手枪弹的全自动武器。冲锋枪便于携带，火力猛烈、使用灵活，易于在狭小空间内使用。冲锋枪主要装备于空降兵、装甲兵、侦察兵、警卫部队和人民警察。冲锋枪和步枪相比具有尺寸小、重量轻优点。冲锋枪全枪重一般在 3 千克左右，枪重在 2 千克左右的一般称为轻型冲锋枪或微型冲锋枪。冲锋枪有效射程一般为 200～300 米，最大射程为 800 米。目前国产冲锋枪主要有：50 式、54 式、64 式、79 式、82 式、85 式、5.8 毫米轻型冲锋枪、5.8 毫米微声冲锋枪等。

（3）步枪。

步枪是单人抵肩发射步枪弹的长管枪械，属于步兵使用的基本武器。步枪可分为非自动、半自动和全自动步枪三种，现代步枪多为自动步枪。现代步枪具有枪管短、质量小、便于携带和使用等特点，是普遍使用的武器。在人民警察队伍中，步枪则主要配备给负有特殊任务的警察。步枪有效射程一般是 400～500 米。国产步枪主要有：56 式半自动步枪、56 式冲锋枪（突击步枪）、56-1 式冲锋枪、56-2 式冲锋枪、81 式自动步枪、95 式 5.8 毫米自动步枪、95 式 5.8 毫米短自动步枪等。

---

① 蔡少铿，刘金星，殷英华主编．危险物品管理教程（修订本）[M]．北京：中国人民公安大学出版社，2007.

② 刘开吉主编．武器、警械、器材与保障 [M]．北京：中国人民公安大学出版社，2003.

（4）狙击步枪。

狙击步枪是狙击手使用的单人武器，主要特点是射击精度好、有效射程远、重量轻。常见的狙击步枪一般都配有瞄准镜。国产狙击步枪主要有：85 式和 88 式等。

（5）机枪。

机枪是一种攻击性重型武器，威力大，射速快，可单发，也可连发。机枪分为轻机枪、重机枪、高射机枪、专用机枪等。国产机枪主要是 56 式和 81 式轻机枪等①。

（6）信号枪。

信号枪是用来发射信号弹，传达指挥员的信号命令，指挥战斗、联络军队等的枪支。信号弹常见的有红、蓝、绿、黄四种颜色。信号弹发射高度约 90 米，飞行距离 150 米左右。信号枪在公安侦破案件中不常见。

（7）特种防暴枪。

特种防爆枪是指用来发射非致命性武器的枪支。特种防暴枪采用不同能量方式攻击对方，使对方暂时失去抵抗能力，具有非致命性和高效性的特点。如网枪，又称网弹枪。网枪能够轻松抓获目标，提高抓捕率，同时起到保护执法者的作用。网枪的捕捉网面积一般为 12 平方米左右，发射距离可达 2~15 米，并且可以反复使用。②

2. 民用枪支

民用枪支根据用途可以分为射击运动枪支、猎枪和麻醉注射枪支三种。

（1）射击运动枪支。

射击运动枪支源于军用枪支和猎枪，它的发展同射击运动密不可分。1896 年第一届奥运会把射击列为正式比赛项目；1897 年第一届射击锦标赛上开始有了大口径自选步枪项目的比赛；1928 年在国际射击锦标赛上增加了男子小口径步枪项目。此后，随着各种射击比赛上射击项目的不断增多，射击运动枪支的种类也不断增加，射击运动枪支已经成为当今世界射击运动中不可缺少的枪械。

射击运动枪支种类很多，一般按比赛项目进行分类，可以把射击运动枪支分为手枪类、步枪类、跑猪项目用枪和飞碟项目用枪四类。

①射击运动手枪。根据手枪口径及性能可分为三种：小口径手枪、大口径手枪、气手枪。小口径手枪的口径为 5. 6 毫米，分为慢速手枪、快速手枪、标准手枪三种。大口径手枪是指口径为 7. 62 毫米以上的比赛手枪。气手枪的口径为 4. 5 毫米，利用压缩空气发射金属弹丸。

②射击运动步枪。这类枪支分为三种：自选小口径步枪、标准步枪、气步枪。自选小口径步枪和标准步枪口径均为 5. 6 毫米，气步枪口径为 4. 5 毫米。

③跑猪项目用枪。射击运动比赛中有一项古老的比赛项目，叫跑猪射击，这是因为射击目标是“跑动的猪靶”而得名。早先在奥运会上，运动员打的是鹿靶，后来遭到某些禁止猎鹿国家的非议，为了让这个运动项目能更顺利地开展起来，国际射击联合会将跑鹿靶改为跑猪靶。在 1972 年的慕尼黑奥运会上，步枪标准速跑猪射击被列为正式比赛项目。由于这项比赛是用步枪向移动的猪靶进行射击，因此又叫移动靶射击，比赛以命中环数多者为胜。

---

① 蔡少铿，刘金星，殷英华主编. 危险物品管理教程（修订本）［M］. 北京：中国人民公安大学出版社，2007.

② 刘开吉主编. 武器、警械、器材与保障［M］. 北京：中国人民公安大学出版社，2003.

目前该项目主要使用步枪或气步枪比赛。

④飞碟项目用枪。飞碟项目是射击运动比赛中的一个重要项目，使用的是双管猎枪。

（2）猎枪。

①火枪。民间称土枪，又叫火药枪。火枪是供狩猎用的一种比较原始的猎枪，是一种非制式枪支，没有固定的规格和型号。火枪枪管较长，口径较大，无膛线。火枪射击时，将火药、铁砂、碎石屑等混合填入枪管，打击引火击发。火枪在农村、山区、林区和野生动物、飞禽出没地带使用较多。

②猎枪。猎枪最早出现时，是发射和枪管内径大小相同的圆形实心铅弹（独弹）。后来人们发现，用多个小铅弹攻击猎物，会提高命中率，于是一枪能射出多个小铅弹的猎枪诞生了。随着弹药技术不断演变和完善，猎枪弹药逐渐由散装变化成整装，原始的猎枪也逐渐变成今天的猎枪，这种猎枪人们又叫它霰弹枪。早期的猎枪只有一根枪管，而现在它正在被两根枪管的双筒猎枪所取代。双筒猎枪中又分两根枪管水平配置的平式双管猎枪和上下配置的立式双管猎枪。双管猎枪还装有选择机构，以供猎手选择发射两根枪管中的任意一发猎弹。

③麻醉注射枪。麻醉注射枪属于猎枪的一种，不同的是麻醉注射枪的弹头是麻醉药品，弹头射中大型野生动物后，使其很快麻醉而昏迷，便于捕捉。麻醉弹的有效麻醉时间一般为2小时左右，药力过后动物就可恢复正常，不造成伤害。

3. 境外枪支

（1）典型枪支。

现在，国际局势日益复杂，各种具有武装性的组织层出不穷，并且随着我国的国际交往日渐增多，还有极少数境外枪支流入我国境内。因此从治安管理的角度考虑，应该对境外枪支有一定的了解并能对其进行识别。

在国际上比较流行的枪支有很多，其中手枪数量较多，例如：比利时勃朗宁9毫米大威力手枪、意大利伯莱塔M1951式9毫米手枪、日本十四年式8毫米手枪、德国华尔特PP型7.65毫米手枪、美国M1911A1式手枪、意大利伯莱塔92F型手枪、格洛克17型手枪等。美国、德国、意大利、奥地利、瑞典等地，都是生产手枪等常规武器的主要国家。除手枪之外像卡拉什尼可夫AK-47步枪、M1“伽兰德”半自动步枪等枪支也在世界上享有盛名，可以称得上是具有时代意义的枪支。

（2）境外枪支的识别。

境外军用枪支主要从生产国、制造厂商、枪牌号和商标号等几个方面进行识别。

一是生产国的识别。境外生产的枪支，一般都用英文缩写字母标明，或直接标明生产国，标明位置一般在枪管上。如：Made in U. S. A 表示美制；Made in Germany 表示德制；Made in Swiss 表示瑞士制；Made in U. S. S. R 表示苏制；Made in Belgium 表示比利时制；Made in Iitaly 表示意大利制；Made in Czechoslovakia 表示捷克斯洛伐克制。

二是枪支制造厂商和枪牌的识别。在西方和东欧国家，一般用设计师或企业主的名字来命名枪支制造厂商及枪牌。如：毛瑟手枪，德国人毛瑟设计，由毛瑟武器股份有限公司制造，标明：MAUSER；勃朗宁手枪，比利时人勃朗宁设计，标明：BROWNING；柯尔特袖珍手枪，美国人柯尔特设计，柯尔特PT武器制造公司生产，标明：COLT；伯莱塔手枪，皮德罗·伯莱塔设计，由皮德罗·伯莱塔公司生产，标明：P. B.。

三是商标符号的识别。境外生产的枪支，一般都在枪体上标有商标符号，主要有三种形式的商标符号：第一种是用图形表示，如美国一些枪支以鸽子头部的图形表示其商标符号，法国、意大利的一些枪支以王冠图形表示其商标符号；第二种是用字母表示，如捷克的火星牌就标有 MARS 的商标字母；第三种是用图形和英文字母的组合表示其商标符号的。

二、枪弹基础知识

（一）枪弹定义

从枪管内发射的弹药，统称枪弹，又称子弹。一般由弹头、弹壳、发射药和底火四大部分组成。底火点燃发射药，发射药燃烧产生高温高压气体推动弹头飞出枪口，以达到杀伤或破坏目标的目的。

（二）枪弹分类

据初步统计，枪弹已发展到 20 多种。按枪械种类的不同，枪弹可分为手枪弹、步（机）枪弹。按战术用途不同，枪弹可分为战斗用枪弹和辅助用枪弹。战斗用枪弹主要包括普通弹（普通弹又有轻弹和重弹之分）、穿甲弹、燃烧弹、曳光弹、爆炸弹，还有穿甲燃烧弹、燃烧曳光弹、穿甲燃烧曳光弹、爆炸燃烧曳光弹等。辅助用枪弹主要有空包弹、教练弹，另外还有信号弹以及防暴武器用的各种霰弹、晕眩弹、催泪弹和橡胶弹等。

1. 战斗用枪弹

（1）普通弹。

普通弹，主要用来杀伤生命力量，是军警用枪的主要用弹。普通弹分为铅心弹和钢心弹两种。铅心弹的弹头是用硬铅做的，主要成分是铅加入少量锑，可提高弹头的硬度和强度，增加弹头的侵彻能力，但是铅心成本高，只有手枪弹使用。钢心弹成本低，强度好，步枪弹、机枪弹都用钢心弹代替铅心弹。

（2）穿甲弹。

穿甲弹，主要用来射击油箱和轻型装甲，内有燃烧剂，燃烧温度可达到 1000 摄氏度以上。

（3）曳光弹。

曳光弹，主要用于显示弹道，是一种便于修正射击的杀伤弹。穿入易燃物时，可引起燃烧。

（4）燃烧弹。

燃烧弹，主要用以点燃薄壳油箱里的易燃油料。

2. 辅助用枪弹

（1）空包弹。

空包弹没有弹头，弹筒里装有少量的速燃单基药，射击时，声音和普通弹差不多，主要用于演习等。

（2）教练弹。

教练弹的外形、重量和普通弹相似，无发射药，底火为橡皮制成，主要用于练习装弹、退弹、击发等动作。

（3）橡皮子弹。

橡皮子弹的外形和重量与普通弹相似，它不用金属弹头，而改换成钝头的橡皮弹丸，主要用于治安防暴等场合。

（三）枪弹的识别

1. 弹底部压印标志识别

我国生产的枪弹一般都把生产厂家代号、制造日期、配用枪支的口径压印于枪弹的底部。如：枪弹底部印有 31、64、9 三组数字，31 表示制造厂家的代号，64 表示制造枪弹的年份，9 表示枪弹口径。

境外枪弹通常有以下三种标法：一是以口径和弹壳长度为主，中间加×号，如 7.62×39，表示口径为 7.62 毫米，弹壳长度为 39 毫米；二是以口径和设计年代表示，中间加 M 或 T，如 7.62M1943，表示口径为 7.62 毫米，设计年代为 1943 年；三是以口径为主，辅以设计师、制造厂商、牌号或国别。

2. 弹头涂色标志的识别

为了方便使用和识别，生产厂商把不同用途的枪弹弹头涂以不同的颜色。① 不同弹头涂色标志如表 2-1 所示。

表 2-1 **弹头涂色标志识别表**

枪弹名称	颜色
普通弹	不涂色
钢心弹	不涂色
曳光弹	绿色
燃烧弹	红色
穿甲弹	黑色
普通空包弹	黑色（收口部）

三、枪支管理机构和管理范围

（一）枪支管理机构

根据《枪支管理法》的规定，国务院公安部门主管全国的枪支管理工作。县级以上地方各级人民政府公安机关主管本行政区域内的枪支管理工作，上级人民政府公安机关监督下级人民政府公安机关的枪支管理工作。

（二）枪支管理范围

《枪支管理法》第 2 条明确规定，“中华人民共和国境内的枪支管理，适用本法。对中国人民解放军、中国人民武装警察部队和民兵装备枪支的管理，国务院、中央军事委员会另有规定的，适用有关规定”。

公安机关管理的枪支包括：

1. 公务用枪

公务用枪是指属于法定配枪范围内的国家机关、企业、事业单位的有关工作人员履行特定公务所需配备的枪支。

2. 民用枪支

民用枪支是指非执法、护卫等公务活动使用的，设计性能适于体育运动、娱乐、狩猎及

① 王新建，熊一新主编．危险物品管理［M］．北京：中国人民公安大学出版社，2002.

其他生产、生活的枪支。民用枪支的配置品种为射击运动枪支、猎枪、麻醉注射枪和气枪等。

3. 非制式枪支

非制式枪支是指未经有关部门批准定型或不符合国家标准的各类枪支，包括自制、改制的枪支和枪支生产企业研制工作中的中间产品。

此外，《枪支管理法》对气步枪、展览枪支、彩弹枪等也作出规定。其中，单位和个人为开展游艺活动配置的气步枪（口径不超过4.5毫米）、制作影视剧使用的道具枪支都由公安部门管理。展览枪支，是指博物馆、纪念馆、展览馆等单位用于展览活动或馆藏纪念的以及枪支生产、科研、教学单位用于展示研究的枪支。展览枪支根据《枪支管理法》等有关规定进行管理。彩弹枪，其结构符合《枪支管理法》第46条有关枪支定义规定的要件，应按照《枪支管理法》的有关规定对彩弹枪进行管理。制造、配售、运输枪支的主要零部件和用于枪支的弹药，适用《枪支管理法》的有关规定。

第二节　公务用枪管理

一、公务用枪制造特别许可制度

国家对枪支的制造实行特别许可制度。未经许可，任何单位或者个人不得制造枪支。公务用枪由国家指定的企业制造，其中军用枪支由中央军委和国务院有关部门指定的企业制造，防暴枪支由公安部指定企业制造。

二、公务用枪的购置管理

地方各级公安机关购置配备公务用枪，由装备财务部门组织编制年度购置计划，经同级治安管理部门依照《公务用枪配备办法》审核配备公务用枪限额，报经所属公安机关主要负责人批准后，逐级申报审批。省级公安机关汇总审核批准所属公安机关配备公务用枪年度购置计划，按规定报公安部统一购置。

人民检察院、人民法院购置公务用枪，应当向所在地县、市级公安机关提出申请，经审查同意后，按系统汇总，经省级公安机关审查同意后，报最高人民检察院、最高人民法院审核，提出年度计划报公安部，经审查同意后，由公安部进行调拨。

铁路、民航、林业公安机关购置公务用枪，向省级公安机关申报（林业公安机关必须经所在地县级公安机关审查同意），省级公安机关汇总审核批准配备公务用枪年度购置计划，按规定报公安部统一购置。

国家安全、监狱、劳教机关、海关缉私、中国人民银行所属各单位的枪支购置计划经所在地县级以上公安机关审查同意以后，报省级公安机关审批。省级公安机关汇总审核批准配备公务用枪年度购置计划，按规定报公安部统一购置。

配备守护、押运用枪单位购置公务用枪，统一向所在地县、市级公安机关提出申请，经审查同意后，报省级公安机关汇总，提出年度计划报公安部，经审查同意后，由公安部进行调拨。

三、公务用枪的配备管理

公务用枪配备管理是公务用枪管理的基础，包括配备范围的管理，配备枪支的种类、数量管理，以及审批管理。公务用枪配备管理的好坏关系到能否有效控制配枪规模，保证持枪人员素质，从而防止因公务用枪配备不当引发问题。

（一）公务用枪配备的原则

根据《枪支管理法》规定确立公务用枪的配备原则，即在法定的范围和标准内，在依法履行职责时确有必要使用公务用枪的方可配备。所谓法定的范围，是指公务用枪的配备范围严格限定于法定的国家执法机构中确有必要使用枪支的工作人员，以及重要国家利益和公共安全的专职护卫人员。所谓配备标准是指要根据公务特点，在种类、数量上既与工作需要相适应，又要受到必要的限制。

（二）公务用枪配备主体

1. 人民警察

（1）各级公安机关以及铁路、民航、港航和林区公安机关的政保、经保、治安、刑侦、警卫、预审、技侦、文保、森保、缉毒、巡警队、乘警队、防暴队、交警公路巡逻队、看守所、拘留所、派出所、治安检查站、出入境边防检查站等部门的人民警察；

（2）各级国家安全机关的侦查、拘留、逮捕、预审、羁押、看守所、拘留所以及边境口岸站所等部门的人民警察；

（3）各级监狱的狱政、狱侦、管理教育和警戒保卫等部门的人民警察；

（4）各级人民法院、人民检察院以及各专门法院、专门检察院的司法警察。

2. 检察官

地方各级人民检察院和专门检察院的刑事检察、反贪污贿赂检察、法纪检察、监所检察等部门负责案件侦查任务的检察官。

3. 沿海、沿边地区海关的缉私人员

4. 专职守护、押运人员

根据《公务用枪配备办法》规定，指在军工系统、金融系统、国家重要仓储系统、大型水利、电力、通信工程系统、机要交通系统符合要求的单位中的守护、押运人员。

此外，公安、国家安全、司法行政、人民法院、人民检察院以及海关缉私系统的教学、科研和鉴定机构，可以配置少量教学、科研、鉴定工作所必需的教学用枪和样品枪，具体数量由国务院公安部门确定。

（三）配备公务用枪的审批与发证

配备公务用枪工作，由国务院公安部门或者省级公安机关统一审批。配备公务用枪时，由国务院公安部门或者省级人民政府公安机关发给公务用枪持枪证件。依据《枪支管理法》的规定，可以配备公务用枪的单位申请配备公务用枪时，应将需配备的枪支种类、数量和配备范围等逐级上报至省级人民政府公安机关，配备申请经过省级人民政府公安机关审核并加盖枪支管理专用章后，报公安部审批。

公安部机关及直属单位依法配备的公务用枪，持枪证件由公安部核发，其他单位配备公务用枪的，由省级人民政府公安机关发给公务用枪持枪证件。

公务用枪持枪证件包括《公务用枪持枪证》和《公务用枪枪证》。《公务用枪持枪证》是持枪人员携带使用公务用枪的资格证明，记录了持枪人员的相关信息。《公务用枪枪证》

记录了配发枪支的有关信息，是配发的公务用枪的合法证明，随枪配发保管。用枪人员携带和使用枪支时，必须同时携带本人《公务用枪持枪证》和所持枪支的《公务用枪枪证》，否则视为非法持枪。枪支集中保管期间，《公务用枪枪证》随枪保管，领取枪支时同时领取《公务用枪枪证》。

《公务用枪持枪证》和《公务用枪枪证》有效期均为四年，每年审核一次。公安机关的政工部门负责持枪证件的年度审验工作。在审验的过程当中，如果发现有违法使用枪支的、不符合持枪条件的，或者是枪支应当报废的，审验的公安机关必须收缴其枪支和持枪证件；对于拒绝审验的，不管是否有违法行为，审验公安机关必须收缴其枪支和持枪证。

（四）公务用枪的配备品种

公务用枪的配备品种为手枪、冲锋枪、突击步枪、自动步枪、狙击步枪、班用机枪和防暴枪七种。具体的配备根据配枪岗位的工作性质、特点和实践需要，结合不同枪种的性能确定。对配备杀伤力较小的枪种可以满足需要的就不能配备杀伤力较大的枪种。执行守护、押运任务的专职守护、押运人员以配备防暴枪等长枪为主。

四、公务用枪携带和使用管理

使用公务用枪的人员，必须经过专门培训，掌握枪支的性能，遵守使用枪支的有关规定，保证枪支的合法、安全使用。

配备公务用枪的单位和个人必须遵守下列规定：

一是携带枪支必须同时携带持枪证件，未携带持枪证件的，由公安机关扣留枪支；

二是不得在禁止携带枪支的区域、场所携带枪支；

三是枪支被盗、被抢或者丢失的，必须立即报告公安机关。

五、公务用枪运输管理

《枪支管理法》规定，枪支运输实行运输行政许可制度，任何单位和个人未经许可不得运输枪支。实行枪支运输行政许可制度，有利于公安机关掌握枪支运输的基本情况，采取防范措施，确保枪支运输的安全。

需要运输公务用枪的单位或个人，必须首先向公安机关提出申请，实事求是申报所要运输的枪支的品种、数量、运输路线、运输方式等内容，同时还应提供拥有枪支的合法证件，如持枪证等。公安机关依法进行审查，有权决定是否发给枪支运输许可证。

申请枪支运输许可证，必须向运往地公安机关提出，具体分两种情况：一是在本省、自治区、直辖市运输枪支的，需要向运往地设区的市公安局提出申请办理运输许可证；二是跨省、自治区、直辖市运输枪支的，向运往地的省、自治区、直辖市的公安厅、局提出申请办理运输许可证。

运输枪支必须依照规定使用安全可靠的封闭式运输设备，由专人押运；途中停留住宿的，必须报告当地公安机关。运输枪支、弹药必须依照规定分开运输。严禁邮寄枪支，或者在邮寄的物品中夹带枪支。

六、公务用枪保管

公务用枪配枪单位应当建立健全配备枪支、配枪人员的各类档案，所配枪支的种类、型号、数量应与登记内容一致；应建立健全枪支管理基础台账和簿册，妥善保管，便于查阅。

目前，全国公安机关都已使用枪支管理信息系统统一管理公务用枪。枪支管理信息系统是采用信息化手段管理枪支的电子信息系统，其主要包括以下内容：一是采集并查询统计公务用枪枪支和民用枪支以及持枪人员、涉枪单位等信息；二是采集枪支领用申请审批、领用交还等信息；三是申办、审核、审批公务用枪和民用枪支的持枪证等证件信息。配枪单位应做到认真采集日常工作信息，并将有关信息如实录入信息系统内，指定专人负责，加强信息系统日常维护和更新工作，及时上传有关数据至省厅数据库。

配备、配置公务用枪的单位和个人必须妥善保管枪支，确保枪支安全。

公务用枪配备单位保管公务用枪，必须明确枪支管理责任，指定专人负责，应当有牢固的专用保管设施，枪支、弹药应当分开存放。对交由个人使用的枪支，必须建立严格的枪支登记、交接、检查、保养等管理制度，使用完毕，及时收回。配备给个人使用的枪支，要有安全可靠的枪支保管设施，枪支、弹药要分开存放，携带枪支时要严格遵守规定。枪支被抢、被盗、丢失要及时报告公安机关。

七、公务用枪报废管理

应当报废的公务枪支包括两类，一类是不符合国家技术标准的枪支；另一类是不能安全使用的枪支，包括：因机件严重损坏，导致不能安全使用的枪支；因射击次数超过设计寿命，不能保证安全使用的枪支。配备、持有枪支的单位和个人应当将报废枪支连同枪支证件上缴核发持枪证的公安机关。对于不及时上缴报废枪支的单位或个人，公安机关有权收缴其枪支，并可依据《枪支管理法》的规定进行处罚。

八、公务用枪销毁管理

枪支的销毁由省级人民政府公安机关负责组织实施，单位和个人不能自行销毁报废枪支。销毁的枪支包括报废枪支和公安机关依法收缴的非法枪支。

销毁枪支一般采取在符合条件的钢铁企业回炉熔化的方式进行，具体由治安管理部门、装备部门负责组织实施。销毁程序为：首先，指定销毁单位，并与该单位的保卫部门协调好具体销毁的时间；其次，做好前期的准备工作：包括将销毁的枪支进行分解，毁掉外形，装车等；再次，保证运输安全；最后，到达现场以后，现场监督全部待销毁枪支入炉熔化。

九、公务用枪出入境管理

国家严格管理枪支的入境和出境。任何单位或者个人未经许可，不得私自携带枪支入境、出境。

外国驻华外交代表机构、领事机构的人员携带枪支入境，必须事先报经中华人民共和国外交部批准；携带枪支出境，应当事先照会中华人民共和国外交部，办理有关手续。按照规定携带入境的枪支，不得携带出所在的驻华机构。

外国驻华机构人员、体育代表团以外的其他人员携带枪支入、出境的，事先应当经我国公安部批准，凭批准文件办理入、出境手续。外国人经批准携带枪支入境，在中国停留期间，除了在有关的业务场所以外，所带枪支、弹药一律由接待单位指定专人保管或者交由当地公安机关代为保管。不准随身携带或寄存宾馆、饭店等公共场所。出境的时候，必须将带进的枪支如数带出境。如有赠送、转让给有关单位的，应当由有关单位所在地的公安机关出具证明，交出境地边防检查站查验放行。

经批准携带枪支入境的，入境时，应当凭批准文件在入境地边防检查站办理枪支登记，申请领取枪支携运许可证件，向海关申报，海关凭枪支携运许可证件放行；到达目的地后，凭枪支携运许可证件向设区的市级人民政府公安机关申请换发持枪证件。

经批准携带枪支出境的，出境时，应当凭批准文件向出境地海关申报，边防检查站凭批准文件放行。

外国交通运输工具携带枪支入境或者过境的，交通运输工具负责人必须向边防检查站申报，由边防检查站加封，交通运输工具出境时予以启封。

十、公安机关公务用枪管理

公安机关公务用枪，是指各级公安机关（包括铁路、交通、民航、林业、海关）及其在编在职的人民警察按照规定配备的用于执行职务的各类枪支弹药。

公安机关公务用枪管理以工作必须、规范管理、保障使用、确保安全为原则。各级公安机关应当建立公务用枪管理制度，明确所属职能部门、配枪部门管理职责，明确配枪民警管理、使用枪支责任。各级公安机关及其所属配枪部门的主要负责人是公务用枪管理工作第一责任人，应当依法依规履行公务用枪管理责任，落实公务用枪管理制度。各级公安机关及其所属配枪部门应当从配枪民警中选配专职枪械员，负责枪支维护、保养等勤务保障工作。

（一）公安机关配枪部门职责

各级公安机关配枪部门应当依法履行公务用枪管理职责：一是细化落实公务用枪管理制度、管理责任；二是依据《公务用枪配备办法》配备枪支；三是根据工作需要审核提出配枪民警名单，申办持枪证；四是对配枪民警进行经常性法制、安全教育，了解掌握思想动态、现实表现；五是组织开展日常实弹射击训练；六是县级以上公安机关依法依规明确规定的其他职责。

各级公安机关及其所属职能部门、配枪部门对公务用枪管理工作应当加强日常检查、评估，建立配枪民警、公务用枪管理档案、台账，维护、使用《全国枪支管理信息系统》。

各级公安机关应当把公务用枪管理使用训练列为人民警察训练工作的重要内容，坚持严格教育、严格训练、严格管理、严格考核。各级公安机关应当按照公务用枪管理使用年度训练计划和训练考核大纲，组织配枪民警培训、考核。对配枪民警进行法律政策考试，按所配枪支种类进行使用枪支训练和实弹射击考核，并结合训练、考试、考核情况，开展持枪证年度审验工作。

（二）配枪民警管理

1. 人民警察的配枪条件

人民警察符合下列条件的，由所属配枪部门主要负责人提出，经政工部门审核，报所属公安机关主要负责人批准后，按规定程序向省级人民政府公安机关申请核发持枪证：

一是已授予人民警察警衔；

二是熟知枪支管理、使用法律法规和规章规定；

三是熟练掌握所配枪支种类的使用、保养技能；

四是通过法律政策考试、实弹射击考核。

2. 配枪民警应当遵守的规定

配枪民警应当遵守下列规定：

一是妥善保管持枪证；

二是领取、交还枪支时进行登记、报告；

三是领取、交还或者交接枪支时进行验枪；

四是按照规定保管枪支；

五是不得私自维修枪支或者更换枪支零部件；

六是严禁出租、出借枪支；

七是遵守所属公安机关依法依规作出的其他规定。

3. 配枪民警停止配枪资格的规定

配枪民警具有下列情形之一的，由所属配枪部门主要负责人决定暂时停止其配枪资格，收回持枪证：

一是因涉嫌违法违纪被调查或者被停止执行职务、禁闭的；

二是与他人产生纠纷或者家庭存在重大变故的；

三是因身体或者心理原因暂时丧失管理枪支行为能力的；

四是未通过年度法律政策考试、实弹射击考核的；

五是所属公安机关依法依规决定的其他情形。

配枪民警上述情形消失后，由所属配枪部门主要负责人提出，经政工部门同意，应当及时恢复其配枪资格。

4. 配枪民警取消配枪资格的规定

配枪民警具有下列情形之一的，由所属配枪部门提出，经政工部门审核，报所属公安机关主要负责人批准，取消其配枪资格，收回持枪证：

一是因违法、违纪、违规行为被调离配枪岗位的；

二是因身体或者心理原因丧失管理枪支行为能力的；

三是退休或者调离公安机关的；

四是依法依规不适宜使用枪支的其他情形。

对被取消配枪资格的，由省级人民政府公安机关注销持枪证。

（三）公安机关公务用枪保管

1. 公安机关公务用枪集中保管

各级公安机关及其所属具备保管条件的配枪部门应当集中保管枪支。集中保管是一种特别管制措施，是为了维护社会治安秩序的特殊需要，经过国务院公安部门批准，县级以上地方各级公安机关可以对局部地区合法配备、配置的枪支采取集中保管的特别管制措施。

各级公安机关及其所属配枪部门应当按照公安部有关规定和安全防范标准要求设置枪支弹药库（室、柜）。落实枪支弹药库（室、柜）24 小时值守、枪弹分离、双人双锁管理制度，保障枪支安全存放，保证及时领取、交还枪支。

各级公安机关及其所属自行保管枪支的配枪部门，应当选配专职枪管员，负责枪支保管、领取、交还登记等工作，加强对枪支弹药库（室、柜）及视频监控等安全防范设施的日常检查，发现问题立即报告、整改。

2. 公安机关公务用枪个人保管

符合下列情形之一的，可以由配枪部门主要负责人审查同意，报所属公安机关主要负责人批准，指定配枪民警个人保管枪支，并配齐枪套、枪纲、枪锁等安全装置，配枪民警个人保管枪支的审批时限，一次不得超过 30 天：

（1）在重点地区执行反恐防暴任务需要的；

（2）执行特定侦查任务需要的；

（3）地处偏远农村、山区的派出所不具备自行保管枪支安全值守条件的；

（4）所属公安机关依法依规确定的其他情形。

配枪民警个人保管枪支期间不需佩带枪支时，应当将枪支存放在枪支弹药室（柜），向枪管员说明情况予以登记，需要时及时领用；或者将枪支上锁后存放在其办公室、住宅保险柜，并随身携带枪锁、保险柜钥匙。

当配枪民警个人保管枪支存在下列情形之一的，其所属配枪部门应当立即收回枪支：一是审批有效期限届满或者不需继续个人保管的；二是脱产学习或者借调在外的；三是休病假、事假的；四是所属公安机关依法依规决定不适宜由配枪民警个人继续保管枪支的其他情形。

3. 公安机关公务用枪领用管理

各级公安机关及其所属配枪部门应当坚持明确责任、简化手续、动态监督、服务实战的原则，采用科技信息化手段，建立健全配枪民警领取、交还枪支审批、登记制度。配枪民警执行任务时领取枪支，完成任务后交还。县级以上公安机关所属配枪部门的配枪民警需要每天佩带枪支执行任务的，实行上班领取、下班交还枪支登记制度。

（四）公安机关公务用枪的使用

公安机关人民警察在执行任务时，遇有危及公共安全、本人或者其他公民人身安全和合法财产、公共财产等暴力犯罪行为时，应当根据现场情况和危险程度，及时选择采取持枪戒备、出枪警示、鸣枪警告、开枪射击措施，有效预防、制止严重暴力犯罪行为，最大限度地避免人员伤亡、财产损失。

1. 人民警察可以使用武器的情形

人民警察判明有《人民警察使用警械和武器条例》第 9 条规定的下列暴力犯罪行为的紧急情形之一，经口头警告或者鸣枪警告无效的，可以开枪射击。来不及警告或者警告后可能导致更为严重危害后果的，可以直接开枪射击：

（1）放火、决水、爆炸等严重危害公共安全的；

（2）劫持航空器、船舰、火车、机动车或者驾驶车、船等机动交通工具，故意危害公共安全的；

（3）抢夺、抢劫枪支弹药、爆炸、剧毒等危险物品，严重危害公共安全的；

（4）使用枪支、爆炸、剧毒等危险物品实施犯罪或者以使用枪支、爆炸、剧毒等危险物品相威胁实施犯罪的；

（5）破坏军事、通讯、交通、能源、防险等重要设施，足以对公共安全造成严重、紧迫危险的；

（6）实施凶杀、劫持人质等暴力行为，危及公民生命安全的；

（7）国家规定的警卫、守卫、警戒的对象和目标受到暴力袭击、破坏或者有受到暴力袭击、破坏的紧迫危险的；

（8）结伙抢劫或者持械抢劫公私财物的；

（9）聚众械斗、暴乱等严重破坏社会治安秩序，用其他方法不能制止的；

（10）以暴力方法抗拒或者阻碍人民警察依法履行职责或者暴力袭击人民警察，危及人民警察生命安全的；

（11）在押犯罪嫌疑人、被告人、罪犯聚众骚乱、暴乱、行凶或者脱逃的；

（12）劫夺在押犯罪嫌疑人、被告人、罪犯的；

（13）实施放火、决水、爆炸、凶杀、抢劫或者其他严重暴力犯罪行为后拒捕、逃跑的；

（14）犯罪行为人携带枪支、爆炸、剧毒等危险物品拒捕、逃跑的；

（15）法律、法规规定可以开枪射击的其他情形。

人民警察开枪射击时，应当命令在场无关人员躲避，避免受到伤害。犯罪行为人停止实施暴力犯罪行为，或者失去继续实施暴力犯罪能力的，应当立即停止开枪射击，并确认危险消除后，及时关闭枪支保险，恢复佩带枪支状态。

2. 人民警察不得使用武器情形

人民警察遇有下列情形之一的，不得鸣枪警告、开枪射击：

（1）发现实施犯罪的人为怀孕妇女、儿童的，但是使用枪支、爆炸、剧毒等危险物品实施暴力犯罪的除外；

（2）犯罪分子处于群众聚集的场所或者存放大量易燃、易爆、剧毒、放射性等危险物品的场所的，但是不使用枪支予以制止，将发生更为严重危害后果的除外；

（3）正在实施盗窃、诈骗等非暴力犯罪以及实施上述犯罪后拒捕、逃跑的；

（4）处理一般治安案件、群众上访事件和调解民事纠纷；

（5）在人群聚集的繁华地段、集贸市场、公共娱乐及易燃易爆场所；

（6）在巡逻、盘查可疑人员未遇暴力抗拒和暴力袭击时；

（7）从事大型集会保卫工作时；

（8）在疏导道路交通和查处交通违章时；

（9）与他人发生个人纠纷时；

（10）使用枪支可能引起严重后果时。

3. 人民警察停止使用武器情形

人民警察遇有下列情形之一的，应当立即停止使用枪支：

（1）犯罪分子停止实施犯罪，服从人民警察命令的；

（2）犯罪分子失去继续实施犯罪能力的。

4. 人民警察使用武器报告制度

人民警察使用枪支造成犯罪行为人或者其他人员伤亡的，应当及时抢救受伤人员，保护现场，防止证据灭失。人民警察使用枪支后，应当立即向所属配枪部门主要负责人口头报告，并在完成任务后 24 小时内，向所属配枪部门提交书面报告。报告应当包括以下内容：一是使用枪支的地点、时间；二是使用枪支时的现场情况；三是使用枪支时采取的警告措施；四是使用枪支理由及造成的伤亡情况；五是弹药消耗情况；六是使用枪支后所做的处置工作。

人民警察在所属公安机关管辖区域外使用枪支的，应当同时向事发地县级公安机关 110 报警台口头报告。

（五）公安机关公务用枪监督检查

上级公安机关应当对下级公安机关公务用枪管理工作进行定期检查或者不定期抽查。县级以上公安机关应当每年度向上一级公安机关报告公务用枪管理工作情况。各级公安机关公务用枪管理委员会应当每半年组织对所属配枪部门公务用枪管理工作进行检查，并对检查情况及时通报。各级公安机关所属枪支管理职能部门、配枪部门应当每季度将公务用枪管理工作情况，向所属公安机关公务用枪管理委员会作出书面报告。

为了加强公安机关公务用枪管理，保证配枪民警能够依法正确使用枪支，2003 年 1 月 22 日，公安部出台了“五条禁令”，自 2 月 1 日起施行。其中有两条与枪支有关：一是严禁违反枪支管理使用规定，违者予以纪律处分，造成严重后果的，予以辞退或者开除；二是严禁携带枪支饮酒，违者予以辞退；造成严重后果的，予以开除。民警违反上述禁令的，对所在单位直接领导、主要领导予以纪律处分。民警违反规定使用枪支致人死亡，或者持枪犯罪的，对所在单位直接领导、主要领导予以撤职；情节恶劣、后果严重的，上一级单位分管领导、主要领导引咎辞职或者予以撤职。

十一、专职守护押运人员枪支使用管理

专职守护、押运人员，是指依法配备公务用枪的军工、金融、国家重要仓储、大型水利、电力、通讯工程、机要交通系统的专职守护、押运人员以及经省、自治区、直辖市人民政府公安机关批准从事武装守护、押运服务的保安服务公司的专职守护、押运人员。

申请配备公务用枪的专职守护、押运人员必须符合下列条件：一是年满 20 周岁的中国公民，身心健康，品行良好；二是没有精神病等不能控制自己行为能力的疾病病史；三是没有行政拘留、收容教育、强制戒毒、收容教养和刑事处罚记录；四是经过专业培训，熟悉有关枪支使用、管理法律法规和规章的规定；五是熟练掌握枪支使用、保养技能。

申请配备公务用枪的专职守护、押运人员满足上述条件的，由所在单位审查后，报所在地设区的市级人民政府公安机关审查、考核；审查、考核合格的，依照枪支管理法的规定，报省、自治区、直辖市人民政府公安机关审查批准，由省、自治区、直辖市人民政府公安机关发给持枪证件。

公安机关应当对其管辖范围内依法配备守护、押运公务用枪的单位建立、执行枪支管理制度的情况，定期进行检查、监督。依法配备守护、押运公务用枪的单位，应当建立、健全持枪人员管理责任制度，枪支弹药保管、领用制度和枪支安全责任制度；对持枪人员加强法制和安全教育，定期组织培训，经常检查枪支的保管和使用情况。

依法配备守护、押运公务用枪的单位应当设立专门的枪支保管库（室）或者使用专用保险柜，将配备的枪支、弹药集中统一保管。枪支与弹药必须分开存放，实行双人双锁，并且 24 小时有人值班。存放枪支、弹药的库（室）门窗必须坚固并安装防盗报警设施。

专职守护、押运人员执行任务携带枪支、弹药，必须妥善保管，严防丢失、被盗、被抢或者发生其他事故；任务执行完毕，必须立即将枪支、弹药交还。

专职守护、押运人员有下列情形之一的，所在单位应当停止其执行武装守护、押运任务，收回其持枪证件，并及时将持枪证件上缴公安机关：一是拟调离专职守护、押运工作岗位的；二是理论和实弹射击考核不合格的；三是因刑事案件或者其他违法违纪案件被立案侦查、调查的；四是擅自改动枪支、更换枪支零部件的；五是违反规定携带、使用枪支或者将枪支交给他人，对枪支失去控制的；六是丢失枪支或者在枪支被盗、被抢事故中负有责任的。

第三节　民用枪支管理

民用枪支是指非执法、护卫等公务活动使用的，设计性能适于体育运动、娱乐、狩猎

及其他生产、生活用的枪支。民用枪支的配置品种为射击运动枪支、猎枪、麻醉注射枪和气枪等。

一、民用枪支制造与配售的特别许可制度

国家对民用枪支的制造、配售实行特别许可制度。未经许可，任何单位或个人不得制造买卖枪支。国家对民用枪支的制造和配售，实行限额管理制度。公安机关对制造、配售民用枪支的企业制造、配售、储存和账册登记等情况，必须定期进行检查；必要时，可以派专人驻厂对制造企业进行监督、检查。

1. 制造特别许可制度

制造民用枪支的企业，经国务院有关主管部门提出，由国务院公安部门确定。民用枪支的研制和定型，由国务院有关业务主管部门会同国务院公安部门组织实施。制造民用枪支的企业，由国务院公安部门核发民用枪支制造许可证件。民用枪支制造许可证件的有效期为3年。有效期届满，需要继续制造民用枪支的，应当重新申请领取许可证件。

国家对民用枪支的制造数量实行限额管理。制造民用枪支的年度限额，经国务院林业、体育等有关主管部门、省级人民政府公安机关提出，由国务院公安部门确定并统一编制民用枪支序号，下达到民用枪支制造企业。制造民用枪支的企业不得超过限额制造民用枪支；所制造的枪支必须全部交由指定的民用枪支企业销售，不得自行销售。

制造民用枪支的企业，必须严格按国家规定的技术标准制造民用枪支，不得改变民用枪支的性能和结构；必须在民用枪支指定部位铸印铸造厂的厂名、枪种代码和国务院公安部门统一编制的枪支序号，不得制造无号、重号、假号的民用枪支。制造民用枪支的企业必须实行封闭管理，采取必要的安全保卫措施，防止民用枪支以及民用枪支零部件丢失。

2. 民用枪支配售特别许可制度

民用枪支配售实行特别许可制度，未经许可，任何单位或者个人不得制造、买卖枪支。

民用枪支配售企业由省级人民政府公安机关负责确定。批准的配售企业核发民用枪支配售许可证件。民用枪支配售许可证件的有效期为3年。有效期届满，需要继续配售民用枪支的，应当重新申请领取许可证件。

配售民用枪支的企业应当在配售限额内，配售指定的企业制造的民用枪支。配售民用枪支的年度限额，经国务院林业、体育等有关主管部门、省级人民政府公安机关提出，由国务院公安部门确定并下达到民用枪支配售企业。

配售民用枪支的企业不能超限额销售民用枪支，配售民用枪支的企业必须销售指定企业制造的民用枪支。配售民用枪支时，必须核对配购证件，严格按照配购证件载明的品种、型号和数量配售枪支；配售弹药，必须核对持枪证件。民用枪支配售企业必须按照国务院公安部门的规定建立配售账册，长期保管备查。

二、民用枪支的配购管理

射击运动枪支配置计划经公安部批准后，由国家体育总局组织订货、调拨。省级体育行政主管部门凭公安部批准的分配计划，到国家体育总局办理调拨手续。各地（市）、县级配置单位凭省级公安机关和体育行政主管部门下发的提货通知单到所在地地市级公安机关办理民用枪支配购证件和民用枪支运输许可证件，到国家指定的单位购买。

配置猎枪、麻醉注射枪的单位和个人凭设区的市级公安机关核发的《民用枪支配购证

件》，到省级公安机关批准的猎枪弹具的经销单位去购买。

三、民用枪支的配置管理

民用枪支的配置，严格限于经确认其生产、生活、科研、体育运动必须使用枪支的单位，对个人仅限于必须使用猎枪的猎民和牧民。并且，配置的民用枪支的种类必须与其用途相一致。

（一）民用枪支配置范围

1. 射击运动单位

射击运动单位必须是经省级以上人民政府体育行政主管部门批准建立的，专门从事射击竞技体育运动的单位，只能允许配置射击运动枪支。

2. 营业性射击场

营业性射击场必须是经省级人民政府公安机关批准的营业性射击场，只允许配置射击运动枪支。

3. 狩猎场

狩猎场必须是经省级以上人民政府林业行政主管部门批准设立的，只能配置非弹仓式供弹猎枪。

4. 野生动物保护、饲养、科研单位

野生动物保护、饲养、科研单位可以配置猎枪、麻醉注射枪，必须符合三个条件，一是野生动物保护、饲养、科研单位必须是依法成立的，二是确实工作需要配置猎枪和麻醉注射枪，三是只能配置猎枪和麻醉注射枪，不能配置其他种类的枪支。

野生动物保护单位主要包括省、市、县三级林业行政部门的野生动物保护部门及其下属的野生动物保护企事业单位，野生动物饲养单位主要是大中城市的动物园和专门的野生动物饲养繁殖场。

5. 猎区的猎民、牧区的牧民

居住在猎区的猎民、牧区的牧民个人配置猎枪必须符合下列条件：一是年满 18 周岁，且具备完全民事行为能力；二是无犯罪记录；三是必须经过相应的培训；四是必须经过公安机关审查同意。

6. 部分山区、偏僻林区的农民

根据公安部《关于划定猎区、牧区，严格猎枪配置管理的批复》的相关规定，部分大山区、偏僻林区的农民为保护生产，防止兽、禽侵害，确需保留一部分猎枪的，可以由乡镇政府或当地公安机关集中管理，按季节性需要发给农民使用。保留的猎枪要经过省级人民政府公安机关批准，报公安部备案。①

（二）民用枪支配置审批管理

专门从事射击竞技体育运动的单位申请配置射击运动枪支时，配置计划由国家体育总局汇总审核，报公安部审批。

营业性射击场配置射击运动枪支，由所在地省级公安机关的审核后，报公安部审批。配置射击运动枪支时，由省级公安机关审批，发给《民用枪支持枪证件》，有效期 5 年。

狩猎场配置猎枪必须遵循下列程序：一是要经过省级以上人民政府林业行政主管部门批

① 1997 年 1 月，公安部《关于划定猎区、牧区，严格猎枪配置管理的批复》。

准；二是凭批准文件报省级以上人民政府公安机关批准；三是由狩猎场所在地的设区的市级公安机关核发民用枪支的配购证件。

野生动物保护、饲养、科研单位申请配置猎枪、麻醉注射枪，应遵守以下程序：一是向所在地县级人民政府野生动物行政主管部门申请狩猎证或者是特许猎捕证；二是凭着狩猎证或者是特许猎捕证和营业单位执照，向所在地的县级人民政府公安机关提出配置申请；三是经受理申请的县级公安机关审批准后，报请设区的市级人民政府核发民用枪支的配购证件。

猎民配置猎枪的应遵守下列程序：一是向居住地县级人民政府野生动物行政主管部门申请狩猎证；二是凭狩猎证和个人身份证向居住地的县级人民政府公安机关提出申请；三是经受理申请的县级公安机关审核批准后，报请设区的市级人民政府公安机关核发民用枪支的配购证件。

牧民配置猎枪应遵循下列程序：一是向所在地的县级人民政府公安机关提出配置申请；二是经受理申请的县级公安机关审核批准后，报请设区的市级人民政府公安机关核发民用枪支的配购证件。

配购猎枪、麻醉注射枪之后内必须立即到发给配购证的公安机关申请领取民用持枪证件，申请期限是30天。

四、民用枪支携带和使用管理

射击竞技体育运动单位及人员应当遵守射击运动枪支的管理规定，一是不得私自出租、出借、赠送运动枪支；二是不得私自改装和销毁运动枪支；三是不得将运动枪支私自带出射击场地；四是不得将运动枪支用于射击训练和比赛以外的其他活动；五是不得在禁止携带枪支的区域、场所携带运动枪支。

麻醉注射枪只能用于不定期对大型动物进行麻醉注射。

营业性射击场、狩猎场配置的民用枪支不能携带出营业性射击场、狩猎场。猎民和牧民的猎枪也不能带出猎区和牧区。

使用猎枪须遵守以下管理规定：一是持枪狩猎的，必须携带持枪证和特许猎捕证或者狩猎证。二是有关单位和个人必须妥善保管和使用猎枪弹具，严防丢失、被盗或者发生其他事故。发现猎枪、弹具丢失、被盗的，必须及时向当地市、县公安机关报告。三是个人持有的猎枪、弹具不得转借、出租。四是单位之间需要转借、租赁猎枪的，必须经双方所在地的市、县人民政府野生动物行政主管部门和公安机关批准。五是赠送或者转让猎枪、弹具的，必须经赠送、转让双方所在地的市、县人民政府野生动物行政主管部门和公安机关批准；赠送或者转让猎枪的，还应当办理持枪证变更手续。六是接受外国人赠送或者转让猎枪、弹具的，必须经市、县公安机关审查同意，办理持枪证，并向同级野生动物行政主管部门备案。

五、民用枪支运输管理

需要运输民用枪支的，必须向公安机关如实申报运输枪支的品种、数量和运输的路线、方式，领取枪支运输许可证件。在本省、自治区、直辖市内运输的，向运往地设区的市级人民政府公安机关申请领取枪支运输许可证件；跨省、自治区、直辖市运输的，向运往地省级人民政府公安机关申请领取枪支运输许可证件。

射击竞技体育运动单位及运动员携带运动枪支外出参加射击训练、比赛等活动，应当凭其业务主管单位的批准文件、民用枪支持枪证复印件、射击竞赛通知（或者邀请函），到本单位所在地设区的市级以上公安机关办理《枪支弹药携运许可证》。运输运动枪支，应当凭省级以上体育行政部门批准文件，向运往地设区的市级以上公安机关办理《枪支弹药运输许可证》。批准购置的运动枪支（含奖励、赞助、赠送和境内调剂的运动枪支），应当凭公安部的批准文件和省级以上体育行政部门指定单位出具的提货通知，向运往地设区的市级以上公安机关办理《枪支弹药运输许可证》。

六、民用枪支保管

射击竞技体育运动单位应当建立运动枪支登记、交接、检查、保管、保养、维护等相关安全管理制度，明确运动枪支管理人员及持枪人员责任，确保运动枪支安全。射击竞技体育运动单位应当认真执行各项安全管理规定，妥善保管运动枪支，加强对持枪人员的法制和安全教育，定期组织培训。

县级以上体育行政部门和射击竞技体育运动单位应当建立健全信息化管理制度，实现运动枪支信息化动态管理。射击竞技体育运动单位应当完善运动枪支的安全保管设施。枪弹库（室）应当加装防盗报警等技术防范设施，运动枪支与弹药必须分库（室、柜）存放，落实双人双锁和24小时值班制度。

其他配置民用枪支的单位保管民用枪支，应该做到明确枪支管理责任，指定专人负责，应当有牢固的专用保管设施，枪支、弹药应当分开存放。对交由个人使用的枪支，必须建立严格的枪支登记、交接、检查、保养等管理制度，使用完毕，及时收回。配置给个人使用的枪支，要有安全可靠的枪支保管设施，枪支、弹药要分开存放，携带枪支时要严格遵守规定。枪支被抢、被盗、丢失要及时报告公安机关。

七、民用枪支报废管理

射击竞技体育运动单位报废运动枪支，应当报经省级以上体育行政部门批准后，连同《民用枪支枪证》上缴所在地县级以上公安机关，由所在地省级公安机关统一组织销毁。作出报废运动枪支批准的省级体育行政部门应当将上缴证明等相关文件报国家体育总局备案。

国家实行猎枪检验报废制度。单位或者个人持有的猎枪经检验报废的，由所在地的市、县人民政府野生动物行政主管部门缴销特许猎捕证或者狩猎证，公安机关缴销持枪证，并由公安机关按照规定销毁。

八、民用枪支销毁管理

报废的民用枪支要依法销毁。枪支的销毁工作由省级人民政府公安机关负责组织实施，单位和个人不能自行销毁报废枪支。

九、民用枪支出入境管理

射击竞技体育运动单位携带运动枪支出境参加射击比赛活动时，应当向所在地省级体育行政部门提出，并提供以下资料：申请报告、邀请函和任务批件、携枪运动员姓名和运动枪支子弹型号、数量清单等材料。省级体育行政部门审查同意后报国家体育总局审批。

境外运动队（运动员）申请携带运动枪支入出境、过境、境内转机等，承办单位应当在事前向当地县级以上公安机关报告。由承办单位向所在地省级以上业务主管单位提出，并提供以下资料：申请报告、邀请函、携枪运动员姓名和运动枪支子弹型号、数量清单等材料。省级体育行政部门审查同意后报国家体育总局审批。

办理运动枪支出入境手续，应当由承办单位提前十个工作日报国家体育总局审批。国家体育总局批准后，应当及时向公安部、海关总署、铁道部和民航总局等部门备案，并抄送相关公安机关、海关及边防检查站。

经批准入境的运动枪支，由承办单位凭批准文件到入境地边防检查站办理枪支登记，申请领取《枪支弹药携运许可证》，凭《枪支弹药携运许可证》向入境地海关申报。到达目的地后，凭《枪支弹药携运许可证》向当地设区的市级以上公安机关备案。

经批准出境的运动枪支，由承办单位凭批准文件到单位所在地省级公安机关办理《枪支弹药携运许可证》。凭批准文件和《枪支弹药携运许可证》向出境地边防检查站办理出境手续。经批准入境的运动枪支再出境时，承办单位应当向边防检查站出具弹药消耗证明。

自带猎枪来华狩猎的人员携带枪支入、出境，事先应当经我国公安部批准，凭批准文件办理入、出境手续。经批准携带猎枪入境的外国人在中国停留期间，除了在有关的业务场所和指定的狩猎场以外，所带枪支、弹药一律由接待单位指定专人保管或者交给当地公安机关代为保管。不准随身携带或寄存宾馆、饭店等公共场所。出境的时候，必须将带进的枪支如数带出境。如有赠送、转让给有关单位的，应当由有关单位所在地的公安机关出具证明，交出境地边防检查站查验放行。

第四节　非制式枪支认定与查禁

总结近年来涉枪违法犯罪案件，不难看出，违法犯罪分子所使用的枪支大部分属于非制式枪支，有来源于地下交易的自制枪支，有犯罪分子自制、改制的枪支，也有通过网络渠道非法买卖的仿真枪等。利用非制式枪支违法犯罪不仅仅使受害人的人身和财产安全遭受极大危害，还严重威胁社会治安。因此，公安机关严厉打击非制式枪支犯罪活动，是维护社会治安秩序，保障公共安全的需要。

一、非制式枪支的认定

（一）非制式枪支的概念

为了进一步规范和完善涉案枪支弹药鉴定工作，公安部于2010年修订印发了《公安机关涉案枪支弹药性能鉴定工作规定》（公通字［2010］67号），该文件明确了非制式枪支的概念。非制式枪支是指未经有关部门批准定型或不符合国家标准的各类枪支、弹药，包括自制、改制的枪支、弹药和枪支弹药生产企业研制工作中的中间产品。

（二）仿真枪的认定

《枪支管理法》第22条规定，禁止制造、销售仿真枪。目前社会上非法生产、销售、使用仿真枪的问题仍然存在，违法犯罪分子利用仿真枪进行违法犯罪活动的情况明显增多，对社会治安造成严重威胁。为了维护社会治安，维护国家利益和保护人民生命财产安全，为国家经济建设创造良好的治安环境，国家坚决禁止非法生产、销售仿真枪。

依据公安部2008年印发的《仿真枪认定标准》，凡符合以下条件之一的，可以认定为仿真枪：

1. 符合《中华人民共和国枪支管理法》规定的枪支构成要件，所发射金属弹丸或其他物质的枪口比动能小于1.8焦耳/平方厘米（不含本数）、大于0.16焦耳/平方厘米（不含本数）的；

2. 具备枪支外形特征，并且具有与制式枪支材质和功能相似的枪管、枪机、机匣或者击发等机构之一的；

3. 外形、颜色与制式枪支相同或者近似，并且外形长度尺寸介于相应制式枪支全枪长度尺寸的二分之一与一倍之间的。

（三）非制式枪的认定

凡符合前面非制式枪支概念的枪支都可以认定为非制式枪支。公安机关在办理涉枪刑事案件中，枪支的性能鉴定影响到对案件的定性，为规范对涉案枪支、弹药的鉴定工作，2010年12月13日，公安部修订发布了涉案枪支弹药鉴定标准，内容如下：

1. 凡是制式枪支、弹药，无论是否能够完成击发动作，一律认定为枪支、弹药。

2. 凡是能发射制式弹药的非制式枪支（包括自制、改制枪支），一律认定为枪支。对能够装填制式弹药，但因缺少个别零件或锈蚀不能完成击发，经加装相关零件或除锈后能够发射制式弹药的非制式枪支，一律认定为枪支。

3. 对不能发射制式弹药的非制式枪支，按照《枪支致伤力的法庭科学鉴定判据》（GA/T 718—2007）的规定，当所发射弹丸的枪口比动能大于等于1.8焦耳/平方厘米时，一律认定为枪支。

4. 对制式枪支、弹药专用散件（零部件），能够由制造厂家提供相关零部件图样（复印件）和件号的，一律认定为枪支、弹药散件（零部件）。

5. 对非制式枪支、弹药散件（零部件），如具备与制式枪支、弹药专用散件（零部件）相同功能的，一律认定为枪支、弹药散件（零部件）。

二、非制式枪支的查禁

（一）非制式枪支查禁的意义

非制式枪支，虽然不是按照国家规定的技术和标准生产，但多数具备枪支的杀伤力，通过地下交易、网络销售等非法渠道流向社会以后，会被违法犯罪分子所利用，引发杀人、抢劫、绑架等性质严重的犯罪问题，甚至发生犯罪分子持枪拒捕、对抗或伤害执法人员的犯罪，对人民的生命和财产安全造成危害。因此，严厉打击非制式枪支的违法犯罪活动，有利于保障公民的生命财产安全。

当前，我国正处于社会变革、利益调整的时期，各种社会矛盾凸显，不和谐因素增加，社会治安形势复杂多变。一些人为了获得更多的利益，不择手段，违法制造贩卖非制式枪支以获取暴利，使大量非制式枪支流入社会，成为危害公共安全的潜在隐患。一些人法制观念淡薄，违法购买非制式枪支，实施违法犯罪活动，从而扰乱社会治安，干扰正常的生产生活秩序。因此公安机关严格查禁非制式枪支，可以有效预防和防止少数人利用非制式枪支实施违法犯罪活动。

受到国际恐怖活动的影响和渗透，我国的反恐斗争形势依然严峻。恐怖活动发生的次数增多，暴力手段不断升级。恐怖分子想尽一切办法，通过各种途径获得枪支、弹药，用以实施恐怖活动和暴力犯罪，扩大恐怖范围，加重危害后果，达到破坏国家安全和严重扰乱社会秩序的目的。因此，公安机关开展非制式枪支查禁工作对于维护社会安定具有重要意义。

（二）查禁非制式枪支的措施

1. 加强宣传教育，依靠群众做好查禁工作当前，一部分群众对于非制式枪支的认定标准、相关法律规定不熟悉，有些群众甚至认为只要不用非制式枪支做违法的事情就不会承担法律责任。因此，公安机关要开展经常性的宣传教育工作，可以利用电视、网络等形式，广泛宣传有关非制式枪支的认定标准和法律规定，使广大群众能够自觉遵守法律法规。宣传活动中要着重宣传非法制造、贩卖、运输、使用非制式枪支等行为的危害性和违法性，鼓励群众能够主动上交或者积极检举他人的违法行为。培养和提高群众的治安意识，积极主动同违反枪支管理规定的行为作斗争。

2. 加强日常安全检查

公安机关应加强对涉枪单位和个人的安全检查，发现问题及时采取措施改正，对违反法律法规的行为依法处理。在巡逻、盘查过程中发现非制式枪支，立即依法查处。在工作中还应对车站、码头、机场、商场等公共场所和公共交通工具进行安全检查，发现非制式枪支立即依法查处。

3. 开展专项行动

公安机关要结合日常工作，结合打击涉恐、涉黑、涉毒、涉赌等违法犯罪活动，开展专项行动，集中清查收缴非制式枪支。对易私存、私藏非制式枪支的场所、部位、人员进行滚动排查收缴。派出所和社区民警要立足辖区全面宣传发动，动员主动上缴、积极举报。公安机关要集中整治案件多发、管理混乱的重点地区、重点场所及网上重点空间，与工商、网络平台、物流、快递行业等合作，加强流通关键环节、通道的查缉管控，全力铲除枪支源头隐患。为了提高民警的自我保护意识和能力，公安机关还应加强处置涉枪涉爆等严重暴力犯罪、个人极端暴力犯罪的技战术实战演练和实战技能培训，配足配齐必要的防护装备，着力提升民警现场处置能力。

近年来，公安部连续组织开展缉枪治爆专项行动，经过坚持不懈的努力，全国持枪犯罪案件连年持续下降。① 但必须清醒地认识到，涉枪犯罪具有长期性、隐蔽性、顽固性、反复性等特点，专项行动经常面临新情况、新问题，任务依然繁重艰巨。

4. 严厉打击非法制贩非制式枪支活动

非法制贩环节是非制式枪支流向社会的关键环节，非法制贩非制式枪支的违法犯罪行为严重影响社会稳定和公共安全。公安机关近年来连续开展专项行动，有效遏制了非制式枪支违法犯罪，但是非法制贩非制式枪支违法犯罪活动并没有彻底消除，在公安机关严厉打击的态势下，非制式枪支违法犯罪出现了新变化：“犯罪区域由相对集中的中西部民族地区向周边和全国扩散，造枪技术人员流窜制贩枪支现象突出；非法制贩枪支的工艺不断提高，危害性增强；逐步形成了零部件加工、组装、销售、运输一条龙制贩模式；从现实社会中的当面交易向虚拟社会的网上交易转变。”② 针对以上发展趋势，公安机关要转变观念，改革管理模式，构建打击非法制贩非制式枪支的长效机制，严厉打击非法制贩非制式枪支活动

5. 加强互联网监管，阻断网络贩卖渠道

互联网的快速传播、便捷的现代通信方式，有时成为“帮助”不法分子获得非制式枪支的制造技术、零部件，甚至整支枪支的途径，使得违法犯罪分子极易获得非制式枪支实施

---

① 公安部召开深入推进2015年缉枪治爆专项行动会［EB/OL］. 中华人民共和国公安部网站. http://www.mps.gov.cn/n16/n894593/n895609/4484977.html. 2015年6月17日.

② 陈君武，郑永红，张红梅. 我国非法制贩枪支犯罪的发展态势和对策［J］. 中国人民公安大学学报，2011（5）.

违法犯罪活动。目前，非制式枪支案件中“网络贩卖枪支情况突出”，呈现出“涉案枪支种类多、涉案人员多、购销网络复杂、涉案枪支交易方式隐蔽”等特点。① 因此，要想从源头上消灭非制式枪支的隐患，加强互联网监管也是重中之重。

2015 年 2 月，公安部、国家互联网信息办公室、工业和信息化部、环境保护部、工商总局、安全监管总局六部委联合制定并发布了《互联网危险物品信息发布管理规定》（公通字［2015］5 号），对在互联网发布包括枪支在内的危险物品信息作出以下规定：

（1）禁止个人在互联网上发布危险物品信息。

（2）禁止任何单位和个人在互联网上发布危险物品制造方法的信息。

（3）网络服务提供者应当加强对接入网站及用户发布信息的管理，定期对发布信息进行巡查，对法律、法规和本规定禁止发布或者传输的危险物品信息，应当立即停止传输，采取消除等处置措施，保存有关记录，并向公安机关等主管部门报告。

（4）违反规定制作、复制、发布、传播含有危险物品内容的信息，或者故意为制作、复制、发布、传播违法违规危险物品信息提供服务的，依法给予停止联网、停机整顿、吊销许可证或者取消备案、暂时关闭网站直至关闭网站等处罚；构成违反治安管理行为的，依法给予治安管理处罚；构成犯罪的，依法追究刑事责任。

（5）各级公安、网信、工业和信息化、电信主管、环境保护、工商行政管理、安全监管等部门在各自的职责范围内依法履行职责，加强协作配合，共同防范危险物品信息发布的违法犯罪行为。

6. 加强快递物流行业监管，促进快递物流行业规范经营

当前已破获的非制式枪支案件中，快递物流成为犯罪分子实施犯罪的重要渠道和手段。犯罪分子利用快递物流行业人货分离、监管不到位等管理漏洞，使用隐藏真实身份、对非制式枪支进行伪装、或者藏匿、甚至将整支枪拆解开运输等方法实施运输。我国快递物流行业在迅速发展的同时，也暴露了诸如：行业准入门槛低、从业人员从业水平层参差不齐、操作不规范等问题，这些都给违法犯罪分子提供了可乘之机，为非制式枪支违法犯罪活动提供了便利。因此，公安机关应联合快递物流行业的监管部门共同实施监管，明晰快递物流行业的监管职责，督促企业按照行业标准和法律规定履行职责，严格执行快递实名制，坚持收寄验视制度等。

第五节　涉枪单位的安全检查

依据《枪支管理法》规定，涉枪单位主要包括枪支（弹药）制造、配售、配备、配置单位和配置科研、展览、道具枪支单位以及承担枪支（弹药）临时储存保管职责的单位。涉枪单位的安全检查工作由各级公安机关负责实施。

一、涉枪单位安全检查的目的

涉枪单位的安全检查，是公安机关贯彻落实《枪支管理法》等一系列法律法规的重要手段，是涉枪单位安全管理的常用工作方法。安全检查也是发现枪支管理安全隐患，堵塞枪

---

① 徐志彬．当前我国涉枪案件新特点、原因及预防——由河北省肃宁县特大持枪杀人案引发的思考［J］．法制博览，2015（8）．

支管理安全漏洞，强化枪支安全管理，指导整改枪支管理的重要措施之一。

涉枪单位安全检查目的，是通过安全检查，掌握涉枪单位及其配备、配置枪支人员在生产、购销、保管、运输、使用、报废和销毁的过程中，执行枪支管理规定制度的实施情况，发现检查对象存在及潜在的安全隐患，及时采取纠正措施，查处违反法律法规的行为，防止发生安全事故和违法犯罪行为，确保涉枪单位枪支安全和人身安全。

二、涉枪单位安全检查工作的要求

涉枪单位安全检查是枪支管理的一项基本安全工作，为了提高检查效率、规范检查行为，在安全检查前，应该详细制定安全检查方案，让参与检查的民警对检查目的和任务有明确的认识，熟悉和了解检查涉及的工作要领，确保安全检查效果。

在准备阶段，公安机关应提前熟悉和了解被检查单位的基本情况，如许可信息、被检单位以往的隐患整改和违法违规行为处置记录、枪支弹药的管理信息等，有利于公安机关确定安全检查的重点内容，提高检查效率。安全检查涉及内容多，范围广，参与安全检查的民警要具备一定的专业知识，清楚相关法律法规的要求。最后，还应该准备证件、安全检查记录表、安全检查记录本、整改通知书、照相机、摄像机等资料和设备。

在实施阶段，根据安全检查任务，安全检查人员应到被检查单位执行枪支弹药管理规定的重点区域和部位进行实地查验。结合不同涉枪支弹药单位的具体检查事项，安全检查人员应核对许可证件、查验被检查单位落实责任和制度建立的相关文件，查阅枪支弹药流向登记台账及对应的凭证材料，根据枪支（弹药）库室安全防范要求对枪支（弹药）库室进行检查。

在结束阶段，应将检查结果反馈给被检单位，指明违反管理规定的行为，提出纠正和改进的措施并签字确认。此项任务是整个安全检查工作的重要组成部分，是安全检查任务和效果的充分体现。在检查中及时指出被检查单位的违法违规行为，严密枪支管理机制，堵塞漏洞，检查才有效果；针对违法违规行为提出纠正和改进措施，以完善枪支管理工作，提高枪支管理水平，检查的任务才算完成，总体上才能真正实现涉枪单位安全检查工作的目的。

三、涉枪单位安全检查工作的形式和内容

（一）检查的形式

根据《枪支管理法》的规定，涉枪单位的安全检查工作由县级以上各级人民政府公安机关根据管辖负责实施。安全检查的形式可以采取定期检查和突击抽查相结合，还可以采取全面检查和专项检查的方式进行。

（二）安全检查的内容

根据配备、配置枪支种类的不同，对于涉枪单位安全检查的内容也略有不同。

1. 核查许可信息

包括涉枪单位和使用枪支人员的许可信息；枪支、弹药信息（如品种、数量、来源和去向、使用状况等）；民用枪支制造、配售、运输等信息；公务用枪的携带、使用、保管等信息。通过对涉枪单位许可信息的检查发现审批许可登记工作当中存在的问题。

2. 检查枪支管理规章制度建立及执行情况

重点是枪支管理责任制度的制定和落实，枪支管理机构的设置和专职枪支管理人员的配备，枪支安全管理措施的制定和执行情况。

3. 检查对国家、行业安全管理要求执行情况

（1）对枪支（弹药）库室的检查时应达到的一般管理要求。

涉枪单位应设置专门的枪支（弹药）库室储存保管枪支、弹药。储存枪支（弹药）的库室，其内部最高气温不高于30℃，适宜气温应控制在5~20℃范围内；最高相对湿度不大于70%，适宜相对湿度应控制在55%~65%范围内。

涉枪单位应安排专门人员、双人双锁管理枪支（弹药）库室。应建立进入枪支（弹药）库室的授权审批制度，未经批准任何人不得进入。

涉枪单位应按照便于监控和快速处置的原则，在临近枪支（弹药）库室的适当位置设立监控中心，并安装直拨电话、张贴报警电话号码，实行封闭式管理。

涉枪单位应建立以法定代表人或负责人为“第一责任人”的枪支安全管理责任体系，明确第一责任人、主管责任人、直接责任人的职责，落实各项安全管理责任。

涉枪单位应建立健全枪支（弹药）库室和监控中心的管理制度，严格落实枪支（弹药）库室双人双锁管理、枪弹领取审批登记和安全检查、涉枪人员管理教育等制度要求。

涉枪单位应建立健全应对枪支（弹药）库室安全风险的应急处置预案，明确职责分工、处置程序、方法和要求。

涉枪单位应建立健全管理台账，详细记录人员出入库室和枪支（弹药）领取（退还）及数量变化情况，管理台账留存时间应不少于1年。

涉枪单位应对枪支（弹药）库室的安全防范系统定期开展维护检查，适时进行全面检测，保证安全防范系统有效运行。

（2）枪支（弹药）库室的防护要求。

枪支（弹药）库室的防护级别依据风险等级进行划分。枪支（弹药）库室风险等级依据枪支（弹药）库室所储存保管枪支（弹药）的性能、规模和管理人员素质等情况分为三级，按风险由大到小依次为一级风险、二级风险、三级风险，分别由省、设区的市和县级人民政府公安机关核定。枪支（弹药）库室的防护级别应与其风险等级相适应，按其防护能力由高到低分为一级防护、二级防护、三级防护。

一级防护。具备一级防护能力的枪支（弹药）库室应分别设置库房，分开存放枪支、弹药。由两座或者两座以上地面建筑枪支（弹药）库组成的库区，四周应设置高度不低于3米的实体防护墙，并安装周界入侵报警系统。防护墙与库房外侧墙体之间的距离不得少于10米。枪支（弹药）库应安装符合《防盗安全门通用技术条件》（GB 17565—2007）甲级门要求的平开全封闭式防盗安全门。枪支（弹药）库应安装两种以上不同探测原理的入侵报警系统。枪支（弹药）库内、地面建筑或者设置在楼房建筑一层的枪支（弹药）库外围以及库区内通往枪支（弹药）库的通道应安装视频安防监控系统。地面以下建筑枪支（弹药）库的六面外墙、建筑物一层枪支（弹药）库的地面及外墙、建筑物顶层枪支（弹药）库的屋顶应安装墙体振动报警装置。值守枪支（弹药）库的安保力量应不少于2人；处置枪支（弹药）库安全风险的安保力量应不少于8人，安保力量的处警响应时间最长不超过3分钟。

二级防护。具备二级防护能力的枪支（弹药）库室应分别设置库房，分开存放枪支、弹药。由两座或者两座以上地面建筑枪支（弹药）库组成的库区，四周应设置高度不低于3米的实体防护墙，防护墙与库房外侧墙体之间的距离不得少于5米。枪支（弹药）库应安装符合《防盗安全门通用技术条件》（GB 17565—2007）甲级门要求的平开全封闭式防盗安

全门。枪支（弹药）库应安装两种以上不同探测原理的入侵报警系统。设置在砖混结构建筑物一层的枪支（弹药）库应安装墙体振动报警装置。值守枪支（弹药）库的安保力量应不少于 1 人；处置枪支（弹药）库安全风险的安保力量应不少于 4 人，安保力量处警响应时间最长不超过 5 分钟。

三级防护。具备三级防护能力的枪支（弹药）库室可分别设置库室或者使用枪支（弹药）专用柜分开存放枪支、弹药。允许持枪人员进入库室自行存取枪支（弹药）的枪支（弹药）室，应逐枪使用专用柜或使用逐枪设置独立存放单元的专用柜。枪支（弹药）库室应安装符合《防盗安全门通用技术条件》（GB 17565—2007）乙级门要求的平开全封闭式防盗安全门。枪支（弹药）库室内应安装入侵报警系统。值守枪支（弹药）库室的安保力量应不少于 1 人；处置枪支（弹药）库室安全风险的安保力量应不少于 2 人，安保力量处警响应时间最长不超过 6 分钟。

4. 检查涉枪单位的重点区域及设备设施

涉枪单位的重点区域及设备设施主要包括人防、物防和技防是否符合国家行业标准，电子信息管理系统运转是否符合规范要求，运输车辆是否符合安全要求等。涉枪单位应对枪支（弹药）库室进行定期复检，复检周期不得超过 3 年。

涉枪单位应设置专门的枪支（弹药）库室储存保管枪支、弹药，以《枪支（弹药）库室风险等级划分与安全防范要求》（GA 1016—2012）为标准，综合运用物防、技防、人防等安全防范手段和措施，构成枪支（弹药）库室安全、可靠的安全防范体系。

（1）物防要求。

枪支（弹药）库室的建筑结构设计应符合《建筑结构可靠度设计统一标准》（GB 50068—2001）的要求，设计使用年限不低于 50 年，安全等级不低于二级。枪支（弹药）库室和监控中心采用砖混或钢筋混凝土建筑结构的，应符合《砌体结构设计规范》（GB 50003—2001）、《混凝土结构设计规范》（GB 50010—2010）的要求，砖混结构的墙体应为建筑的承重墙体，砌体应采用实心材料。同时，墙体厚度应符合如下要求：设置在地面以下的枪支（弹药）库室，其六面墙体应采用钢筋混凝土建筑结构，且墙体厚度应不小于 240 毫米；设置在建筑物一层的枪支（弹药）库室，地面应采用钢筋混凝土建筑结构，且厚度应不小于 240 毫米；设置在建筑物顶层的枪支（弹药）库室，屋顶应采用钢筋混凝土建筑结构，且厚度应不小于 180 毫米；设置在地面以上的枪支（弹药）库室，采用砖混建筑结构且其墙体为建筑物外墙的，其厚度应不小于 240 毫米，墙体为建筑物内部墙体的，其厚度应不小于 180 毫米；采用钢筋混凝土建筑结构且其墙体为建筑物外墙的，其厚度应不小于 180 毫米，墙体为建筑物内部墙体的，其厚度应不小于 120 毫米。

砖混或钢筋混凝土建筑结构墙体厚度达不到上述要求的枪支（弹药）库室，应使用符合国家相关标准要求的枪支（弹药）专用柜或保险柜存放枪支、弹药。枪支（弹药）专用柜或保险柜重量小于 340 千克时，应采用螺栓内藏的方式与钢筋混凝土地面或者实体墙壁相固定。采用砖混或钢筋混凝土之外建筑结构的枪支（弹药）库室，其墙体的抗破坏能力应不低于上述所要求墙体之水平。

枪支（弹药）库室内的枪支（弹药）应按照利于防护、方便存取、整齐划一的原则，采取柜、架、箱等方式摆放。库室内进出和作业通道的宽度应不小于 1.5 米。设置在地下或者建筑物一层的枪支（弹药）库室应不设置窗户，可在库室顶部或靠近顶部的墙体上设置通风口。圆形通风口直径不得大于 160 毫米；矩形通风口单边长度不得大于 150 毫米，通风口应加装金属防护网。

枪支（弹药）库室和监控中心的窗户应安装实心钢筋材质的防护栅栏，防护栅栏钢筋直径不得小于12毫米，横向和纵向间距应分别不大于100毫米和250毫米。防护栅栏应采用内藏螺栓方式安装，安装螺栓直径不小于10毫米，间距不大于250毫米。监控中心应安装符合《防盗安全门通用技术条件》（GB 17565—2007）丙级门要求的平开全封闭式防盗安全门。枪支（弹药）库室和监控中心应采用符合《机械防盗锁》（GA/T 73-1994）B级标准或者《电子防盗锁》（GA 374—2001）要求的锁具。

（2）技防要求。

枪支（弹药）库室应安装入侵报警系统：入侵报警系统应符合《入侵报警系统工程设计规范》（GB 50394—2007）的相关要求；入侵报警系统应能对枪支（弹药）库室内防护目标及门、窗（天窗）、通风口等部位进行交叉探测；枪支（弹药）库室的墙体厚度达不到物防要求的，应安装墙体振动报警装置；入侵报警信息应能以自动方式发送到监控中心及保卫值班室，报警信息留存时间应不少于30天。

枪支（弹药）库室的入侵报警系统应能独立运行，并能按时间、区域、部位灵活编程设防或者撤防；应具有防破坏功能，能对设备运行状态和信号传输线路进行自动检测，能及时发出故障报警并指示故障区位；当有入侵报警时，应能显示和记录报警部位、地址及有关警情数据；枪支（弹药）库室的入侵报警系统应24小时处于设防状态。在管理人员进入枪支（弹药）库室工作期间入侵报警系统可临时撤防，临时撤防时间最长不超过4小时。

枪支（弹药）库室应安装视频安防监控系统：视频安防监控系统应符合《入侵报警系统工程设计规范》（GB 50395—2007）的相关要求；视频安防监控系统应能对枪支（弹药）库室内的防护目标和门、窗（天窗）、通风口等部位进行有效的视频探测与监视、图像显示、记录与回放；视频安防监控系统的图像质量不得低于《视频安防监控系统工程设计规范》（GB 50395—2007）中的要求，出入口部位视频图像应能清晰辨别出入人员的面部特征，库室内视频图像应能清晰显示人员活动及存取枪支、弹药情况，在照度达不到要求时应增加辅助照明设施或使用具有夜视功能的摄像机；视频安防监控系统应具有对移动画面帧测记录功能，帧测灵敏度为对摄像重点区域内有人员、车辆或者应设防物体移动时即启动，图像记录连续性指标不得少于25 fps；视频安防监控系统应能对所有监控图像进行记录，能多画面或时序显示各监控图像；能与报警系统联动，当报警发生时，能对报警现场进行图像复核，并将现场图像自动切换到指定的监视器上显示；枪支（弹药）库室视频安防监控资料留存时间不得少于30天。

涉枪单位应综合运用物防、技防、人防等安全防范手段和措施，构成枪支（弹药）库室安全、可靠、实用、经济、先进、配套的安全防范体系。安全防范系统的设计应符合《安全防范工程技术规范》（GB 50348—2004）的有关要求。安全防范系统应配备备用电源，当主电源断电时应能保证对监控中心及安全防范系统供电时间不少于8小时。枪支（弹药）库室的安全防范系统出现故障后，应在48小时内修复。系统维修期间应启动应急预案进行补充防护。

（3）人防要求。

涉枪单位应安排专门人员对枪支（弹药）库室的安全防范系统进行不间断值守。涉枪单位应选派身心健康、年龄在18至60周岁且无行政拘留和刑事处罚记录的人员负责安全防范系统值守和枪支（弹药）库室的安全保卫工作。安全防范系统值守人员应熟悉报警信息和突发情况处置程序、要求，能够熟练操作安全防范系统装备器材。

（4）射击场设置的安全要求。

射击场的选择，应利用当地合适的自然地形，尽量不占耕地，并在建筑之前，先绘制设计图与平面布置图（附详细说明），报公安机关批准后方可施工。竣工后要由公安机关检验、批准后方可使用。在市区内建筑的射击场应有围墙（防险挡墙）。射击场可设置靶壕，亦可不设。如设，则靶壕的深度不应低于2米。多利用地下室或建筑地下、半地下和室内的简易射击场。

靶挡可用土、砂袋、砖、混凝土等材料堆（砌）成。其厚度应保证弹丸不能穿透。靶挡的高度不应低于下列规定：25米射击距离的射击场为3米；50米射击距离的射击场为6米；在使用控制器情况下，靶挡的高度应保证枪支成任何角度射击时，弹丸都不能飞越靶挡顶端。

四、安全检查中发现问题的处理

在安全检查工作结束后，发现涉枪支弹药单位存在隐患的，要在现场向被检查单位提出，单位负责人应签字确认，责令其立即改正，消除隐患；如果不能立即改正的，则应由安全检查人员下发《限期整改通知书》，监督被检查单位限期整改。发现违反枪支管理法律法规行为的，依照法律规定，公安机关应责令停业整顿或吊销许可证件，同时依法对单位负责人和相关责任人进行处罚，给予行政处分、治安处罚直至追究其刑事责任。

五、安全检查需注意的事项

安全检查的民警不少于两人，检查时须穿着警服，并主动出示证件表明身份，说明来意争取被检单位的配合。实施检查的民警应当具备以下基本素质：具备必要的枪支弹药知识和从事枪支弹药安全管理工作经验，具备有效地辨识和处理隐患的能力；能够编制或使用安全检查表；认真做好安全检查笔记，在现场发现问题及时记录；能够有效利用档案信息，掌握被检单位的问题及以往隐患整改情况，便于核实以前整改措施的落实是否到位①；具备良好的沟通和交流能力，在检查过程中能够认真听取被检查单位管理人员的意见，注意发现成功经验和做法并及时推广，既可以提高和改进枪支弹药管理水平，也可以有效达到安全检查的目的。

第六节　违反枪支管理行为的法律责任

一、违反枪支制造管理的行为

（一）未经许可制造枪支的行为

根据《枪支管理法》第13、21、39条的规定，国家对枪支的制造实行特别许可制度，即枪支只能由国家定点的企业制造，其他任何单位和个人不得制造枪支。未经许可制造枪支的，依照《刑法》以非法制造枪支罪论处。民用枪支的研制和定型，由国务院有关主管业务部门会同国务院公安部门组织实施，其他任何单位和个人不得擅自研制枪支，不得改制已

① 程念祥．安全检查的组织实施［J］．劳动保护，2007（12）．

定型的枪支，否则，以非法制造枪支罪论处。

非法制造枪支、弹药罪，是指违反法律规定私自制造枪支、弹药的行为。“非法制造”包括非法加工制造、组装、改装等行为，对已报废的枪支进行修理，恢复其射击功能，也视为“制造”。①

《刑法》条文没有明确规定定罪的具体数量和情节，但是，也不能认为任意实施上述行为就要定罪处罚，根据最高人民法院司法解释，具有下列情形之一的，以非法制造枪支、弹药罪定罪处罚：②

1. 非法制造军用枪支1支以上的；

2. 非法制造以火药为动力发射枪弹的非军用枪支1支以上或者以压缩气体等为动力的其他非军用枪支2支以上的；

3. 非法制造军用子弹10发以上、气枪铅弹500发以上或者其他非军用子弹100发以上的；

4. 多次非法制造弹药的；

5. 虽未达到上述最低数量标准，但具有造成严重后果等其他恶劣情节的。

非法制造枪支、弹药行为的，依照《刑法》第125条第1款规定，处3年以上10年以下有期徒刑；情节严重的，处10年以上有期徒刑、无期徒刑或者死刑。单位非法制造枪支、弹药行为的，对单位判处罚金，并对其直接负责的主管人员和其他直接责任人员依照上述规定处罚。“情节严重”，是指非法制造枪支、弹药的数量达到上述情形第1、2、3项规定的最低数量标准5倍以上的；或者达到上述规定的最低数量标准，并具有造成严重后果等其他恶劣情节的。

（二）超过限额或者不按照规定的品种制造枪支的行为

根据《枪支管理法》第16、17、18、40条的规定，制造民用枪支的企业不得超过限额制造民用枪支，必须严格按照国家规定的技术标准制造民用枪支。依法被指定、确定的枪支制造企业，违反枪支管理规定，以非法销售为目的，超过限额或者不按照规定的品种制造枪支，达到定罪标准的，以违规制造枪支罪论处；不以非法销售为目的，超过限额或者不按照规定的品种制造枪支的行为，根据《枪支管理法》第40条的规定，依法实施治安处罚。

根据《刑法》第126条规定以及司法解释，依法被指定或者确定的枪支制造企业，以非法销售为目的、违规制造枪支，具有下列情形之一的，以违规制造枪支罪定罪处罚：违规制造枪支5支以上的；或者虽未达到前述最低数量标准，但具有造成严重后果等其他恶劣情节的。达不到上述定罪标准的，按照一般违法或违规行为处理。

超过限额或者不按照规定的品种制造枪支，构成犯罪的，依照《刑法》第126条的规定，对单位判处罚金，并对其直接负责的主管人员和其他直接责任人员处5年以下有期徒刑。情节严重的，处5年以上10年以下有期徒刑。情节特别严重的，处10年以上有期徒刑或者无期徒刑。“情节严重”是指违规制造枪支20支以上的；或者违规制造枪支5支以上，并具有造成严重后果等其他恶劣情节的；“情节特别严重”是指违规制造枪支50支以上；

---

① 王作富．刑法［M］．北京：中国人民大学出版社，2011.

② 《最高人民法院关于修改〈最高人民法院关于审理非法制造、买卖、运输枪支、弹药、爆炸物等刑事案件具体应用法律若干问题的解释〉的决定》〈法释〔2009〕18号〉修订，2010年1月1日起施行。

或者违规制造枪支 20 支以上，并具有造成严重后果等其他恶劣情节的。①

根据《枪支管理法》的规定，在依法追究刑事责任的同时，公安机关可以根据情况作出责令其停业整顿或者吊销其枪支制造许可证件的行政处罚。

（三）未按照规定的技术标准制造民用枪支的行为

根据《枪支管理法》第 18、44 条的规定，依法被指定、确定的枪支制造企业未按照规定的技术标准制造民用枪支的，由公安机关对个人或者单位负有直接责任的主管人员和其他直接责任人员处警告或者 15 日以下拘留，没收其枪支，可以并处 5000 元以下罚款。构成犯罪的，按照违规制造枪支行为论处。②

（四）制造无号、重号、假号枪支的行为

根据《枪支管理法》第 18、40 条的规定，制造民用枪支的企业不得制造无号、重号、假号的枪支。依法被指定或者确定的枪支制造企业，以非法销售为目的，制造无号、重号、假号的枪支，达到定罪标准的，以违规制造枪支罪论处；不以非法销售为目的，制造无号、重号、假号的枪支的行为，则依法实施治安处罚。

根据《刑法》第 126 条规定以及相关司法解释，依法被指定或者确定的枪支制造企业，以非法销售为目的，制造无号、重号、假号枪支的，具有下列情形之一的，以违规制造枪支罪定罪处罚：违规制造枪支 5 支以上的；或者虽未达到前述最低数量标准，但具有造成严重后果等其他恶劣情节的。达不到上述定罪标准的，按照一般违法或违规行为处理。

制造无号、重号、假号枪支的行为构成犯罪的，依照《刑法》第 126 条的规定，对单位判处罚金，并对其直接负责的主管人员和其他直接责任人员处 5 年以下有期徒刑。情节严重的，处 5 年以上 10 年以下有期徒刑；情节特别严重的，处 10 年以上有期徒刑或者无期徒刑。

“情节严重”是指违规制造枪支 20 支以上的；或者违规制造枪支 5 支以上，并具有造成严重后果等其他恶劣情节的；“情节特别严重”是指违规制造枪支 50 支以上；或者违规制造枪支 20 支以上，并具有造成严重后果等其他恶劣情节的。

根据《枪支管理法》的规定，在依法追究刑事责任的同时，公安机关可以根据情况作出责令其停业整顿或者吊销其枪支制造许可证件的行政处罚。

（五）制造仿真枪的行为

依照《枪支管理法》第 44 条的规定，制造仿真枪未构成犯罪的由公安机关、工商行政管理部门按照各自职责范围没收其仿真枪，可以并处制造金额 5 倍以下的罚款，情节严重的，由工商行政管理部门吊销营业执照。构成犯罪的，依法追究刑事责任。

二、违反枪支配售管理的行为

（一）未经许可配售枪支的行为

根据《枪支管理法》第 13、39 条的规定，国家对民用枪支的配售实行特别许可制度，即民用枪支只能由国家指定的企业配售，其他任何单位和个人不得销售枪支。未经许可买卖枪支的，以非法买卖枪支罪论处。

---

① 《最高人民法院关于修改〈最高人民法院关于审理非法制造、买卖、运输枪支、弹药、爆炸物等刑事案件具体应用法律若干问题的解释〉的决定》〈法释〔2009〕18 号〉修订，2010 年 1 月 1 日起施行。

② 公安部治安管理局．中华人民共和国枪支管理法释义［M］．北京：群众出版社，2000.

非法买卖枪支、弹药行为，是指违反法律规定私自买卖枪支、弹药的行为，“非法买卖”包括非法购买和出卖。① 根据最高院司法解释，具有下列情形之一的，以非法买卖枪支、弹药罪定罪处罚：②

1. 非法买卖军用枪支1支以上的；

2. 非法买卖以火药为动力发射枪弹的非军用枪支1支以上或者以压缩气体等为动力的其他非军用枪支2支以上的；

3. 非法买卖军用子弹10发以上、气枪铅弹500发以上或者其他非军用子弹100发以上的；

4. 多次非法买卖弹药的；

5. 虽未达到上述最低数量标准，但具有造成严重后果等其他恶劣情节的。

非法买卖枪支、弹药构成犯罪的，依照《刑法》第125条第1款的规定，处3年以上10年以下有期徒刑；情节严重的，处10年以上有期徒刑、无期徒刑或者死刑。单位犯本罪的，对单位判处罚金，并对其直接负责的主管人员和其他直接责任人员依照上述规定处罚。“情节严重”，是指非法制造枪支、弹药的数量达到上述情形第1、2、3项规定的最低数量标准5倍以上的；或者达到上述规定的最低数量标准，并具有造成严重后果等其他恶劣情节的。

（二）非法销售枪支或者在境内销售为出口制造的枪支的行为

“非法销售枪支”，包括以下几种情形：制造企业将制造的枪支交由非指定的配售企业销售；制造企业自行销售所生产的枪支；配售企业销售非指定企业制造的枪支；配售企业不按照法定的程序销售枪支。“在境内销售为出口制造的枪支”是指生产、销售出口枪支的企业将为出口制造的枪支，在境内销售牟利，包括出口退货后转内销，以出口为名生产后内销以及在完成出口任务后，将剩余的枪支非法在境内销售牟利等。③

根据《枪支管理法》第40条的规定，依法被指定、确定的枪支制造、销售企业，违反枪支管理规定，非法销售枪支或者在境内销售为出口制造的枪支的，对单位判处罚金，并对其直接负责的主管人员和其他直接责任人员追究刑事责任；公安机关可以根据情况作出责令其停业整顿或者吊销其枪支制造许可证件、枪支配售许可证件的行政处罚。

根据《刑法》第126条规定以及司法解释，依法被指定、确定的枪支制造、销售企业，违反枪支管理规定，以非法销售为目的，非法销售枪支或者在境内销售为出口制造的枪支，具有下列情形之一的，以违规销售枪支罪定罪处罚：违规销售枪支2支以上；虽未达到前述最低数量标准，但具有造成严重后果等其他恶劣情节的。达不到上述定罪标准的，按照一般违法或违规行为处理。④

同时，依照《刑法》第126条的规定，犯违规销售枪支罪的，对单位判处罚金，并对其直接负责的主管人员和其他直接责任人员处5年以下有期徒刑。情节严重的，处5年以上10年以下有期徒刑；情节特别严重的，处10年以上有期徒刑或者无期徒刑。

---

① 王作富．刑法［M］．北京：中国人民大学出版社，2011．

② 《最高人民法院关于修改〈最高人民法院关于审理非法制造、买卖、运输枪支、弹药、爆炸物等刑事案件具体应用法律若干问题的解释〉的决定》〈法释〔2009〕18号〉修订，2010年1月1日起施行。

③ 公安部治安管理局．中华人民共和国枪支管理法释义［M］．北京：群众出版社，2000．

④ 王作富．刑法［M］．北京：中国人民大学出版社，2011．

"情节严重"，是指违规销售枪支10支以上的；或者违规销售枪支2支以上，并具有造成严重后果等其他恶劣情节的；"情节特别严重"是指违规销售枪支30支以上的；或者违规销售枪支10支以上，并具有造成严重后果等其他恶劣情节的。①

（三）超过限额或者不按照规定的品种配售枪支的行为

根据《枪支管理法》第16、17、40条的规定，依法被指定、确定的枪支制造、销售企业，违反枪支管理规定，以非法销售为目的，超过限额或者不按照规定的品种型号配售枪支的，对单位判处罚金，并对其直接负责的主管人员和其他直接责任人员追究刑事责任；公安机关可以根据情况作出责令其停业整顿或者吊销其枪支制造许可证件、枪支配售许可证件的行政处罚。不以非法销售为目的，依法实施治安处罚。

企业违规销售枪支，具有下列情形之一的，以违规销售枪支罪定罪处罚：违规销售枪支2支以上；虽未达到前述最低数量标准，但具有造成严重后果等其他恶劣情节的。达不到上述定罪标准的，按照一般违法或违规行为处理。

依照《刑法》126条规定，犯违规销售枪支罪的，对单位判处罚金，并对其直接负责的主管人员和其他直接责任人员处5年以下有期徒刑；情节严重的，处5年以上10年以下有期徒刑。情节特别严重的，处10年以上有期徒刑或者无期徒刑。"情节严重"，是指违规销售枪支10支以上的；或者违规销售枪支2支以上，并具有造成严重后果等其他恶劣情节的；"情节特别严重"是指违规销售枪支30支以上的；或者违规销售枪支10支以上，并具有造成严重后果等其他恶劣情节的。

（四）销售仿真枪的行为

依照《枪支管理法》第44条的规定，销售仿真枪未构成犯罪的，由公安机关、工商行政管理部门按照各自职责范围没收其仿真枪，可以并处销售金额5倍以下的罚款，情节严重的，由工商行政管理部门吊销营业执照。构成犯罪的，依法追究刑事责任。

三、违反枪支运输管理的行为

（一）未经许可运输枪支的行为

《枪支管理法》第30、39条规定，任何单位和个人未经许可不得运输枪支。违反枪支管理规定，私自运输枪支、弹药的，依照《刑法》追究刑事责任。"非法运输"，是指非法将枪支、弹药从一地运往另一地。

根据最高院司法解释，具有下列情形之一的，以非法运输枪支、弹药罪定罪处罚：

1. 非法运输军用枪支1支以上的；

2. 非法运输以火药为动力发射枪弹的非军用枪支1支以上或者以压缩气体等为动力的其他非军用枪支2支以上的；

3. 非法运输军用子弹10发以上、气枪铅弹500发以上或者其他非军用子弹100发以上的；

4. 多次非法运输弹药的；

5. 虽未达到上述最低数量标准，但具有造成严重后果等其他恶劣情节的。

构成非法运输枪支、弹药罪的，依照《刑法》第125条第1款的规定，处3年以上10

① 《最高人民法院关于修改〈最高人民法院关于审理非法制造、买卖、运输枪支、弹药、爆炸物等刑事案件具体应用法律若干问题的解释〉的决定》〈法释〔2009〕18号〉修订，2010年1月1日起施行。

年以下有期徒刑；情节严重的，处10年以上有期徒刑、无期徒刑或者死刑。单位犯本罪的，对单位判处罚金，并对其直接负责的主管人员和其他直接责任人员依照上述规定处罚。“情节严重”，是指非法制造枪支、弹药的数量达到上述情形第1、2、3项规定的最低数量标准5倍以上的；或者达到上述规定的最低数量标准，并具有造成严重后果等其他恶劣情节的。①

（二）违反规定运输枪支弹药的行为

根据《枪支管理法》第31、42条的规定，运输枪支、弹药应遵守安全规定，违反规定运输、弹药的行为包括：运输枪支未使用安全可靠的运输设备；不设专人押运；枪支弹药未分开运输；运输途中停留住宿不报告公安机关。

运输枪支的单位，有上述四项行为之一的，情节严重的，即导致运输的枪支被盗、被抢或者丢失，致使国家和人民的利益遭受重大损失，比照《刑法》第397条的规定追究刑事责任，其直接责任人员即构成玩忽职守罪；未构成犯罪的，依照《枪支管理法》第42条规定，由公安机关对直接责任人员予以行政处罚，处15日以下拘留。

（三）走私武器、弹药的行为

根据《枪支管理法》第33、41条的规定，任何单位和个人未经许可，不得私自携带枪支入境、出境。非法携带、运输枪支入境、出境的依照《刑法》中的走私武器、弹药罪定罪处罚。

走私武器、弹药的行为，是指违反海关法律、法规，逃避海关监管，非法运输、携带、邮寄武器、弹药进出国（边）境的行为。“武器、弹药”的种类，参照《中华人民共和国海关进口税则》及《中华人民共和国禁止进出境物品表》的有关规定确定，包括本章所讲公务用枪、民用枪支等各种枪支、弹药。根据最高院的司法解释，走私仿真枪构成犯罪的，则依照《刑法》第153条走私普通货物、物品罪定罪处罚。走私成套枪支散件的，以走私相应数量的枪支计算，走私非成套枪支散件的，以每30件为1套枪支散件计算。②

走私武器、弹药罪，具有下列情形之一的：一是走私以火药为动力发射枪弹的枪支1支，或者以压缩气体等非火药为动力发射枪弹的枪支5支以上不满10支的；二是走私气枪铅弹2500发以上不满10000发，或者其他子弹50发以上不满250发的；三是达到上述数量标准，且属于犯罪集团的首要分子，使用特种车辆从事走私活动，或者走私的武器、弹药被用于实施其他犯罪等情形的。依照《刑法》151条第1款的规定，处7年以上有期徒刑，并处罚金或者没收财产；情节较轻的，处3年以上7年以下有期徒刑，并处罚金。情节特别严重的，处无期徒刑或者死刑，并处没收财产。单位犯本条规定之罪的，对单位判处罚金，并对其直接负责的主管人员和其他直接责任人员，依照本条各款的规定处罚。

四、违反枪支使用管理的行为

（一）非法持有、私藏枪支、弹药的行为

根据《枪支管理法》第41条的规定，只要是违反枪支管理规定，非法持有、私藏枪

① 《最高人民法院关于修改〈最高人民法院关于审理非法制造、买卖、运输枪支、弹药、爆炸物等刑事案件具体应用法律若干问题的解释〉的决定》〈法释〔2009〕18号〉修订，2010年1月1日起施行。

② 最高人民法院、最高人民检察院《关于办理走私刑事案件适用法律若干问题的解释》2014年9月10日起施行。

支、弹药的行为，依照刑法追究刑事责任。“非法持有枪支、弹药”，是指不符合配备、配置枪支、弹药条件的人员，违反枪支管理法律、法规的规定，擅自持有枪支、弹药的行为。“持有”不能简单地理解为拿在手中或带在身上，而是指枪支、弹药在行为人的实际控制中，包括藏匿在办公室、宿舍或寄存他处。“私藏”，是指依法配备、配置枪支、弹药的人员，在配备、配置枪支、弹药的条件消除后，违反枪支管理法律、法规的规定，私自藏匿所配备、配置的枪支、弹药且拒不交出的行为。①

具有下列情形之一的，以非法持有、私藏枪支、弹药罪定罪处罚，依照《刑法》第 128 条的规定处 3 年以下有期徒刑、拘役或者管制；情节严重的，处 3 年以上 7 年以下有期徒刑。一是非法持有、私藏军用枪支 1 支的；二是非法持有、私藏以火药为动力发射枪弹的非军用枪支 1 支或者以压缩气体等为动力的其他非军用枪支 2 支以上的；三是非法持有、私藏军用子弹 20 发以上，气枪铅弹 1000 发以上或者其他非军用子弹 200 发以上的；四是非法持有、私藏的弹药造成人员伤亡、财产损失的。

具有下列情形之一的，属于刑法第 128 条规定的“情节严重”：一是非法持有、私藏军用枪支 2 支以上的；二是非法持有、私藏以火药为动力发射枪弹的非军用枪支 2 支以上或者以压缩气体等为动力的其他非军用枪支 5 支以上的；三是非法持有、私藏军用子弹 100 发以上，气枪铅弹 5000 发以上或者其他非军用子弹 1000 发以上的；四是达到司法解释规定的定罪处罚的最低数量标准，并具有造成严重后果等其他恶劣情节的。②

（二）非法出租、出借枪支的行为

非法出租、出借枪支行为，是指依法配备公务用枪的人员和单位，或者依法配置民用枪支的人员和单位，违反枪支管理规定非法出租出借枪支，造成严重后果的行为。因为行为人的身份和出租、出借的枪支性质不同，法律规定的构成犯罪的条件也不同。出租、出借配备公务用枪的行为，只要已经实施，即构成犯罪，不问后果。出租、出借配置民用枪支的行为，造成严重后果的才构成犯罪。

依照《刑法》第 128 条的规定，非法出租、出借枪支罪处 3 年以下有期徒刑、拘役或者管制；情节严重的，处 3 年以上 7 年以下有期徒刑。单位犯本罪的，对单位判处罚金，并对其直接负责的主管人员和直接责任人员按上述规定处罚。

（三）丢失枪支不及时报告的行为

根据《枪支管理法》第 44 条规定，枪支被盗、被抢或者丢失，不及时报告的，公安机关对个人或者单位负有直接责任的主管人员和其他直接责任人员处警告或者 15 日以下拘留。构成犯罪的，依法追究刑事责任。

丢失枪支不报行为，是指依法配备公务用枪的人员丢失枪支不及时报告，造成严重后果的行为。该行为必须同时符合以下 3 个条件：一是行为人丢失了依法配备的公务用枪；二是发觉枪支丢失后，不及时报告；三是因上述行为造成了严重后果。依照《刑法》第 129 条的规定，犯本罪的处 3 年以下有期徒刑、拘役。这里所说的“丢失”包括枪支被盗、被抢或者遗失等情况。

---

① 王作富主编．刑法［M］．北京：中国人民大学出版社，2011.

② 《最高人民法院关于修改〈最高人民法院关于审理非法制造、买卖、运输枪支、弹药、爆炸物等刑事案件具体应用法律若干问题的解释〉的决定》（法释〔2009〕18 号）修订，2010 年 1 月 1 日起施行。

（四）非法携带枪支、弹药的行为

1. 非法携带枪支、弹药行为的规定和处罚

非法携带枪支、弹药行为是指违反国家有关携带枪支、弹药的规定而非法携带的。所谓非法，有两种情况，一是行为人依法拥有携带枪支、弹药的资格，而没有按照规定携带的；二是行为人依法不具有携带枪支、弹药的资格，而携带的。第二种情况依法构成非法持有枪支、弹药罪。① 依照《治安管理处罚法》第 32 条的规定，非法携带枪支、弹药的，处 5 日以下拘留，可以并处 500 元以下罚款；情节较轻的，处警告或者 200 元以下罚款。

2. 非法携带枪支、弹药进入公共场所或者公共交通工具的行为

依照《治安管理处罚法》第 32 条规定，非法携带枪支、弹药进入公共场所或者公共交通工具的，处 5 日以上 10 日以下拘留，可以并处 500 元以下罚款。所谓非法，包括两种情况，一是行为人依法拥有携带枪支、弹药的资格，而非法将枪支、弹药带入公共场所或公共交通工具；二是行为人依法不具有携带枪支、弹药的资格，而携带枪支、弹药进入公共场所或公共交通工具。如果行为人不具有拥有枪支、弹药资格的，无论是否进入公共场所或者公共交通工具，依照刑法有关规定，构成非法持有枪支、弹药罪。

3. 非法携带枪支、弹药危及公共安全的行为

非法携带枪支、弹药危及公共安全的行为，是指违反有关规定非法携带枪支、弹药进入公共场所或者公共交通工具，危及公共安全，情节严重的行为。依照《刑法》第 130 条的规定，非法携带枪支、弹药危及公共安全的行为处 3 年以下有期徒刑、拘役或者管制。

根据最高院的司法解释，非法携带枪支、弹药进入公共场所或者公共交通工具，危及公共安全，具有下列情形之一的，属于刑法规定的“情节严重”：

（1）携带枪支的；

（2）携带的弹药在公共场所或者公共交通工具上发生爆炸或者燃烧，尚未造成严重后果的；

（3）具有其他严重情节的。

行为人非法携带的数量达到最低数量标准，能够主动、全部交出的，可不以犯罪论处。

4. 非法携带武器参加集会、游行、示威的行为

非法携带武器参加集会、游行、示威的行为，是指行为人违反法律规定，携带武器参加集会、游行、示威的行为。《集会游行示威法》第 5 条规定：“集会、游行、示威应当和平地进行，不得携带武器、管制刀具和爆炸物。”违反本规定的，依照《刑法》第 297 条，处 3 年以下有期徒刑、拘役、管制或者剥夺政治权利。

五、违反枪支管理规定或不履行管理职责的行为

公安机关工作人员有下列行为之一的，依法追究刑事责任；未构成犯罪的，依法给予行政处分：一是向《枪支管理法》规定以外的单位和个人配备、配置枪支的；二是违法发给枪支管理证件的；三是将没收的枪支据为己有的；四是不履行枪支管理职责的行为，造成后果的。

---

① 李春华．中华人民共和国治安管理处罚法释义与应用［M］．北京：群众出版社，2005.

☞ **思考题：**

1. 什么是枪支？公安机关管理的枪支包括哪些？
2. 可以配备公务用枪的人员有哪些？可以配置民用枪支的单位和个人有哪些？
3. 简述人民警察申请核发持枪证的条件。
4. 简述专职守护、押运人员申请配备公务用枪的条件。
5. 简述民用枪支制造和配售管理的主要内容。
6. 简述枪支（弹药）库室的管理要求。
7. 简述涉枪单位管理制度的主要内容。
8. 简述涉枪单位的安全检查主要任务。
9. 论述涉枪单位安全检查工作的组织实施。

☞ **本章参考文献：**

[1] 公安部治安管理局．中华人民共和国枪支管理法释义［M］．北京：群众出版社，2000.

[2] 蔡少铿，刘金星，殷英华．危险物品管理教程（修订本）［M］．北京：中国人民公安大学出版社，2007.

[3] 李春华．中华人民共和国治安管理处罚法释义与应用［M］．北京：群众出版社，2005.

[4] 王作富．刑法［M］．北京：中国人民大学出版社，2013.

[5] 王新建，熊一新．危险物品管理［M］．北京：中国人民公安大学出版社，2002.

第三章　管制器具管理

☞ **本章重点：**

1. 管制刀具的认定与识别方法；
2. 涉管制器具安全检查的内容和方法；
3. 管制器具的日常管理措施；
4. 违反管制器具管理行为的认定及处罚。

☞ **本章难点：**

1. 管制刀具的认定与识别方法的掌握和运用；
2. 管制器具的安全检查方法的运用；
3. 管制器具日常管理措施的运用。

第一节　管制器具管理概述

刀具是一种切、削用的金属工具，一般用钢铁制成，是人们从事某些生产活动中不可缺少的工具，也是人们日常生活中需要的工具。但刀具也容易被犯罪分子利用将其作为凶器，进行各种违法犯罪活动，扰乱社会治安秩序，危害公民人身安全。尤其是有一部分刀具异常锋利，杀伤力很强，这些刀具流散到社会，一旦被违法犯罪分子利用，就会给人民的生命财产带来危险，给社会治安秩序带来威胁，因此，公安机关对部分刀具实行管制。

管制器具是有危及公共安全可能，需由公安机关加强管理的器具、物品的总称。管制器具是列入公安机关进行严格管制的危险物品的种类之一，由于其本身便于携带，易于隐藏，且异常锋利等特性，加上与枪支弹药、放射性物品、民用爆炸物品等其他危险物品相比更容易获得，所以极容易被不法分子作为凶器，进行打架斗殴、寻衅滋事乃至进行抢劫、强奸、杀人等违法犯罪活动，严重扰乱社会治安秩序和危害公共安全。

近年来，公安机关充分认识管制器具管理的重要性，依法加强管理，最大限度地压缩管制器具被非法利用的空间，有效防止管制器具违法犯罪案件的发生。1983 年 3 月 12 日公安部颁布实施了《对部分刀具实行管制的暂行规定》（以下称《暂行规定》），规定指出：公安机关对管制刀具主要依据特种刀具生产许可证、匕首佩带证、特种刀具购买证及管制刀具经销审批（简称“三证一审批”）进行管理。但是，管制器具又是人们的生产、生活和经济建设不可缺少的重要工具，所以不能对其采取简单的查禁措施。2002 年，国务院发布《关于取消第一批行政审批项目的决定》（国发［2002］24 号），取消了公安机关对管制刀具的行政审批，公安机关对管制刀具的生产、购买、经销及匕首佩戴等不再进行审核，仅履行登记备案的职责。对管制刀具行政审批的取消对公安机关的管理工作提出了新的挑战，尤其是源头管控方面的难度增大，导致部分地区的非法生产、贩卖管制刀具的行为放任自流，客观上造成了管制刀具的泛滥。此外关于管制器具的认定存在诸多漏洞，有些不法分子在制造过程中钻法律空子，逃避法律的责任追究。

如何在管制器具管理过程中保障其积极作用得到充分发挥，又能有效地控制其消极影响，这是目前摆在社会面前，尤其是公安机关面前的一道亟须加以解决的难题。因此，公安机关治安管理部门作为管制器具管理的主管部门之一，加强对管制器具治安管理，对预防涉管制器具各类违法犯罪案件的发生，维护国家安全与社会和谐稳定，保护公民人身及财产安全具有重要意义。

一、管制器具管理的范围

自2006年《治安管理处罚法》出台后，管制器具成为了一个规范的法律名词，同时也对于管制器具的范围作了个明确的规定，管制器具包括管制刀具和弩。1983年3月12日公安部发布的《对部分刀具实行管制的暂行规定》对管制刀具的范围作了原则性的规定，确定了列为公安机关管制的刀具的种类；1999年9月28日由公安部、国家工商行政管理局发布的《公安部、国家工商行政管理局关于加强弩管理的通知》要求各级公安机关要将弩纳入治安管理范围，加强管理；2007年1月14日公安部下发的《管制刀具认定标准》，进一步对管制刀具管理的范围作了界定。

（一）管制刀具的管理范围

根据《暂行规定》第3条的规定，管制刀具是指："匕首、三棱刀（包括机械加工用的三棱刮刀）、带有自锁装置的弹簧刀（跳刀）以及其他相类似的单刃、双刃、三棱尖刀。"根据此规定和其他相关的行政法规，公安机关列为管制对象的刀具主要包括以下几类：

1. 匕首

匕首，是一种锋利的长形金属刺杀冷兵器，通常有单刃和双刃两种，一端有握柄，另一端是尖刀，备有血槽，没有固定的规格、品种和型号。常见的匕首大多为单刃，长约20厘米。用途分为军用和民用两种：军用是用于自卫和短兵相接时的刺杀，也可置于枪管顶端作为刺刀使用；民用主要是野外地质勘探人员防身或野外生存时使用。

2. 三棱刀

三棱刀，是一种三面有棱角的刀具，有尖端和握柄，有多种规格和型号，刀刃较厚，不易崩口，是工业生产机械加工用的一种钢制的挫、刮金属物的生产工具。

3. 弹簧刀

弹簧刀，是一种具有弹簧自锁装置的利刃，又称跳刀。刀刃藏在刀鞘中，按压按钮弹簧可将刀刃从鞘中推出，主要是用于电工等需要单手操作的作业。常见的弹簧刀刀身较短，易于隐蔽，便于携带。

4. 各种尖刀

各种尖刀，包括除了上述三种类型以外的其他相类似的单刃、双刃、三棱尖刀。如无弹簧但有自锁装置的单刃、双刃刀和形似匕首但长度超过匕首的单刃、双刃刀以及三棱尖刀等。根据公安部关于管制刀具范围的有关批复，各种尖刀中已经明确列为管制刀具范围进行管理的有以下两种类型：一是（仿）东洋武士刀；二是打火机内置弹簧跳刀。

（二）弩的管理范围

弩是一种利用弹簧装置等机械力量发射箭头和钢球，具有较强杀伤力的器具，属于国家严格管制物品。弩在古代是一种攻击性、杀伤力都很强的兵器。经过现代科技改进后的弩具有便于携带、射程远、精度高等特点。进口弩还分手枪式、步枪式、冲锋枪式等多种式样。

近年来，一些地方陆续发现有些企业和单位批量生产、销售和进口弩，还有的企业以俱乐部的形式开展营业性弩射活动。目前，弩的经营和射击活动呈发展趋势。弩具有枪支、管制刀具的部分功能和特性，属于危险物品，如不严加控制和管理，极易被违法犯罪分子利用，危害公共安全。

二、管制器具的界定

（一）管制刀具的界定

1. 管制刀具的认定标准。

由于《暂行规定》没有对管制刀具的认定标准作具体的规定，长期以来，各地公安机关在处理各种涉刀案件过程中，对于管制刀具的认定标准不明确，容易造成认识上的偏差，执法的难度大。因此，2007 年 1 月 14 日公安部颁布实施了《公安部管制刀具认定标准》（以下简称《认定标准》），明确了管制刀具认定标准，提高了管制刀具管理的可操作性。

（1）管制刀具的认定标准

凡符合下列标准之一的，可以认定为管制刀具：

①匕首：带有刀柄、刀格和血槽，刀尖角度小于 60 度的单刃、双刃或多刃尖刀。（见图 3-1）

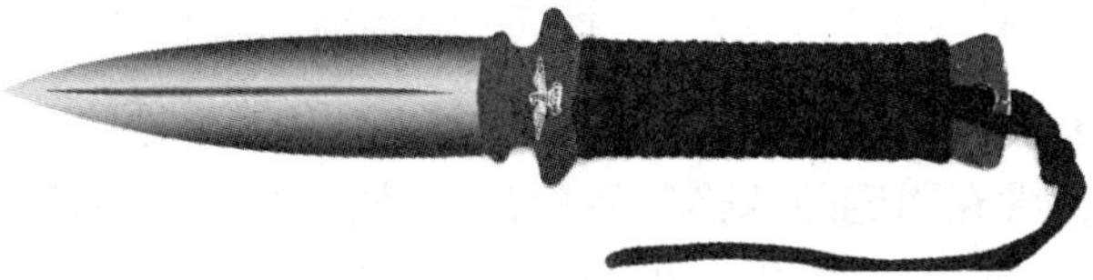

图 3-1　匕首

②三棱刮刀：具有三个刀刃的机械加工用刀具。（见图 3-2）

图 3-2　三棱刮刀

③带有自锁装置的弹簧刀（跳刀）：刀身展开或弹出后，可被刀柄内的弹簧或卡锁固定自锁的折叠刀具。（见图 3-3）

图 3-3　带有自锁装置的弹簧刀（跳刀）

④其他相类似的单刃、双刃、三棱尖刀：刀尖角度小于 60 度，刀身长度超过 150 毫米

的各类单刃、双刃和多刃刀具。(见图 3-4)

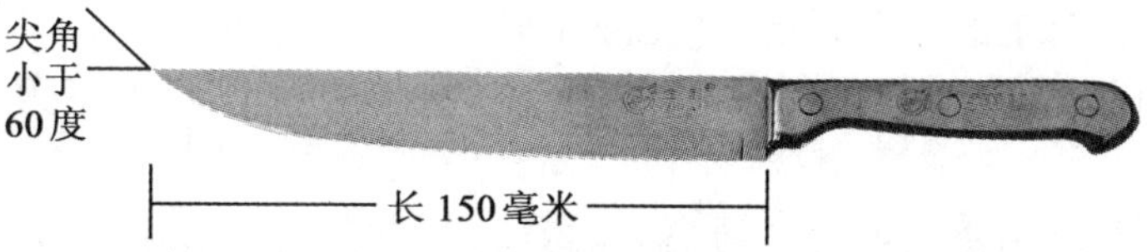

图 3-4　其他相类似的单刃刀具

⑤其他刀尖角度大于 60 度，刀身长度超过 220 毫米的各类单刃、双刃和多刃刀具。(见图 3-5)

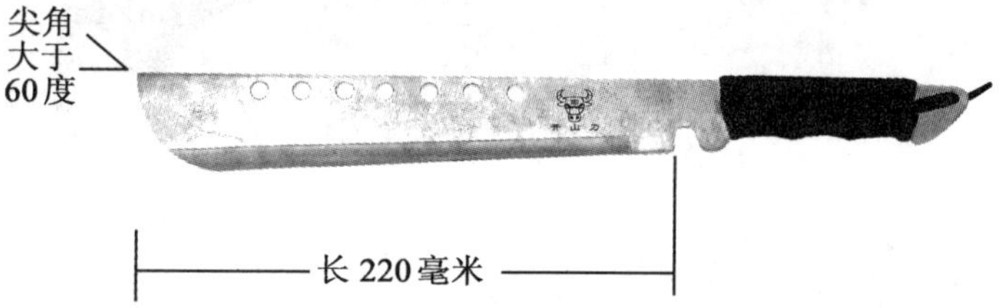

图 3-5　其他刀尖角度大于 60 度，刀身长度超过 220 毫米的单刃刀具

（2）特殊刀具的认定。

①少数民族刀具认定。在民族自治地区，少数民族因为风俗和生活习惯需要佩带的藏刀、腰刀、靴刀、马刀等刀具，一般不属于管制刀具的范围，对于少数民族地区需要进行管制的刀具范围认定标准，由少数民族自治区（自治州、自治县）人民政府公安机关参照《认定标准》制定。少数民族刀具只能在民族自治地区销售、使用和携带，由民族自治地区具体制定管理办法。如在民族自治地区以外的地区实施上述行为的，应按管制刀具相应规定处理。

②武术、工艺、礼品等刀具认定。未开刀刃且刀尖倒角半径 R 大于 2. 5 毫米的各类武术、工艺、礼品等刀具不属于管制刀具范畴。

（3）管制刀具认定标准的述语说明：

①刀柄：是指刀上被用来握持的部分。(见图 3-6)

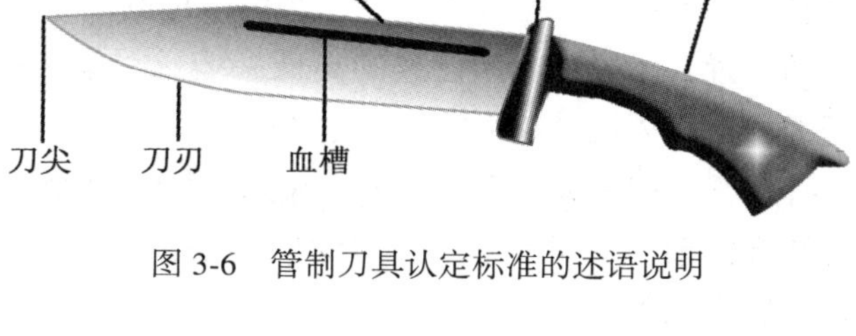

图 3-6　管制刀具认定标准的述语说明

②刀格（挡手）：是指刀上用来隔离刀柄与刀身的部分。（见图 3-6）

③刀身：是指刀上用来完成切、削、刺等功能的部分。（见图 3-6）

④血槽：是指刀身上的专用刻槽。（见图 3-6）

⑤刀刃（刃口）：是指刀身上用来切、削、砍的一边，一般情况下刃口厚度小于 0.5 毫米。（见图 3-6）

⑥刀尖角度：是指刀刃与刀背（或另一侧刀刃）上距离刀尖顶点 10 毫米的点与刀尖顶点形成的角度。（见图 3-7）

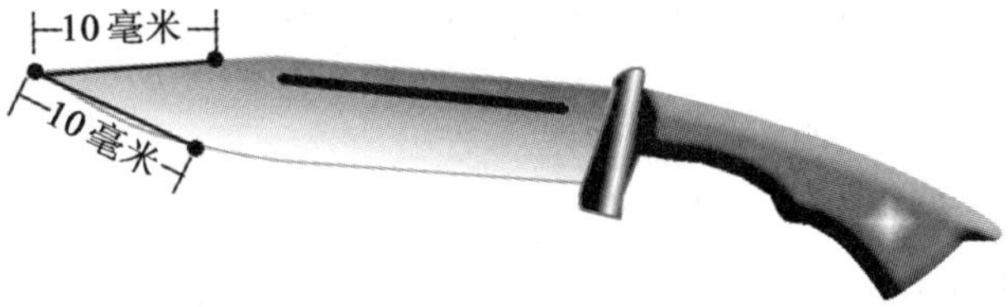

图 3-7　刀尖角度示意图

⑦刀尖倒角：是指刀尖部所具有的圆弧度。（见图 3-8）

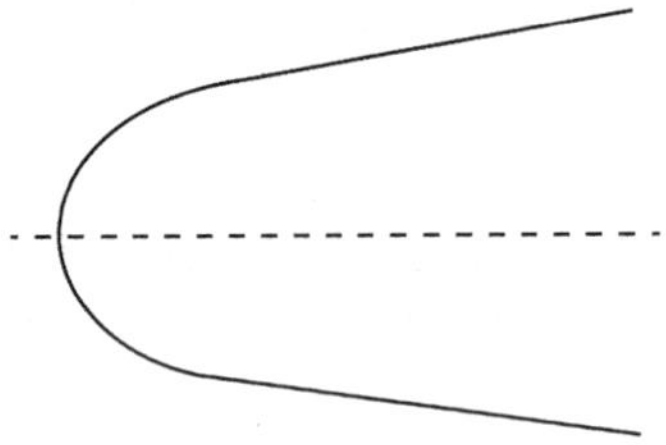

图 3-8　刀尖倒角示意图

2. 管制刀具的认定权限和程序

管制刀具的认定权限由县级公安机关的治安管理部门行使。公安机关在处理涉及管制刀具的案件时，由办案单位的办案人员把涉案的管制刀具送达办案单位所属的县级公安机关治安管理部门，由两名具有管制刀具认定资格的民警进行认定，并填写《管制刀具认定书》，签名并加盖县级公安机关治安部门公章或管制刀具认定专用章。

（二）弩的界定

我国现行法律法规并未对弩进行相关的界定。通常来说，弩是一种杀伤性武器，借用机械力进行射击，它是一种装有臂的弓，主要由弩臂、弩弓、弓弦和弩机等部分组成。由于弩属于机械反弹发力弹射的装置，所以一般用箭速的高低来表示弓箭的威力大小，箭速越高，抛物线越小，动能就越大，杀伤力也就越大。

现代复合弩主要部件包含：瞄准镜、金属凸轮、金属弹管、合金弓片、军用瞄准星、弓片架固定螺栓、金属防滑脚蹬架、金属滑轮、金属耐磨弓弦、合金耐磨滑道、瞄准镜导架、扳机、扳机护圈、弩托、装弹孔等部件。

现代复合弩的结构如图 3-9 所示。

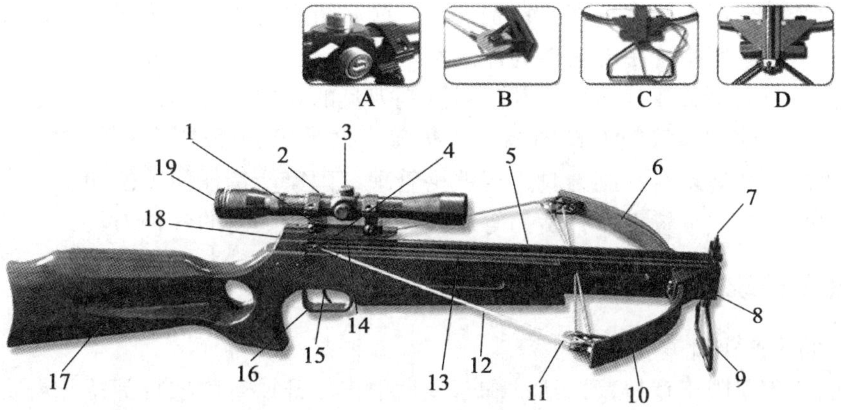

A. 瞄准镜微调旋钮　B. 金属滑轮　C. 金属防滑脚蹬架　D. 高弹性折叠弓片架
1. 瞄准镜固定架　2. 瞄准镜左右微调旋钮　3. 瞄准镜高低微调旋钮
4. 金属凸轮　5. 金属弹管　6. 合金副弓片　7. 军用瞄准星
8. 弓片架固定螺栓　9. 金属防滑脚蹬架　10. 合金主弓片　11. 金属滑轮
12. 金属耐磨弓弦　13. 合金耐磨滑道　14. 瞄准镜导架　15. 金属扳机
16. 扳机护圈　17. 弩托　18. 装弹孔　19. 光学瞄准镜

图 3-9　弩的结构示意图

弩的工作原理主要分为两个步骤：

步骤一：通过弩弦拉动弩片，使弩片变形从而转换为弹性势能；

步骤二：扣动扳机，弩片还原的同时弹性势能被释放，带动弩弦弹击弩箭，使其迅速射出。

第二节　管制器具的公安行政审批

一、管制刀具的公安行政审批

2002 年，国务院公布了公安部第一批取消的 37 项行政审批项目中，涉及管制刀具的有四项，包括特种刀具生产许可证、匕首佩带证、特种刀具购买证、管制刀具经销审批。此后，公安机关对于管制刀具主要采用备案制。被取消的公安行政审批项目具体如下：

（一）特种刀具生产许可证核发《公安部关于执行〈对部分刀具实行管制的暂行规定〉的通知》（［83］公发（治）31 号）

（二）匕首佩带证核发《公安部关于执行〈对部分刀具实行管制的暂行规定〉的通知》（［83］公发（治）31 号）

（三）管制刀具经销审批《公安部关于执行〈对部分刀具实行管制的暂行规定〉的通知》（［83］公发（治）31 号）

（四）特种刀具购买证核发《公安部关于执行〈对部分刀具实行管制的暂行规定〉的通知》（［83］公发（治）31 号）

虽然以上行政审批项目被取消，但《暂行规定》并未完全废除，除了有关以上内容的条款废除外，其他的条款依然有效。鉴于管制刀具在生产、保管、携带、使用中对公共安全和人民生命财产安全可能造成危害，特别是在一些有组织犯罪、团伙犯罪、暴力犯罪以及青少年违法犯罪中经常使用管制刀具作为违法犯罪工具，因此，虽然关于管制刀具的公安行政审批已取消，但公安机关及其他相关部门对管制刀具的管理仍要加强。《刑法》、《治安管理处罚法》等法律、法规对管制刀具的制造、买卖、携带等方面作了明确规定，我们应依据这些法律、法规、和规章对管制刀具进行严格管理。国家严禁任何单位和个人非法制造和销售、贩卖和携带匕首、三棱刀、弹簧刀等属于管制刀具范围内的各种刀具。

二、弩的公安行政审批

（一）弩的生产审批

鉴于弩的使用仅限于竞技弩射活动和营业性射击场开设弩射项目等特殊需要，使用范围和需求数量较小，省级公安机关要按照《弩制造企业许可条件》从严控制审批弩制造企业，原则上不单独审批设立弩销售企业，由使用单位直接向弩制造企业购置。

申请设立弩制造企业的，应当填写《申请制造弩审批表》并提交单位所在地县级公安机关，经地市级公安机关审核，报省级公安机关审批。

（二）弩的购买、使用审批

营业性射击场开设弩射项目或者开展竞技弩射活动以及举办各类运动会设置弩射项目，必须报经所在地省级公安机关批准。弩使用单位购买弩时，应当凭批准文件和单位证明，填写《申请购置弩审批表》并提交单位所在地县级公安机关，经地市级公安机关审核，报省级公安机关审批后，向弩制造企业购买。除弩制造企业、使用单位以及公安机关、武警部队等特殊需要外，其他单位和个人一律不得进口弩及其零部件。弩制造企业、使用单位需要进口弩时，应当填写《申请进口弩审批表》并提交单位所在地县级公安机关，经地市级公安机关审核，报省级公安机关审批后，方可进口。

（三）弩的运输审批

弩制造企业、使用单位需要运输弩时，应当填写《申请运输弩审批表》并提交所在地县级公安机关，经地市级公安机关审核，报省级公安机关审批后，方可运输。运达目的地后，向运达地县级公安机关备案。

第三节 管制器具的安全管理

一、管制刀具的安全管理

（一）管制刀具的生产管理

《暂行规定》第5条规定，制造管制范围内刀具的工厂、作坊，必须将刀具样品及其说明（名称、规格、型号、用途、产量）送所在地县、市公安局备案。产品须铸刻商标和号码（顺序号或批号）。

（二）管制刀具的经销管理

《暂行规定》第6条规定，经销管制范围内刀具的商店，购销要建立登记制度，备公安机关检查。匕首，只准向军队和警察、专业狩猎人员和地质、勘探等野外作业人员所在单位销售，并查验单位批准文件或证明。三棱刮刀，只准销售给必须使用三棱刮刀用于机械加工的单位，并查验单位介绍信。一律不得向其他对象销售管制刀具。

（三）管制刀具佩带（持有）管理

1. 匕首的佩戴使用

根据《暂行规定》第3条规定，解放军官兵、专业狩猎人员、从事地质勘探的野外工作人员等根据工作需要，可以持有和使用匕首。但匕首属于工作用刀具，只能在工作时间、场所使用，而且以从事某种职业为前提，一旦脱离该职业，则匕首应当交还原单位，不得再持有、使用。

2. 机械加工使用的三棱刮刀的佩带使用

根据《暂行规定》第4条规定，机械加工使用的三棱刮刀属于工作用刀具，仅限从事机械加工的工作人员在工作场所使用，不得随意带出工作场所。

（四）少数民族刀具的管理

我国充分尊重少数民族风俗习惯和日常生活实际需要，对于少数民族人员由于生活习惯需要佩带和使用的刀具，《暂行规定》也作了特别规定，保障少数民族人员的合法权益。根据《暂行规定》第12条的规定，在民族自治地区，少数民族人员由于生活习惯需要佩带的刀具，例如少数民族人员使用的藏刀、腰刀、靴刀等，由民族自治区另行制定办法管理。但考虑到该类刀具的使用主体为特定主体，所以限定了少数民族刀具的销售区域，即只准在民族自治地方（自治区、自治州、自治县）范围内销售。少数民族人员也只能在民族自治地区佩带和使用民族刀具，在非民族自治地区，只要少数民族人员所携带的刀具属于管制刀具范围，公安机关就应当严格按照相应规定予以管理。

少数民族人员违反《铁路法》和《铁路运输安全保护条例》携带管制刀具进入车站、乘坐火车的，由公安机关依法予以没收，但在本少数民族自治地区携带具有特殊纪念意义或者比较珍贵的民族刀具进入车站的，可以由携带人交其亲友带回或者交由车站派出所暂时保存并出具相应手续，携带人返回时领回；对不服从管理，构成违反治安管理行为的，依法予以治安处罚；构成犯罪的，依法追究其刑事责任。

二、弩的安全管理

制造、销售、进口、使用弩的企业和单位在生产、运输、保管、使用等环节中要落实安全防范措施，实行规范化管理，建立完善的规章制度。各级公安机关要将弩纳入治安管理的范围，掌握弩的生产、销售、进口情况和营业性弩射活动情况，监督安全防范措施和安全管理制度的落实，严防弩丢失、被盗、被抢及各种安全事故、事件的发生。

（一）弩的相关审批登记

进口、制造、销售弩或营业性射击场开设弩射项目必须经省、自治区、直辖市公安厅、局批准，工商行政管理部门凭公安厅、局的批准文件办理登记注册。各类运动会设置弩射项目须由主办单位向运动会举办地所在的省级公安厅、局申请，获得批准后方可进行。

弩的审批流程如图3-10所示。

（二）弩的购买、携运

企业和单位购买弩须持有营业执照和省级公安厅、局开具的购买证明。销售单位只能向国内经批准的弩使用单位销售弩，严禁将弩销售给个人。销售时必须在查验有关手续后方可售出，需查验的证件包括公安机关批准使用弩的许可证明和营业执照等。弩的携带和运输须持有营业执照副本和省级公安厅、局开具的携运证明。

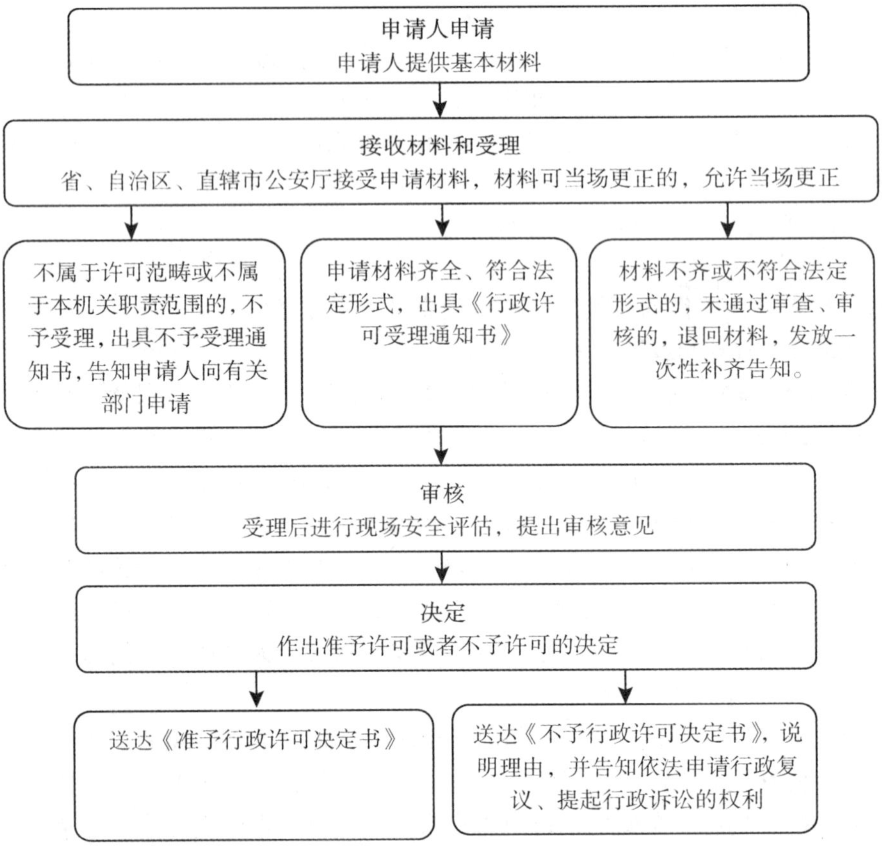

图 3-10 弩的审批流程图

（三）弩的信息规范化管理

制造、销售、进口、使用弩的企业和单位须使用计算机进行管理，定期将弩的品种、数量、编号、进货和销售情况向省级公安厅、局备案。弩制造企业须在产品及其包装上标明企业名称、地址、联系电话及产品编号等。

（四）弩的年度审验

省级公安厅、局和工商行政管理局分别对制造、销售、进口、使用弩的企业和单位实行年度审验。

对非法制造、销售、运输、进口弩或者非法从事营业性弩射活动的单位以及个人持有的弩，一律由公安机关登记收缴；对因经营管理不善致使弩流失社会，被违法犯罪分子利用实施违法犯罪活动的，取消有关企业和单位经营资格并追究其负责人及直接责任人员的责任。

第四节 涉管制器具单位的安全检查

目前公安机关对于涉管制器具单位的安全检查主要是针对于弩的制造企业和使用单位等涉弩单位，对于涉及管制刀具的相关单位不列入公安机关的安全检查范围，公安机关对管制刀具主要是进行备案登记。公安部2010年7月10日出台的《关于进一步加强弩治安管理的通知》对涉及弩的行业和场所的监督检查作出了规定，各地公安机关也根据当地实际情况制定了相应的安全检查措施，为各级公安机关加强对涉弩单位的安全检查提供了法律和制度上的依据。各级公安机关要按照属地管理的原则，全面落实本辖区内涉管制器具单位的安全检查责任。

一、安全检查的目的

各级公安机关通过对涉弩单位的安全检查，全面了解掌握辖区内弩的制造、销售、进口和使用情况，及时发现、整改存在的安全隐患，督促各项安全防范措施的落实。

二、安全检查的方法

（一）档案资料检查

即对单位的资质等相关情况以及安全管理制度的证件和图文材料等档案资料进行检查。

（二）现场实地安全检查

即对单位弩的存储仓库、射击场地等进行实地检查。

三、涉管制器具单位安全检查的内容

（一）检查资质

1. 检查涉及管制器具单位的资质

（1）制造、销售弩单位的资质检查。

制造、销售弩必须经省、自治区、直辖市公安厅、局批准。企业和单位购买弩须持有营业执照和省级公安厅、局开具的购买证明。销售单位必须在查验有关手续后方可售出。弩的携带和运输须持有营业执照副本和省级公安厅、局开具的携运证明。弩的进口由省级公安厅、局审批，严格限制品种和数量。

（2）使用弩单位的资质检查。

营业性射击场开设弩射项目必须经省、自治区、直辖市公安厅、局批准；各类运动会设置弩射项目须由主办单位向运动会举办地所在的省级公安厅、局申请。

2. 检查涉及管制器具单位的人员资质

涉及管制器具单位负责人要分别与所在地公安机关、从业人员签订安全管理责任书，从业人员要提供无违法犯罪记录的证明材料。

（二）检查制度

1. 检查涉及管制器具单位的安全管理责任制度

弩制造企业、使用单位的主要负责人作为本单位安全管理第一责任人，要认真贯彻实施《企业事业单位内部治安保卫条例》，建立健全各项安全管理制度和岗位责任制，切实加强内部安全防范工作。

2. 检查涉及管制器具单位物品流向登记制度

弩制造企业应当建立健全流向登记制度，严密监控弩的流向，如实登记制造、销售、运输、储存弩的品种、数量等信息，并及时录入计算机，定期向省级公安机关备案。

物品流向登记制度具体包括以下几个方面：一是实行编号管理。弩制造企业生产弩时，必须在产品上铸刻商标和唯一编号；二是凭证销售和购买。销售弩时，必须查验公安机关批准使用弩的证明文件和购买证明；弩制造企业只能向经批准的使用单位销售弩，严禁向个人销售。三是规范产品包装的标识。运输弩时，必须在产品外包装上标明企业名称、地址、联系电话和产品编号。

（三）检查涉及管制器具单位的安全保卫设施

涉及管制器具单位安全防范措施要做到人防、技防、物防相结合。在人防方面，弩制造企业、使用单位应当设置保卫机构或者配置专职治安保卫人员，明确岗位职责，实行封闭式管理；在技防方面，制造和储存弩的场所应当设置必要的技术防范设施，如防入侵报警系统、视频监控系统等；在物防方面，制造和储存弩的场所应当将弩机和弩箭分库存放，实行双人双锁保管，加强守卫守护。此外，弩制造企业、使用单位发生弩丢失、被盗、被抢等案事件时，应当立即报告当地公安机关。

四、安全检查中发现问题的处理

公安机关检查过程中要认真履行职责，及时发现各种安全隐患，并按相关规定进行处理。对于未取得相关资质而从事涉管制器具活动的单位，应予以取缔，并对相关人员给予相应的处罚；对安全制度不完善或不落实的，要督促其进行改进；对存在安全隐患的，按实际情况予以限期整改或停业整顿；对发生安全事故的，要查明原因，追究相关负责人和直接责任人的法律责任。

五、安全检查的要求

公安机关在对涉管制器具单位进行安全检查时，应严格按照《人民警察法》等相关法律法规的要求，规范执法程序。在安全检查过程中，必须要由两名以上人民警察实施，并按规定着装。有条件的应当佩戴执法记录仪或其他影像设备，对执法过程进行监督和取证。

第五节 违反管制器具管理行为的认定及处罚

根据我国《刑法》、《治安管理处罚法》、《违反公安行政管理行为的名称及其适用意见》以及其他相关法律、法规，违反管制器具管理的行为主要有：

一、非法携带管制器具行为

（一）行为的认定

非法携带管制器具，是指在公共场所或者公共交通工具以外的其他场所携带管制器具的行为。

其认定标准是：

非法携带管制器具行为所侵犯的客体为复杂客体，既妨害了社会管理秩序，又危害了公共安全，还侵犯了国家有关武器、管制刀具的管理制度。

非法携带管制器具行为在客观方面表现为在公共场所或者公共交通工具以外的其他场所携带弩、匕首等国家规定的管制器具等。

非法携带管制器具行为的主体是一般主体，即一切达到法定责任年龄、具有刑事责任能力的人。即符合法律规定，能够承担违反治安管理责任的任何自然人。

非法携带管制器具行为在主观方面表现为故意。即行为人明知是管制器具而非法携带。

动机可能是为了进行其他违法犯罪，或为了带回家使用等。如果行为人确实不知道，被他人利用而携带，由于主观上没有故意而不构成非法携带管制器具行为。

（二）行为的处罚

非法携带管制器具构成违反治安管理行为的，处5日以下拘留，可以并处500元以下罚款；情节较轻的，处警告或者200元以下罚款。非法携带管制器具构成犯罪行为的，如携带管制刀具参加集会、游行、示威的，处3年以下有期徒刑、拘役、管制或者剥夺政治权利。如非法携带管制刀具进入公共场所或者公共交通工具的，危急公共安全，情节严重的，处3年以下有期徒刑、拘役或者管制。

（三）法律依据

1.《治安管理处罚法》

第32条：非法携带枪支、弹药或者弩、匕首等国家规定的管制器具的，处5日以下拘留，可以并处500元以下罚款；情节较轻的，处警告或者200元以下罚款。

2.《刑法》

第297条：违反法律规定，携带武器、管制刀具或者爆炸物参加集会、游行、示威的，处3年以下有期徒刑、拘役、管制或者剥夺政治权利。

3.《集会游行示威法》

第29条：举行集会、游行、示威，有犯罪行为的，依照刑法有关规定追究刑事责任。携带武器、管制刀具或者爆炸物的，比照《刑法》第163条的规定追究刑事责任。

二、非法携带管制器具进入公共场所或者公共交通工具行为

（一）行为的认定

在公共场所或者公共交通工具非法携带管制器具的，构成违反非法携带管制器具进入公共场所或者公共交通工具治安管理行为。

其认定标准是：

非法携带管制器具进入公共场所或者公共交通工具行为所侵犯的客体为复杂客体，包括公民的人身、财产安全以及国家对公共场所或者公共交通工具的安全。

非法携带管制器具进入公共场所或者公共交通工具行为客观方面表现为非法携带弩、匕首等国家规定的管制器具进入公共场所或者公共交通工具。行为人非法携管制器具，必须是进入大众进行公开活动的公共场所，如商店、影剧院、体育场、街道等。或者非法携带管制器具进入火车、轮船、长途客运汽车、公共电车、汽车、民用航空器等公共交通工具等行为，都是法律所禁止的。

非法携带管制器具进入公共场所或者公共交通工具行为在行为的情节和危害后果上：如果行为的情节轻微，或危害后果较小，就可以确认为违反治安管理行为；如果行为危及公共安全，情节严重的，则构成犯罪。情节严重包括：非法携带管制刀具20把以上或者虽未达到规定的数量标准，但在车站或者列车上进行违法活动时使用，尚未构成其他犯罪的。造成严重后果是指：造成人员重伤、死亡或者公私财产的重大损失。

非法携带管制器具进入公共场所或者公共交通工具行为主体是一般主体，即一切达到法定责任年龄、具有刑事责任能力的人。即符合法律规定，能够承担违反治安管理责任的任何自然人。

非法携带管制器具进入公共场所或者公共交通工具行为主观方面表现为故意。即行为人

明知是管制器具而非法携带进入公共场所或者公共交通工具。动机可能是为了进行其他违法犯罪，或为了带回家使用等。如果行为人确实不知道，被他人利用而携带，由于主观上没有故意而不构成本行为。

（二）行为的处罚

非法携带管制器具进入公共场所或者公共交通工具行为，构成违反治安管理行为的，处5日以上10日以下拘留，可以并处500元以下罚款。构成犯罪的，处3年以下有期徒刑、拘役或者管制。

（三）主要法律依据

1.《治安管理处罚法》

第32条：非法携带枪支、弹药或者弩、匕首等国家规定的管制器具进入公共场所或者公共交通工具的，尚未造成严重后果，不够刑事处罚的，处5日以上10日以下拘留，可以并处500元以下罚款。

2.《刑法》

第130条：非法携带枪支、弹药、管制刀具或者爆炸性、易燃性、放射性、毒害性、腐蚀性物品，进入公共场所或者公共交通工具的，危急公共安全，情节严重的，处3年以下有期徒刑、拘役或者管制。

3.《铁路法》

第60条第2款：携带炸药、雷管或者非法携带枪支子弹、管制刀具进站上车的，比照《刑法》第163条的规定追究刑事责任。

4.《最高人民法院关于执行〈中华人民共和国铁路法〉中刑事罚则若干问题的解释》

第2条第1款：携带炸药、雷管或者非法携带枪支子弹、管制刀具进站上车构成犯罪的，应当定非法携带炸药、雷管、枪支子弹、管制刀具进站上车罪，依照刑法第163条规定适用刑罚。本罪为选择性罪名。分别实施携带炸药、雷管、枪支子弹或者管制刀具进站上车行为的，不实行数罪并罚。

第2条第2款第3项：非法携带管制刀具进站上车，具有下列情形之一的，即可构成本罪：非法携带管制刀具20把以上或者虽未达到规定的数量标准，但在车站或者列车上进行违法活动时使用，尚未构成其他犯罪的。具体认定是否构成本罪，应当对行为人非法携带上列物品的数量、危害后果等情节进行综合分析。行为人携带管制刀具虽未达到规定的数量标准，但拒不交出的，也可以追究刑事责任；如果数量上已达到规定的数量标准，但行为人进站上车后，能主动、全部交出的，也可不以犯罪论处。

☞ **思考题：**

1. 结合实际，分析在取消对管制刀具的部分行政审批后对管制刀具管理的影响，并谈谈如何加强对管制刀具的管理。

2. 结合弩的特点以及当前弩在社会上的流通情况，浅议对弩进行管制的现实意义。

3. 关于管制刀具的管控目前存在什么争论？你认为应当如何规范这方面的管理工作？

4. 管制刀具的认定由什么部门负责？认定程序如何规定？

5. 某日，派出所接到举报在某农贸市场有人在兜售管制刀具，派出所民警接到报案立即赶赴现场，控制了嫌疑人员，检查了其所携带的物品，对现场发现的刀具进行甄别，通过测量认定部分刀具为管制刀具，并对认定为管制刀具进行收缴。假设你是该派出所民警，你将如何认定和收缴现场发现的管制刀具？

☞ **本章参考文献：**

［1］曾伟，覃泽敏．危险物品管理工作规范化指南［M］．北京：中国人民公安大学出版社，2012.

［2］张先福，张家忠．危险物品管理［M］．北京：群众出版社，2009.

［3］黄超，胡燕飞，张先福，张家忠．危险物品管理［M］．北京：中国人民公安大学出版社，2007.

［4］蔡少铿，刘金星，殷英华．危险物品管理（修订本）［M］．北京：中国人民公安大学出版社，2007.

［5］王占军．危险物品管理实务［M］．北京：群众出版社，2006.

第四章　民用爆炸物品管理

☞ **本章重点：**

1. 民用爆炸物品储存管理；
2. 民用爆炸物品运输管理；
3. 涉民用爆炸物品单位的安全检查。

☞ **本章难点：**

1. 民用爆炸物品的爆炸现象；
2. 炸药爆炸的基本条件；
3. 炸药的主要性能参数；
4. 炸药的分类及常见炸药的性能和用途；
5. 民用爆炸物品管理要求在公安工作中的运用。

第一节　民用爆炸物品基础知识

民用爆炸物品是我国使用较多的危险物品之一，如果管理不当，极易发生事故。为了预防爆炸事故的发生，同时也为了防止违法犯罪分子利用民用爆炸物品进行破坏活动，保障人民生命财产的安全，对民用爆炸物品的生产、储存、销售、购买、运输、使用及销毁等流程，必须依照有关法律、法规实行严格管理。各级公安机关对辖区内民用爆炸物品的安全管理实施监督检查。

一、爆炸现象及其分类

人们在日常生活中常常遇到各种爆炸现象，如热水瓶爆炸、汽车轮胎爆炸、放鞭炮及炸药爆炸等。爆炸就是物质从一种状态很快变成另一种状态并放出巨大能量作机械功的现象。

按照爆炸的性质不同，爆炸可分为物理性爆炸、化学性爆炸和核爆炸三类。

（一）物理爆炸

物理爆炸是由物理变化（温度、体积和压力等因素）引起的，是物质的状态发生急剧转化，爆炸后物质化学成分不变。锅炉的爆炸就是典型的物理爆炸，其原因是过热的水迅速蒸发出大量蒸汽，使蒸汽压力不断提高，当压力超过锅炉的极限强度时，就会发生爆炸。高压气瓶爆炸也属于物理爆炸。

（二）化学爆炸

化学爆炸是由于物质的化学变化引起的爆炸，爆炸后物质化学成分发生改变。例如，炸药爆炸、放鞭炮、井下煤尘和瓦斯爆炸等都属于化学爆炸。

根据引起化学爆炸物质组成，可将化学爆炸分为以下几种：

1. 简单分解爆炸

简单分解爆炸，是由能发生简单分解反应的物质在反应过程中产生热量和气体而形成的。属于这一类的有乙炔银、乙炔铜、碘化氮、氮化铅等。这类容易分解的不稳定物质，其爆炸危险性是很大的，受摩擦、撞击，甚至轻微振动即发生爆炸。

如氮化铅受摩擦或撞击时发生如下分解爆炸：

$$pb\ (N_3)_2 \rightarrow pb + 3N_2 + Q$$

2. 复杂分解爆炸

复杂分解爆炸，是由能发生复杂分解反应放出热量和气体的一类物质引起的。这类物质包括各种含氧炸药，其危险性较简单分解的爆炸物稍低。含氧炸药在发生爆炸时会伴有燃烧反应，反应所需的氧由该物质本身分解时供给。苦味酸、梯恩梯、硝化棉等炸药都属于此类。

如梯恩梯爆炸时发生如下分解反应：

$$C_7H_5\ (NO_2)_3 \rightarrow CO_2 + CO + H_2O + H_2 + N_2 + NH_3 + C$$

3. 可燃性混合物爆炸

可燃性混合物爆炸，是由可燃物质与助燃物质相混合生成的爆炸性混合物发生反应所引起的。包括可燃气体、蒸汽和可燃粉尘与空气（或氧气）组成的混合物。

如一氧化碳与空气混合发生如下爆炸反应：

$$2CO + 2O_2 + N_2 \rightarrow 2CO_2 + N_2 + O_2$$

（三）核爆炸

核爆炸是由核裂变或核聚变反应引起的爆炸。核爆炸放出的能量要比炸药爆炸放出的能量大得多，一般相当于约数万吨到数千万吨梯恩梯炸药爆炸放出的能量。而且核爆炸作用包括冲击波、光辐射、穿透辐射和放射性污染四个作用，因此破坏力也要比其他类型爆炸大得多。

本书中民用爆炸物品的爆炸属于化学爆炸。

二、爆炸极限

可燃气体、蒸汽或粉尘与空气（或氧气）构成的混合物，存在有一个发生燃烧和爆炸的浓度范围，即有一个最低浓度和最高浓度，只有在这两个浓度界限之间，遇着火源，混合物中的可燃物才会有燃爆危险，这个浓度范围称为爆炸极限（或爆炸浓度极限）。

可燃物质的爆炸极限受诸多因素的影响，如可燃气体的爆炸极限受温度、压力、氧含量、能量等影响。可燃粉尘的爆炸极限受分散度、湿度、温度和惰性粉尘等影响。可燃性混合物能够发生爆炸的最低浓度和最高浓度，分别称为爆炸下限和爆炸上限。可燃性混合物处于爆炸下限和上限时，爆炸所产生的压力不大，温度不高，爆炸威力也小。当可燃物的浓度大致相当于反应当量浓度时，具有最大的爆炸威力。可燃性混合物的爆炸极限范围越宽，即爆炸下限越低和爆炸上限越高时，其爆炸危险越大。这是因为爆炸极限越宽，出现符合爆炸条件的机会就多；爆炸下限越低，则少量可燃物（如可燃气体稍有泄漏）就会形成爆炸条件；爆炸上限越高则有少量空气涌入容器，就能与容器内的可燃物混合形成爆炸条件。生产过程中，应根据各种可燃物所具有爆炸极限的不同特点，采取严防“跑、冒、滴、漏”和严格限制外部空气渗入容器或管道内的安全措施。

应当指出，可燃性混合物的浓度高于爆炸上限时，虽然不会着火和爆炸，但当它从容器或管道里逸出，重新接触空气时却能燃烧，引发火灾。

三、炸药爆炸的特征

在爆破实践中，我们看到炸药爆炸瞬间，产生火光，出现烟雾，发出巨响，形成“爆炸风”，把岩石炸碎、炸飞，把各种材料毁坏、炸断，破坏建筑物以及杀伤人、畜等状况。

炸药爆炸时出现上述现象，是由炸药的内在因素决定的。分析以上现象可以看出：火光表明炸药爆炸过程放出大量的热而发光；爆炸瞬间完成表明爆炸过程的反应速度极快；烟雾表示炸药爆炸过程中有大量的气体产生，而高压气体的迅速膨胀就产生了各种破坏作用。由此可知，炸药爆炸过程具有三个基本特征，即反应是放热的、过程是高速的、生成气态产物。这三个特征就构成炸药爆炸的三要素，三者相互关联，缺一不可。

（一）爆炸反应放出大量的热量

爆炸化学反应过程中放出热量，这是炸药爆炸的首要条件。有了这个条件，反应才能自行传播。因为要使分子产生化学反应，首先必须供给能量使其活化，如果反应不具有放热性，那么前层分子在外界能量作用下发生反应后，便没有能量去激发下一层分子反应，反应便不能自行传播下去，因此不具备爆炸特征。

反应放出的热量是爆炸做功的能源，它是炸药爆炸做功能力的标志。1 千克炸药爆炸所放出的热量称为爆热。爆炸气体产物能达到的最高温度称为爆温。1 千克常用炸药爆炸后放出的热量可达 1675～6280 千焦，其爆温可达 1500～4500℃。在其他条件相同时，爆热大的炸药，威力就大。

（二）爆炸过程的速度极快

爆炸过程的高速度是炸药爆炸的必要条件，它是区别于一般化学反应过程的最重要标志。

与一般燃料相比，单位质量的炸药所含的热量并不高，如梯恩梯所含热量只有同样质量煤块热量的一半。煤块在空气中燃烧时，可以放出大量的热量，并生成气体，但因反应速度慢，产生的热量气体已散失而不能集中，所以不会产生爆炸。如果将煤块粉碎成极细的煤粉并均匀悬浮在空气中，这时遇火后便能产生爆炸。这是由于煤粉能与氧气充分接触，点火后反应非常迅速的缘故。

炸药爆炸是在瞬间完成的。如 1 千克梯恩梯完全爆炸只需十万分之一秒的时间；1 千克硝铵炸药完全爆炸时最多也不过十万分之三秒的时间。在这样短的时间内，爆炸产物来不及膨胀，放出的能量集中在原来炸药所占有的体积内，维持很高的能量密度，爆炸产物在极短的时间内将这些集中的能量传给周围介质，因而使炸药爆炸具有巨大的功率。

（三）爆炸生成大量的气体产物

因为炸药爆炸时对周围介质做功是通过高温高压气体的迅速膨胀来实现的，因此在反应过程中有大量气体产物的生成也是炸药爆炸的重要条件。1 千克常用炸药爆炸后所生成的气态产物在标准状态下（101325Pa，273K）所占有的体积为 600～1000 升，这就是炸药的爆容。这些气体的体积相当于炸药爆炸前体积的几百倍。例如，1 千克硝铵炸药爆炸后，骤然生成的气体体积，在标准状态下，要比原体积大 850～950 倍。这些爆炸产生的气体产物，是在爆炸瞬间变化生成的，大量气体产物来不及排走，其热量也还来不及散失传开，因此大量的气体仍占有原来炸药所占的容积，又被加热到高温，而形成高温高压气体，压力（爆压）可达数十万个大气压。当这种高温高压气体迅速膨胀时，就能够对周围产生猛烈的冲击作用，使周围物质受到破坏。在其他条件相同时，生成气体产物多的炸药，威力就大。

综上所述，一般同时具备放热性、快速性和生成气体三个特征的反应过程，才具有爆炸性。放热性给爆炸提供了能源，快速性则使能量集中，生成的气体是能量转换的工作介质。炸药爆炸的三个基本特征是炸药所具有的特殊本性，也是炸药区别于其他物质的根据。所以凡是受到外力作用会立即引起高速化学反应，并能产生大量气体和热量的物质，都可称为炸药①。

四、炸药化学反应的几种方式

随着激起化学反应的方式，反应进行的环境条件不同，同一种炸药也可有不同形式的化学反应变化。这些不同形式的化学反应方式其实质只是反应速度不同，因而造成了生成产物和作用性质不同。炸药的化学反应方式，一般有热分解（缓慢分解）、燃烧和爆轰三种。

（一）热分解（缓慢分解）

在常温下，炸药也能发生热分解。环境温度对热分解的影响较大。反应一般都伴有热量放出，如果放出的热量不能及时散失，就会使炸药的温度不断升高，并促使反应速度加快，放出更多的热量，这样的热量积累与连锁反应加快，会导致炸药的燃烧和爆炸。另外，炸药在热分解初期形成的产物中，往往还具有对反应起催化作用的物质，这样即使外界不对炸药加热，反应的速度也往往逐渐增快，因而又产生更多的催化剂产物，从而使反应自动地加快，这就是反应的自动催化加速现象，这种自动催化加速反应是很危险的。如含有硝酸甘油成分的火药仓库自动着火，往往与这种反应有关。因此对于这一类炸药的保管，应特别注意仓库的通风，并严格规定其使用期限，还要注意到炸药的安定性。

炸药的安定性包括物理安定性和化学安定性。

炸药的物理安定性是指炸药保持其物理性质不变的能力。它取决于在各种影响因素下炸药的物理变化。如吸湿、挥发和保持机械强度等的能力。这些因素都能直接改变炸药的爆炸性能。如黑火药很容易吸湿，当含水量为2~4%时，点火困难，燃速减慢；当含水量达15%以上时便失去燃烧性能。又如“易冻”的胶质炸药，当温度降到8~10℃时就会“冻结”，这种情况下非常危险，只需受到轻微的撞击和摩擦就会发生爆炸。

炸药的化学安定性是指炸药保持其化学性质不变的能力。它主要取决于炸药的化学结构和外界环境条件的影响。如受酸、碱、杂质、光照、湿度、温度的影响。例如，梯恩梯炸药在常温下不与水及强酸作用，但与氢氧化钠、氨水、碳酸钠等碱性物质及其水溶液能发生激烈反应，生成的碱金属盐极为敏感，其撞击感度几乎与雷汞和叠氮化铅类似。

（二）燃烧

炸药燃烧是一种剧烈的放热发光的化学反应。炸药燃烧与一般燃料不同，本身含有氧化剂和可燃剂，不需要空气中的氧就能进行燃烧反应。相对于爆轰来讲，炸药燃烧过程进行得比较缓慢。如果将炸药放在空旷地上，铺成松散的薄层，然后再把炸药点燃，它将平静燃烧。通常燃烧速度在每秒几毫米到数百米之间。炸药燃烧速度受外界条件压力的影响很大。它随外界压力的升高而显著增加，燃烧过程在大气中就进行得较慢，而且没有显著的声响效应。而在有限的容器中，燃烧过程就进行得很快，有明显的音响效应，而且压力迅速上升，其气态产物能做抛射功。燃烧是炸药爆炸变化的主要形式，炸药特别激烈地燃烧常称为“爆燃”，是介于燃烧和爆轰之间的现象。

---

① 殷英华，蔡少铿，刘金星．危险物品管理教程［M］．北京：中国人民公安大学出版社，2012.

（三）爆轰

爆轰是一种比燃烧更剧烈的化学物理变化，它是以爆轰波的形式沿着炸药高速地自行传播的现象，一般每秒数百米到千米。爆轰传播的速度受外界的影响很小，无论是否在密闭容器中，爆轰气体产物都急剧地冲击周围介质，导致爆炸点附近物体的破碎和强烈变形。爆轰可以分为高速爆轰与低速爆轰，高速爆轰是指爆速在 3000~8000 米/秒，而低速爆轰是指爆速在 2000~2500 米/秒的爆轰现象。

炸药爆轰分为稳定爆轰和不稳定爆轰两种。传播速度稳定不变的，称为稳定爆轰；传播速度变化的，称为不稳定爆轰，它在传播过程中的能转变为稳定爆轰，也可能转变为燃烧或熄灭。燃烧和爆轰是相互联系的，炸药燃烧的稳定性被破坏以后，燃烧就有可能转变为爆轰，这对于公安机关销毁民用爆炸物品显得十分重要，要避免炸药在烧毁过程中转变为爆炸①。

应该指出的是，炸药的上述三种化学反应形式是可以相互转化的。在一定条件下，缓慢分解会导致炸药的燃烧，而燃烧又可以转化为爆轰，爆轰有时也可以转化为燃烧，甚至熄灭。

五、炸药的主要性能参数

炸药的种类很多，爆炸性能各不相同，这就需要有统一的性能参数来衡量炸药的主要爆炸特性，以便正确评定炸药的性能。

炸药的主要性能参数有爆热、爆容、威力、猛度、爆速、感度、氧平衡和殉爆距离等。

（一）炸药的爆热

炸药的爆热，是指单位质量的炸药在爆炸反应过程中放出的热量②。它是炸药对外做功能力大小的重要标志量。炸药爆热越大，表示炸药对外做功能力越大。常用猛炸药的爆热为 3000~9000 千焦/千克。混合炸药爆热为 3000~4000 千焦/千克。部分常见炸药的爆热值见表 4-1 所示。

表 4-1　**部分常见炸药爆热实测值**

炸药种类	密度 ρ（克/厘米^3）	爆热 Qv（千卡/千克）（液态水）
梯恩梯	1.5	1010
梯恩梯	0.85	810
黑索金	1.5	1290
黑索金	0.95	1270
苦味酸	1.5	980
苦味酸	1.0	910
特屈儿	1.55	1090

① 董青青，盛虎. 危险物品安全管理［M］. 北京：群众出版社，2007.

② 殷英华，蔡少铿，刘金星. 危险物品管理教程［M］. 北京：中国人民公安大学出版社，2012.

（二）炸药的爆容

爆容是指单位质量的炸药爆炸时所生成的气体产物在标准状态（101325Pa，273K）下所占据的体积，又称比容①。由于气体产物是爆炸所放热量转变为机械功的介质，因而爆容也是爆炸对外做功能力的一个标志。常见炸药的爆容如表 4-2 所示。

表 4-2　**常见炸药的爆容**

炸药名称	比容（L/Kg）	炸药名称	比容（L/Kg）
黑火药	280	泰安	780
梯恩梯	695	硝酸甘油	715
特屈儿	710	雷汞	300
黑索金	890	硝酸铵	980

（三）炸药的威力（或称爆力）

炸药的威力（或称爆力）是指炸药爆炸时做功的能力②。就爆破岩石而言，炸药的威力通常表现为炸下的石方量的多少。炸药的威力越大，破坏的范围和体积就越大。威力取决于炸药爆炸时所产生的气体和热量的多少。爆热越大、气体量越多则爆炸威力越大。威力通常用铅铸扩孔法测定，即以一定量（一般为 10 克）的炸药，装于铅铸的圆柱形孔内爆炸，爆炸后，铅铸的圆柱形孔被扩成梨形孔，以爆炸前后铅铸孔的体积差（毫升计）作为威力数值。几种常用猛炸药的威力值如表 4-3 所示。

表 4-3　**猛炸药威力值③**

炸药名称	密度（克/立方厘米）	威力（毫升）
硝酸甘油	1. 60	600
梯恩梯	1. 50	285
梯恩梯	1. 60	300
黑索金	1. 70	600
泰安	—	580

（四）炸药的猛度

炸药的猛度是指炸药爆炸时粉碎与它接触的物体的能力，也是指炸药的局部破碎作用。猛度越大，对周围介质的粉碎破坏程度越大④。比如梯恩梯比硝铵炸药的猛度大，从爆炸案件的勘验与取证中可以看出，梯恩梯炸药爆炸，被炸的人体损伤严重，多出现粉碎性的炸碎伤、撕裂伤；硝铵炸药爆炸时，发出的响声比梯恩梯低沉，被炸伤的人体损伤、炸裂、粉碎

① 殷英华，蔡少铿，刘金星．危险物品管理教程［M］．北京：中国人民公安大学出版社，2012.
② 刘金星．危险物品管理教程［M］．河南：河南人民出版社，2003.
③ 王百姓，刘金星，申玉瑞．爆炸物品使用与管理［M］．河南：河南科学技术出版社，1991.
④ 刘金星．危险物品管理教程［M］．河南：河南人民出版社，2003.

程度比梯恩梯轻，但烧灼和烟熏痕迹则比梯恩梯重。

就爆破岩石而言，猛度通常表现为粉碎岩石的能力，炸药猛度越大，炸出的岩石就越碎。猛度主要与炸药的爆速有关，爆速越大，猛度也越大。常讲“快”而“猛”就是这个意思。炸药的猛度通常用铅柱压缩法进行实验测定，将被试炸药（一般取 50 克）置于铅柱上，装药爆炸后，铅柱被压缩成蘑菇形，高度减小，以其爆炸被压缩后减小的数值（毫米计）来表示炸药的猛度。也有用砂试法，测其爆碎砂量来表示的。几种常用猛炸药的猛度值如表 4-4 所示。

表 4-4　**猛炸药的猛度值①**

炸药名称	密度（克/立方厘米）	猛度（毫米）
硝酸甘油	—	22. 5~23. 5
梯恩梯	—	12. 5~16
黑索金	1. 67	25
泰安	—	23~25

（五）炸药的爆速

炸药的爆速是指炸药爆炸时，爆轰波沿炸药内部直线传播的速度②。炸药的爆速以米/秒（m/s）为单位，它是炸药的主要性能指标。爆速主要与炸药的性质有关，同时还受许多因素的影响，如起爆能的大小，装药的直径，外壳材料的强度，以及炸药的装填密度或压药密度等。

爆速的测定方法有导爆索法，高速摄影法等。常用炸药的爆速每秒约 3000~8500 米/秒。几种常用猛炸药的爆速值如表 4-5 所示。

表 4-5　**常见猛炸药的爆速③**

炸药名称	密度（克/立方厘米）	爆速（米/秒）
硝酸甘油	1. 60	7450
梯恩梯	1. 60	6856
黑索金	1. 76	8660
泰安	1. 72	8083
奥克托金	1. 85	8917

（六）炸药的感度

炸药是一种能够在外界作用下发生爆炸变化的相对稳定的物质。在通常条件下，炸药具有一定的稳定性，要引起炸药发生爆炸变化必须给予一定的外界作用。能够引起炸药爆炸变

① 王百姓，刘金星，申玉瑞．爆炸物品使用与管理［M］．河南：河南科学技术出版社，1991.

② 刘金星．危险物品管理教程［M］．河南：河南人民出版社，2003.

③ 王百姓，刘金星，申玉瑞．爆炸物品使用与管理［M］．河南：河南科学技术出版社，1991.

化的外界作用能量称为起爆能，起爆能主要有机械能（冲击、摩擦、针刺等）、热能（加热、火焰、火花等）、电能（电热、电火花）、炸药的爆炸能（雷管、扩爆药的爆炸等）以及光能等。

炸药在外界作用下，发生爆炸反应的难易程度称为炸药的感度，也就是指炸药对外界起爆能的敏感度。容易引起爆炸的称为感度大或敏感，难以引起爆炸的称为感度小或钝感。不同的炸药对外界作用的感度是不一样的，有些炸药只要受到轻微的外界作用，就会发生爆炸，如雷汞受轻微的冲击即能爆炸；而有的炸药在强烈的外界作用下，也不发生爆炸，如常用的梯恩梯，当半自动步枪的子弹在 25 米处击穿它时也不发生爆炸。

研究炸药的感度具有重要的实际意义，无论是炸药的生产、运输、储存和使用，都必须对它的感度有充分的了解，以便合理使用炸药，采取适当的措施，保证操作安全，避免意外事故的发生。

炸药对不同形式起爆能的感度，是用实验方法测定的，主要有热感度、机械感度和爆轰感度等。

1. 炸药的热感度

炸药在热能作用下，发生爆炸反应的难易程度，称为炸药的热感度。炸药的热感度通常以爆发点和火焰感度表示。

（1）爆发点。

在一定时间内均匀加热炸药到爆炸所需的外界最低温度为爆发点。爆发点分为 5 分钟和 5 秒钟两种，能使炸药在 5 分钟内发生爆炸变化的最低温度称为 5 分钟爆发点；能使炸药在 5 秒钟内发生爆炸变化的最低温度称为 5 秒钟爆发点。爆发点愈高，表明炸药的热感度愈小。

炸药的爆发点是通过实验测定的。测定时，把装有一定量炸药（火药、猛炸药取 0.05 克、起爆药取 0.01 克）的铜试管插进熔化的低熔合金中，记录从试管插入到炸药爆炸的时间，在不同温度下进行一系列试验，测出炸药在 5 分钟（或 5 秒钟）内的爆发点。

（2）火焰感度。

火焰感度，表示炸药用火焰点燃时的难易程度。火焰感度的表示方法和实验方法种类较多，最简单的一种方法是用密闭火焰感度仪测定。在一定条件下，用黑火药燃烧时喷出的火焰或火星作用在炸药的表面上，观察是否发火，以火焰感度的上下限来表示。上限是指炸药百分之百发火的最大距离，下限是百分之百不发火的最小距离。上限大则炸药的火焰感度大。火焰感度主要用于起爆药，对于起爆药，若比较其准确发火难易程度，应比较上限。

2. 炸药的机械感度

炸药在机械能作用下，发生爆炸反应的难易程度，称为炸药的机械感度。这个机械能包括冲击、摩擦等几种形式。

（1）冲击感度。

在机械冲击力作用下，引起炸药爆炸的难易程度，称为炸药的冲击感度。它是炸药对机械作用的感度之一。冲击力能使炸药局部加热，从而引起炸药的爆炸。冲击感度的高低，反映出炸药对外界冲击能量的敏感程度。冲击感度高，表明炸药遇冲击则易引起爆炸，反之，如果冲击感度低，则说明炸药对冲击能量的敏感程度低，遇冲击不易引起爆炸，炸药比较安全。

猛炸药的冲击感度通常用立式落锤试验仪测定。测定时，将被测试炸药（一般 0.05

克）放入一对砧子中间，将 10 千克重锤提起 25 厘米，然后让重锤自由落下，以试验 50~100 次所得的爆炸百分数来表示炸药的冲击感度。起爆药的冲击感度的试验方法与猛炸药的基本相同，只是落锤仪的强度较猛炸药用得小，且落锤较轻，锤重一般为 400 克，被试起爆药重 0.02 克。起爆药的冲击感度一般用上、下限来表示。上限为 100%爆炸的最小落高，下限为 100%不爆炸的最大落高。

（2）摩擦感度。

在机械摩擦作用下，引起炸药爆炸的难易程度，称为炸药的摩擦感度。炸药摩擦感度的测试方法很多，我国普遍采用摆式摩擦仪测定。测定时，取一定量的炸药放在两滑块之间，并以一定的压力施于下滑块，使炸药被压紧，将摆锤提到一定的高度后，再让其自由摆下，冲击击杆，推动上滑块滑动，观察炸药是否爆炸。如此平行试验 25 次，计算爆炸百分数。爆炸百分数愈高，则摩擦感度愈高。

3. 炸药的爆轰感度

炸药在爆轰波的作用下，发生爆炸变化的难易速度，称为炸药的爆轰感度。炸药的爆轰感度通常以极限起爆药量（简称极限药量）表示。使 1 克猛炸药完全爆轰所需起爆药的最小药量称为极限起爆药量。极限药量愈小，说明炸药爆轰感度愈高；反之，所需爆药量大，炸药的爆轰感度就低。例如，用雷汞作起爆药时，硝酸甘油的爆轰感度比梯恩梯高。对一种猛炸药而言，起爆药不同则极限药量也不同。显然，极限药量既可表示猛炸药的爆轰感度，又可表示起爆药的起爆能力。

4. 影响炸药感度的因素

影响炸药感度的因素很多，除炸药本身化学性质影响以外，主要有以下几个方面：

（1）炸药的初温。

随着炸药的初温升高，炸药的各种感度增大。其原因是温度升高时，炸药分子间相对振动增加，使分子中各原子键的强度减弱；温度升高，化学反应速度也加快，因而容易引起爆炸。

（2）炸药的物态。

炸药由固态变为液态时，感度增大。其原因：一是固体炸药在较高温度下熔化为液态，在液态时分解速度要比在固态时大几十倍；二是固态熔化为液态需要吸收熔化潜热，即液态比固态具有较高的内能；三是液态时有较高的蒸气压易于爆燃。

（3）炸药的晶型。

炸药的晶型不同，其感度也不同。如氮化铅，长针状结晶就比短柱结晶机械感度大。

（4）炸药的晶体尺寸和颗粒度。

炸药的晶体尺寸和颗粒度愈小，其爆轰感度越大。因为炸药的晶体或颗粒越小，比表面积就越大，接受爆轰产物的能量也越大，因而容易引起爆炸反应，且有利于爆轰的传播。

（5）装药密度和物理结构。

装药密度增大，爆轰感度减小，有的炸药当装药密度过大时会出现“压死”现象。同一种炸药，物理结构不同，感度也不一样。如梯恩梯炸药，密度相同时压装的比铸装的爆轰感度大，其原因是铸装装药结构致密，爆轰产物的能量不易被其吸收，所以不容易起爆。

（6）附加物。

炸药中附加物能使其感度增大或减小。使炸药感度增大的物质称为敏感剂；使炸药感度降低的物质称为钝感剂。加入硬度大于炸药硬度的物质，如铁屑、砂子等，会使炸药的感度增加；加入硬度小于炸药硬度的物质，如油类、石蜡等，能使炸药的感度下降。

（七）炸药的氧平衡

炸药除少数是无机物外，一般都是有机物质，这些有机物不管是单质还是混合物，主要含有碳（C）、氢（H）、氮（N）、氧（O）四种元素，其中碳、氢是可燃元素，氧是助燃元素，氮是载氧体，相对于氧来讲，氮较为惰性，较少参与反应。一般炸药爆炸过程的实质就是可燃元素与助燃元素发生极其迅速的氧化燃烧反应的过程，反应的结果是氧与氢化合生成水（H_2O），氧与碳化合生成一氧化碳（CO）、二氧化碳（CO_2）。由此可见，可燃元素与助燃元素之间的比例关系直接影响爆炸反应方程式的组成，即直接影响爆炸产物的组成及体积的大小，它们之间的关系用炸药的氧平衡来表示。

表示炸药实际含氧量与炸药中碳及氢完全氧化所需氧量之间的相差程度，称为氧平衡，用 Ω 表示。

将含有 C、H、N、O 四种元素的有机炸药用通式 $C_aH_bN_cO_d$表示，式中 a、b、c、d 分别表示一分子炸药中 C、H、N、O 四种元素的原子数，根据氧平衡的定义，氧平衡的通式可用下式表示：

$$\Omega=d-\left(2a+\frac{b}{a}\right)$$

上式中：

若 Ω>0，炸药中的氧完全氧化可燃元素后还有剩余，则称为正氧平衡。

若 Ω=0，炸药中的氧正好能完全氧化可燃元素，则称为零氧平衡。

若 Ω<0，炸药中的氧不足以完全氧化可燃元素，则称为负氧平衡。

氧平衡除以上直接用原子数表示外，还可以用每克炸药中氧多余或不足的克数来表示：

$$\Omega=\frac{16\times\left[d-\left(2a+\frac{b}{2}\right)\right]}{M}$$

上式中：

M 为炸药的分子量；

16 为氧的原子量。

上式适用于单质炸药氧平衡的计算，也可推广应用于混合炸药氧平衡的计算。计算混合炸药氧平衡时，将混合炸药中各组分的重量百分比分别乘以它们的氧平衡值（带符号），然后求它们的代数和，即为该混合炸药的氧平衡。

【例题】：

计算梯恩梯炸药的氧平衡。梯恩梯的分子式为 $C_6H_2(NO_2)_3CH_3$。

解：

梯恩梯的分子量 $M=227$

梯恩梯的分子式中：$a=7$，$b=5$，$d=6$

$$\Omega_{TNT}=\frac{16\times\left[6-\left(2\times7+\frac{5}{2}\right)\right]}{227}=-74\%$$

研究炸药氧平衡具有重要的理论和实际意义，主要表现在以下几个方面：

一是零氧或接近零氧平衡的炸药放出的热量最多，做功能力最大。

二是零氧或接近零氧平衡的炸药爆炸时产生的有毒气体最少。正氧平衡的炸药，爆炸时产生有毒的氧化氮气体；负氧平衡的炸药爆炸时产生有毒的一氧化碳气体。

三是氧平衡在爆轰参数的理论计算中占有重要意义，对于单质负氧平衡炸药的爆速可采用下述公式进行广计算：

$$D=2509+13.25\Omega+3793\rho+12.8\Omega\rho$$

上式中：

D 为炸药的爆速（m/s）；

ρ 为炸药的装填密度（g/cm^3）；

Ω 为炸药的氧平衡（%）。

四是氧平衡是混合炸药配方设计的重要依据。当混合炸药组分确定之后，各组分配比原则是使混合炸药达到零氧平衡或接近零氧平衡。

（八）炸药的殉爆

炸药爆炸时，引起与它不相接触的邻近炸药爆炸的现象叫做殉爆。先爆炸的炸药称为主发装药，被诱爆的炸药称为被发装药。主发装药爆炸后，能引起被发装药爆炸的最大距离称为殉爆距离。炸药的殉爆能力用殉爆距离（R）表示。

1. 殉爆的原因

（1）主发装药爆轰产物的冲击作用。

当两装药间的介质密度不是很大，而且两装药距离又较接近时，主发装药的爆轰产物就能直接冲击被发装药，在爆轰产物的冲击与加热作用下，可引起被发装药的爆炸。

（2）主发装药爆轰时所抛出物体的冲击作用。

如主发装药的外壳破片、主发装药爆轰时形成的金属射流等冲击到被发装药时，可引起被发装药的爆炸。

（3）主发装药爆轰时产生的冲击波作用。

主发装药爆轰时，在其周围介质中形成冲击波，冲击波在传播时，其强度将不断衰减，如果传到被发装药时冲击波仍具有足够的强度，就能引起被发装药的爆炸。

在实际条件下，炸药殉爆的产生，可能是以上两种或三种因素的综合作用。具体条件不同，产生的原因也不同。

2. 影响殉爆的因素

（1）主发装药的药量及性质。

主发装药的药量、爆热、爆速愈大，引起殉爆的能力就愈大。这是因为主发装药的能量高、爆速大、药量多时，形成的冲击波的压力和冲量大的缘故。主发装药的起爆能力愈大，引起殉爆的距离也就愈大。

（2）被发装药的爆轰感度。

被发装药的爆轰感度愈大，愈易引起爆轰，所以殉爆的距离也就愈大。

（3）两装药之间相隔的介质。

介质不同，殉爆距离（R）也不一样。例如，$R_{空气}>R_{水}\geq R_{土}\geq R_{沙}$。因为砂、土等介质使冲击波衰减的能力强，它们隔在装药之间，使殉爆距离减小。因此在炸药仓库和危险性大的工房和实验室周围，常常筑一道土围墙，这样可大大缩小它们之间或它们与其他建筑物之间的距离，从而减小占地面积。

研究殉爆现象具有重要的实际意义。在炸药生产中，各工序之间，各工作岗位之间；在炸药储存中，仓库与仓库之间的距离都应合乎安全距离的要求，以免因一处爆炸而引起邻近各处炸药产生的殉爆而增加损失。

六、常见炸药、火工品

（一）炸药的分类

目前炸药的品种很多，它们的组成成分、爆炸性质、作用特点各不相同。炸药分类方法主要有两种：一种是按炸药的用途进行分类，另一种是按照炸药的组成成分来分类。

1. 按用途分类

按照炸药在实际应用中的作用，可分为起爆药、猛炸药（或称破坏药）、火药（或称发射药）和烟火剂四大类。

（1）起爆药。

起爆药是用以起爆猛炸药的药剂。起爆药的特点是感度高，在比较小的外界作用（如加热、摩擦、撞击等）下就能引起爆炸。起爆药主要用于制作起爆器材，如用于雷管和火帽中。

常用的起爆药有：氮化铅、雷汞、二硝基重氮酚、斯蒂酚酸铅等。

（2）猛炸药。

猛炸药爆炸时，对周围介质有强烈的机械破坏作用，爆炸威力大，在工程爆破中常被称为破坏药。猛炸药是爆破工程中最基本、最常用的炸药类型。同起爆药相比，猛炸药的感度较低，只有在较大的外界作用下才能发生爆炸，在实践中通常用起爆药来引爆。

常用的猛炸药有：梯恩梯、黑索金、泰安、奥克托金、硝酸甘油、硝铵混合炸药等。

（3）发射药。

发射药又称火药。其特点是对火焰的感度极高，遇火能迅速燃烧而燃烧产生高温高压气体，对弹丸做抛射功，或者点燃其他的药剂。因此发射药适用于军事上发射炮弹和火箭等。

发射药又分为胶质火药和机械混合火药两类。胶质火药常用的是硝化棉火药、硝酸甘油火药；机械混合火药常用的是黑火药和高分子复合火药。胶质火药、高分子复合火药常用作发射药，黑火药常用作点火药和延期药。在民用方面，常用的火药为黑火药，用于制作导火索、点火药、延期药和烟花爆竹等。

（4）烟火剂。

烟火剂是指具有不同烟火效应的各种药剂。按用途分为：照明剂、信号剂、曳光剂、燃烧剂、发烟剂等，它们在燃烧时发出相应的烟火效应。烟火剂通常是机械混合物，主要成分为氧化剂和可燃剂，此外尚有一些专门用途的附加物，如烟花中的火焰着色剂、啸声剂、钝火剂、胶合剂等。在军事上，烟火剂主要用来装填照明弹、信号弹、曳光弹、烟幕弹等。在民用中，烟火剂主要用来制作民用信号弹和各种烟花。

2. 按组成成分分类

按照炸药的组成，可将炸药分成单质炸药和混合炸药两大类。

（1）单质炸药。

单质炸药称为爆炸化合物，是一种单组分的炸药。属于单质炸药的有：硝酸甘油、泰安、梯恩梯、黑索金以及雷汞、氮化铅等。

（2）混合炸药。

混合炸药又称爆炸混合物，它至少有两种独立的化学成分组成。

混合炸药的组成成分通常有三种：一是氧化剂，它是一种含氧丰富的成分，其本身可以是非爆炸性的氧化剂，也可以是含氧丰富的爆炸化合物。如硝酸钾、硝酸钡等。二是可燃物，它是一种不含氧或含氧较少的可燃物质。其本身可以是非爆炸性的可燃物，也可以是缺氧的爆炸化合物。如硫、磷、木粉等。三是附加物，它是为了某些目的而加入的物质。例如：加入某些附加物用以改善炸药的爆炸性能、安定性能、成型性能以及抗潮湿性能等。附加物本身可以是非爆炸性物质，也可以是爆炸性物质。如食盐、石蜡、二苯胺等。

属于混合炸药的有：硝酸盐类炸药、氯酸盐类炸药、硝酸甘油类的胶质炸药及硝铵炸药等。

（二）常见炸药的主要性能和用途

1. 起爆药的主要性能和用途

（1）雷汞。

雷汞又名雷酸汞，是由汞（水银）、硝酸、乙醇（酒精）等化合而成。雷汞为白色或灰色单个结晶，有毒；雷汞难溶于水，受潮后爆炸性能减弱，当含水分10%时，只能燃烧不能爆炸；雷汞含水30%时，则不能燃烧。雷汞在常温下安定性很好，但温度稍高时即可发生分解，其5分钟爆发点为170~180℃；密度为3.3克/立方厘米的雷汞的爆速为4500米/秒。

雷汞主要用于手榴弹、航弹的引信，以及工程爆破雷管中的起爆药，还可以与氯酸钾、硫化锑共同组成混合药，做火帽的激发药。

（2）叠氮化铅。

叠氮化铅简称氮化铅，分子式为$Pb(N_3)_2$，是由氮化钠与硝酸铅（或醋酸铅）化合制成。

叠氮化铅为细小的结晶物质，纯的为白色，工业品为微粉红色。叠氮化铅常见的有α、β两种晶型。α型氮化铅是一种短柱晶体颗粒，具有良好的耐压性和安定性，爆轰成长快，起爆能力强，常用作多种雷管的装药；β型氮化铅是针状晶体，在晶体成长过程中存在不安定的自爆现象。叠氮化铅对冲击、摩擦和热的感度比雷汞迟钝得多，但起爆能力比雷汞大4~9倍，其的5分钟爆发点约为315℃。当叠氮化铅密度为4.0克/立方厘米时，爆速为5100米/秒。叠氮化铅毒性较小。

（3）二硝基重氮酚。

二硝基重氮酚，代号DDNP。它由苦味酸、碳酸钠、硫化钠、亚硝酸钠和盐酸等原料制成。

纯净二硝基重氮酚为黄色针状晶体。二硝基重氮酚由于制造方法和工艺条件不同，其结晶主要有土黄、棕黄、深棕、黄绿、紫红等各种颜色的成品，结晶形状有针状、片状、梅花状等。二硝基重氮酚微溶于水，工业品吸湿性小，吸湿后，二硝基重氮酚的起爆能力无大的变化。干燥的二硝基重氮酚与铁、铜、锌、镁、锡、铝等金属均无作用，潮湿的情况下，对金属均有一定的腐蚀作用。二硝基重氮酚火焰感度略低于雷汞，冲击感度也低于雷汞，它的5分钟爆发点为170~173℃，当密度为1.6克/立方厘米时，爆速为6900米/秒。二硝基重氮酚的起爆力很大，较雷汞高约一倍。二硝基重氮酚有毒。

二硝基重氮酚目前主要用于工业雷管中作起爆药。

2. 猛炸药主要性能和用途

（1）梯恩梯（TNT）。

梯恩梯的又名为三硝基甲苯，代号 TNT。它是由浓硝酸和浓硫酸制成的混酸对甲苯进行硝化而制得。

梯恩梯是淡黄色针状晶体，工业品呈鳞片状，熔点为 80.2℃，可与黑索金、泰安等形成熔合炸药。梯恩梯难溶于水，吸湿性很小，块状 TNT 可直接用于水中爆破。梯恩梯受日光照射后颜色变暗，感度增大。梯恩梯在常温下是脆性物质，温度升高就逐渐变成有塑性物质。在高温状态下梯恩梯炸药比其他猛炸药更为敏感。梯恩梯的安定性好，可以长期储存。在常温下储存数十年，其性质不变。

梯恩梯的 5 分钟爆发点为 290~295℃；爆轰感度中等，压制的梯恩梯用 8 号雷管可起爆，熔铸的不能用 8 号雷管起爆，必须加传爆药柱才能起爆。

梯恩梯有毒、味苦。梯恩梯可通过人体的皮肤、呼吸道、消化道侵入人体内而引起中毒，其中最易因皮肤接触梯恩梯而引起中毒。梯恩梯进入人体，可使血液中形成大量的血红蛋白，造成不同程度的溶血及组织缺氧，致使中枢神经系统、心血管系统机能发生严重障碍，其早期出现的症状有食欲不振、口苦、恶心、呕吐、倦怠无力、头痛、头晕，随着病情进展，可出现胸闷、气促、心悸、口唇发绀、呼吸困难等症状。急性中毒可伴有发热、脉频、耳鸣及指甲紫绀，严重者可出现昏迷、痉挛等症状。慢性中毒者常出现神经系统症状，如倦怠无力、头晕头痛、失眠等，其中多数人有食欲不振、恶心呕吐等，部分人出现眼睛视力减退，视物模糊。慢性中毒主要损害肝脏和血液，还可引起胃炎、皮肤炎。梯恩梯常见的职业病有中毒性肝炎、中毒性白内障、中毒性贫血等。

梯恩梯主要用途是配置混合炸药，还可以用于装填各种军用弹药和工程爆破。

（2）黑索金。

黑索金的化学名称是环三亚甲基三硝胺，代号 RDX。它可由乌洛托平直接用硝酸硝化制得。

黑索金为无味的白色粉状结晶，无嗅、无味、不吸湿，几乎不溶于水。黑索金不与金属作用。黑索金的热安定性很好，在 50℃时，可长时间贮存而不变质，也不发生分解。黑索金遇火燃烧，发出明亮的火焰，且可由燃烧转为爆炸。黑索金 5 分钟爆发点为 230℃，当密度为 1.7 克/立方厘米时，爆速可达 8380 米/秒。

黑索金有毒，中毒途径是经消化道、皮肤和呼吸道吸收，以消化道为主。黑索金急性中毒会出现神经性不安，如头痛、恶心、烦闷，严重的会发生中风状的昏厥；慢性中毒表现为头痛、消化障碍、小便频繁等症状，大多数患者出现贫血。

黑索金的威力大，感度也大。纯黑索金目前主要用于雷管副装药、导爆索芯药等。钝化黑索金广泛应用于装填各种军用弹药及某些特殊的爆破场合。

（3）泰安。

泰安学名为季戊四醇四硝酸酯，代号为 PETN。制造泰安的主要原料为季戊四醇，季戊四醇与硝酸发生作用变生成季戊四醇四硝酸酯，即泰安。

泰安常温下为白色结晶物质，钝化后为玫瑰色。泰安不吸湿，几乎不溶于水，在水中感度降低，可贮存于水中。泰安与酸接触很不稳定，长期储存容易发生自燃。泰安是中性物质，不与金属作用。泰安的热安定性较好，在 80℃下做耐热实验几个小时不分解，当继续加热，温度达到熔点（141.3℃）时，分解可渐觉察。泰安的 5 分钟爆发点为 215℃，当密度为 1.7 克/立方厘米时，爆速为 8300 米/秒。泰安稍有毒性，能引起血压降低，呼吸短促。

泰安的用途与黑索金类似，可用来制造导爆索药、传爆药柱、雷管的副装药等。

(4) 硝铵炸药。

硝酸铵类混合炸药简称硝铵炸药，它是以硝酸铵、梯恩梯、木粉为主要组分的机械混合物。

硝铵炸药通常为白色或灰白色的松散粉粒或松软的粉团，并含有少量的水分，具有很强的吸湿性。硝酸铵类混合炸药的品种很多，目前我国生产的硝铵炸药，按照使用条件的不同，大致可以分为以下三类：

①煤矿硝铵炸药，简称煤矿炸药或安全炸药。主要适用于有瓦斯或没形成爆炸危险的矿井爆破工程。

②岩石硝铵炸药，简称岩石炸药。主要用于有瓦斯或煤尘爆炸危险的爆破工程。

③露天硝铵炸药，简称露天炸药。主要适用于露天爆破工程。

在上述三种硝铵炸药的组成中加入抗水剂，使炸药具有一定的抗水能力时称为抗水硝铵炸药。硝铵炸药的种类很多，性质基本相似。

硝铵炸药属于低威力炸药，火焰感度很低，机械感度也很低。硝铵炸药对人体有害的，它通过皮肤进入人体。

目前硝铵炸药大量用于工程爆破，在战时也可用于装填军用弹药。

3. 火药（发射药）的主要性能和用途

(1) 黑火药（有烟火药）。

黑火药是一种机械混合物，它是由硝酸钾、木炭和硫磺等成分组成，也可以用硝酸钠代替硝酸钾。硝酸钾（或硝酸钠）是氧化剂，反应时可以起给氧作用，供可燃剂氧化燃烧；木炭为可燃剂，它与氧化剂分解出来的氧作用，生成气体放出热量；硫磺有两个作用：一是起粘合剂作用，以便使黑火药的各种成分均匀粘合在一起；二是做可燃剂，且其燃点比木炭低，可以使黑火药易于点燃。

黑火药应用范围不同，配比也有所不同。

黑火药外观为黑色或灰黑色，有粉状的与颗粒状的。黑火药对火花及火焰的作用异常敏感，甚至接触金属撞击所产生的火花，也能引燃或爆炸。黑火药对摩擦的感度也很高，很容易因摩擦而引起爆炸。枪弹贯穿及骤然加热到280℃都会引起燃烧或爆炸。

点燃少量裸露的黑火药，只能燃烧，而大量的黑火药或在密闭条件下，在坚硬的外壳中燃烧时同样会引起爆炸。

黑火药有吸湿性，当湿度达2%时就不易燃烧，水分含量达到15%，就会完全失去引燃的能力。潮湿的黑火药干燥后析出硝酸钾，因而爆炸力变弱。

黑火药的爆速为300~420米/秒，它的5分钟爆发点为270~310℃；威力为108毫升。

黑火药主要用做延期药、导火索药芯、狩猎用火药以及爆竹中的音响药和烟花中的发射药。同时由于黑火药的猛度和威力都很低，也常用它来开采贵重的料石。

(2) 无烟火药。

无烟火药是以硝酸酯为基础的火药，即以硝化纤维素（硝化棉）或硝化纤维素与硝酸甘油的混合物为主的火药。包括硝化纤维素火药、硝酸甘油火药等。

无烟火药其结构特征基本上是均匀的，经过塑化（胶化）压实、成型和机械加工而制成。条形、环形、片形、球状、棒状、管状、立方体等形状，其中又有单孔和多孔之分。无烟火药其外观的颜色与成分配比、制造工艺有关，有黄、褐、暗褐等颜色。

无烟火药与猛炸药比较，热安定性差，很容易产生分解现象。严重分解的火药会自燃起火或爆炸，要绝对避免阳光直射。无烟火药对火焰也很敏感，发射时产生的烟和残渣少。无烟火药用雷管可以起爆，其他性能与黑火药大致相同。

无烟火药的用途主要适用于军事上发射炮弹和火箭等。

4. 烟火剂的性能和用途

烟火剂通常是机械混合物，其中常用的氧化剂有硝酸盐、氯酸盐、过氯酸盐和金属氧化物。如硝酸钾、硝酸钠、氯酸钾、过氯酸钾和氧化铜、二氧化锰等。

烟火剂组成主要包括可燃剂、钝化剂、胶合剂和火焰着色剂几种。常用的可燃剂有铝、镁、铁、硫（硫和三硫化二锑常用作引火剂）、木炭等。钝化剂主要是降低药料的敏感性，常用的有树脂、石蜡、油类等。胶合剂作稠化和粘合药料之用，可增加线料成型后的机械强度，常用的有松香、虫胶、蓖麻油、石蜡、聚乙烯、树脂等。火焰着色剂可获得一定亮度的各种颜色火焰（烟），常用的有锶盐类（红光），如硝酸锶、碳酸锶、草酸锶等；钡盐类（绿光），如硝酸钡、碳酸钡等；钠盐类（黄光），如草酸钠、碳酸钠等；铜盐类（蓝光），如碳酸铜等；镁、铝、硫化锑类（白光）。还可用调配方法得到各种颜色。

烟火剂的性能。一般说来，烟火剂对火花和火焰的作用比其他一些炸药更敏感，静电也能引燃、引爆。另外有冲击、摩擦、其他炸药起爆等作用下，烟火剂也能产生爆轰，尤其是以氯酸盐为主的药剂更为敏感，因此在制造、使用、处理时应特别注意。烟火剂随着激发能量形式的不同，有时以每秒数毫米的速度燃烧，有时则产生高度爆轰。

烟火剂及烟火器材在使用、保管中还应注意控制温度和湿度，以防分解、自燃或爆炸。比如，通常用的由氯酸钾、铝和硫组成的闪光声响剂，对水分就十分敏感，必须注意经常保持干燥。

烟火剂的用途。烟火剂主要用于装配成各种烟火器材，民用最多的是制造烟花爆竹和礼花弹。

（三）火工品

火工品是点火器和起爆器材的统称，也称火具。火工品主要包括点火器材和起爆器材两种。

1. 点火器材

常见点火器材主要有火帽、拉火管、导火索、电引火头等。

鉴于导火索、火雷管、铵锑炸药技术含量低、安全性能差，且导火索、火雷管引爆炸药操作简单，极易被不法分子用来实施爆炸犯罪活动，威胁公共安全，根据《民用爆破器材“十一五”规划纲要》的要求，原国防科工委、公安部于 2008 年 4 月发出《关于做好淘汰导火索、火雷管、铵梯炸药相关工作的通知》的通知。根据通知，导火索、火雷管、铵锑炸药于 2008 年 1 月 1 日起停止生产；2008 年 3 月 31 日后，全国范围内停止销售导火索、火雷管、铵锑炸药，公安机关不再审批爆破作业单位购买导火索、火雷管、铵锑炸药的申请；2008 年 6 月 30 日后，全国范围内停止使用导火索、火雷管、铵梯炸药。对逾期仍非法使用导火索、火雷管、铵梯炸药进行爆破作业的单位，由当地公安机关依照有关法律法规予以处罚。

（1）火帽。

火帽是一种能产生火焰形式的热冲量并将它传给火药或火焰雷管的装置。按照用途火帽可分为药筒火帽和引信火帽。火帽在摩擦、撞击、针刺或其他外界激发能量的作用下，均能够发火。

引信火帽由火帽壳、击发药（针刺药）和盖片（加强帽）三部分组成。

火帽的装药种类分为含雷汞型击发药（成分中含有雷汞，其次还含有氯酸钾、硫化锑以及硝酸钡）和氮化铅型击发药（成分为氮化铅、斯蒂酚酸铅、四氮烯以及硝酸钡和硫化锑）。火帽壳是由紫铜冲压制成的无缝管壳，它有一定的形状和准确尺寸。加强帽也多用紫铜冲压制成。

药筒火帽，应用于枪炮弹的药筒中，包括枪弹药火帽，迫击炮弹和炮弹底火火帽；引信火帽，应用于炮弹、航弹、地雷及其他弹药的引信中。

（2）拉火管。

拉火管由拉火帽（内装发火药）、管壳（纸的或塑料的）、拉火丝、摩擦药、拉火杆等组成。

拉火管主要用于点燃导火索。导火索长在5厘米以内时，拉火管有可能直接喷燃雷管，要采取适当措施，如用胶布包缠等。在特殊情况下，也可直接引爆雷管以起爆炸药，或直接引燃黑火药药包，但必须远距离拉发，以确保安全。

（3）导火索。

导火索用于传导火焰、引爆雷管或点燃黑火药药包。也可以作为手榴弹、延期雷管、爆破筒等器材的引爆延期体。它是以具有一定密度的粉状或粒状黑火药为药芯，以棉线、纸条、沥青防潮剂等材料所组成圆形索状点火器材。

导火索结构组成由心线、药芯、内层线、中层线、防潮层、中层纸、外层线和涂料组成。外观包线为白色，外层纸为土黄色。导火索外径为5.2~5.8毫米，每卷长度50米导。导火索燃速一般为每秒燃烧约1厘米（缓燃导火索）。

导火索防水性能较好，两端密封，放入1米深的常温静水中5小时不失去燃烧性。

2. 起爆器材

常见的起爆器材有火雷管、电雷管、导爆索、非电导爆系统等。

（1）火雷管。

火雷管全称为工程火焰雷管，简称火雷管。它用于导火索点火时，起爆装药或起爆导爆索。

火雷管由管壳、加强帽、绸垫和装药组成。

火雷管的管壳一般用铜、铁、铝、纸、塑料等材质制成，用以装填药剂，我国民用的工程火雷管多采用纸壳。火雷管的加强帽，主要用以密封和固定装药，减少外界因素对装药的影响，并保证雷管在使用前、使用中的各种性能；火雷管的绸垫，用来保护、固定装药和保证导火索的火焰通过；火雷管的装药，由起爆药和高级炸药组成。

不同型号的火雷管直径为6~8毫米，长度为35~51毫米，开口端长度不短于10~15毫米，以便插入导火索，另一端作成聚能穴。装药采用正副装药相结合。前半部用正装药，为雷汞、氮化铅和二硝基重氮酚等。后半部用副装药，为黑索金等。加强帽中心有一小孔，直径为2~2.5毫米，以便导火索的火焰通过。孔下有绸垫防起爆药散失。

火雷管感度十分灵敏，遇有火焰、摩擦、冲击等外能，都会产生爆炸。受潮后失效。火雷管在使用前应进行安全检查。外壳如有裂口、压扁，不能插入导火索，内壁有起爆药粉，管体生锈等现象，都不应使用，否则可能产生拒爆或发生危险。

（2）电雷管。

电雷管也叫电气雷管或电力雷管。电雷管的结构与火雷管基本相同，只是比火雷管多了一个电力点火装置。目前，电点火装置多用金属桥丝灼热式的。电雷管由脚线、塑料塞、桥丝及引火药组成。一般采用镀锌铁脚线或铜脚线和镍铬合金桥丝；引火药一般由氯酸钾、木炭、二硝基重氮酚按一定比例制成，并加入适量的粘合剂，涂在桥丝上。这种电点火装置也称电引火头。

为满足不同起爆时间的要求，目前我国生产的电雷管有瞬发、秒延期和毫秒延期三种。

①瞬发电雷管（又称即发电雷管）。瞬发电雷管由火雷管、电引火头及塑料密封塞等构成。当通电后，电引火头引爆起爆药，使雷管爆炸。瞬发电雷管广泛用于民用和军用爆破工程中。

②秒延期电雷管。秒延期电雷管壳内的电引火装置与起爆药之间安装了一段导火索或延期药制作的延期体。通电后电引火装置将延期点燃，再将起爆药引爆。延期体的燃烧时间，就是雷管的延期时间。秒延期电雷管广泛用于采矿和掘进工程中。

③毫秒电雷管。毫秒电雷管的延期时间是以毫秒来计算，延期体是毫秒延期药制作的。毫秒延期电雷管与秒延期电雷管的区别，在于起延期作用的缓燃剂（即延期药）的化学成分不同，毫秒电雷管的缓燃剂由铅丹和硅铁（即硅钙）制成，延缓时间由所掺入的金属物（硅铁或硅钙）的性质及数量决定。

（3）导爆索。

我国生产的普通导爆索是用黑索金做药芯，以棉线及纸条为包缠物，并涂以沥青和涂料为防潮剂而制成，外观为红色。导爆索主要用于同时起爆多个药包或药块。从外观看，导爆索和导火索形状很相似，但它的用途和性质却完全不同。导火索的装药成分是黑火药，而导爆索的装药成分是高级炸药黑索金（国外有的用泰安），须用火雷管或电雷管起爆，其爆速在6500米/秒以上，导爆索受摩擦、撞击、冲击和燃烧时都可能会引起爆炸。

导爆索的防潮性能良好，在两端密封的情况下，放入0.5米深的常温静水中，经过24小时不失去其爆炸性能。

（4）塑料导爆管。

塑料导爆管是非电导爆系统的主要部分。它应用了管道效应，进行低爆速传递爆轰波。当它与雷管装配在一起时，引爆起爆药或点燃延期药，将雷管激发后起爆装药，实现非电起爆。

塑料导爆管是由热塑料性塑料制成的细管，内径为1.4±0.1毫米，外径为3.0±0.15毫米；内壁涂有一薄层炸药（组分为奥克托今91%、铝粉9%，外加石墨0.25%），药量为14~16毫克/米。

导爆管的爆速一般在1600~2000米/秒；在爆破作业中，既可串联，也可并联，还可簇联，能够满足和实现大面积爆破作业。

塑料导爆管的主要性能：

①激发感度。塑料导爆管可以用火帽、雷管、导爆索、引火头、高压电火花等激发起爆。

②传爆能力。导爆管的传爆性能比较好，一根数米至6000米的导爆管，中间不需要中继雷管，或者一根导爆管内有不超过15厘米的断药时，都可以正常传爆。

③耐水性。密封后浸入20米深水中，24小时后，各项性能不变。

④抗火性。用火焰点燃单根或整卷的导爆管，它只燃烧不爆轰。

⑤抗电性。15厘米长的导爆管，两端插入相距10厘米的两个电极。加30千伏直流电

压（电容 330 微法）1 分钟，导爆管不起爆。

⑥抗破坏性。导爆管经受 5~7 千克拉力后性能不变，仍能传爆。

由于塑料导爆管具有区别于其他起爆器材的独特优点和性能，因此，得到了人们的普遍重视，并获得了大量推广应用。

第二节 民用爆炸物品管理概述

民用爆炸物品管理，是指公安机关的治安管理部门为了维护社会秩序，保障公共安全，对非军事用爆炸物品依法实施的治安行政管理。随着经济的发展，社会使用民用爆炸物品也越来越多，为了规范民用爆炸物品的管理，预防民用爆炸物品案件及事故的发生，2006 年 4 月 26 日国务院发布了《民用爆炸物品安全管理条例》，国家对民用爆炸物品的管理更规范和严格。

一、民用爆炸物品管理的方针

1984 年 6 月，在公安部组织召开的全国爆炸物品管理工作会议上提出了“积极预防、严格管理、服务生产、保障安全”的管理方针。

积极预防，是民用爆炸物品管理的指导思想。公安机关要在党委和政府的领导下，通过贯彻落实国家法律、法规，积极协助有关部门和单位，充分发动和依靠广大群众，开展经常性的调查研究，广泛而深入地进行安全宣传教育，实施安全监督检查，将民用爆炸物品从生产到使用的各个环节的安全工作落到实处，及时发现和消除不安全因素，把隐患消灭在萌芽状态，防患于未然，力争把爆炸案件制止在预谋阶段，把爆炸事故消除在发生之前。

严格管理，是民用爆炸物品安全管理的基本要求。严格管理就是要严格依照国家法律、法规，实施科学管理、文明管理，严格执行各项规章制度。严密各项安全措施，严格管理与积极预防是密切联系的。要积极预防，就必须严格管理，只有严格管理，才能防止和减少爆炸案件和事故的发生。公安机关要对民用爆炸物品实施严格的安全监督检查，在工作中不徇私情、不开后门、不滥发证件、不乱办各种手续。公安机关要积极协助有关部门和单位，建立健全民用爆炸物品管理的制度，严格各项安全措施。对违反民用爆炸物品管理规定的行为，要严肃查处。构成违反治安管理行为的，依照《治安管理处罚法》的规定给予治安管理处罚，构成犯罪的，要依照《刑法》的规定追究其刑事责任。

服务生产，保障安全，是民用爆炸物品安全管理的出发点和归宿。安全为了生产，生产必须安全。民用爆炸物品是一种现代化的生产工具，已被广泛地应用于国民经济建设中，但是它本身又是一种具有爆炸特性的危险物品。积极预防和严格管理都是为了保障民用爆炸物品的合法生产和经营，正当使用，保证生产需要。民用爆炸物品管理的制度和措施，都必须从便利生产促进生产出发，安全管理不是单纯的限制，更不能妨碍生产力的发展。

二、民用爆炸物品安全管理的任务

（一）公安机关管理民用爆炸物品的职责

根据《人民警察法》和《民用爆炸物品安全管理条例》的有关规定，公安机关在民用爆炸物品管理当中主要履行下列职责：

1. 监督检查国家有关法规的贯彻落实，分析和研究民用爆炸物品管理中的特点和规律，制定相应的管理对策，并受政府或立法机关委托拟定地方性法规。

2. 负责民用爆炸物品公共安全管理和民用爆炸物品购买、运输、爆破作业的安全监督管理，监控民用爆炸物品流向。

3. 指导和监督从业单位的安全管理，及时发现和消除各种安全隐患；审查重要岗位从业人员的思想、业务素质，进行技术培训、考核。

4. 收缴散失在社会上的各种民用爆炸物品，监督、指导废旧爆炸物品的销毁工作。

5. 侦查爆炸案件，协同有关部门调查爆炸事故，追查丢失、被盗的民用爆炸物品。

6. 查处违反民用爆炸物品管理规定的违法犯罪行为，对违章、违法的单位和个人实施处罚。

（二）公安机关管理民用爆炸物品的任务

为了保障民用爆炸物品在生产、储存、销售、运输、使用等各个环节的安全，防止民用爆炸物品丢失、被盗、被抢，落入无关人员手中，预防恐怖分子和其他违法犯罪分子进行违法犯罪活动，预防治安灾害事故的发生，维护社会秩序，保障公共安全，保护公民生命财产安全，保证国家经济建设的顺利进行，公安机关必须依法对民用爆炸物品实行治安行政管理。主要工作任务有以下三个方面：

1. 认真贯彻执行各项国家法律、法规，确保民用爆炸物品生产、储存、销售、运输使用等所有环节的安全

公安机关进行民用爆炸物品管理，需要通过贯彻落实国家法律、法规，运用法律手段和行政手段，规范人们的行为，确保民用爆炸物品在各个环节的安全。民用爆炸物品具有较高的综合性、专业性，涉及化工、建筑、机械、电气等方面的专业知识，国家又都以法律规范和技术规范的形式加以规定，要求人们严格遵照执行。民用爆炸物品安全管理工作属于安全系统工程，既包含社会科学知识，又包含自然科学知识；既包含管理部门的管理工作，又包含从生产到使用的各个环节，以及行政管理、建厂选址、设备选型、产品设计、工艺设计、应用条件、生产组织、培训教育、安全技术、操作规程、岗位责任等方面。民用爆炸物品管理工作要求公安机关从事民用爆炸物品管理工作的人员，必须具有较高的法律知识水平和专业技术水平，通过民用爆炸物品的管理工作，保障民用爆炸物品在工业、农业、科研、医疗卫生等方面的正当使用，造福人民。同时，通过管理，发现隐患，堵塞漏洞，预防爆炸案件和爆炸事故的发生，为社会主义现代化建设发挥其特有的功能。

新中国成立以来，党和政府十分重视民用爆炸物品的安全管理，颁布制定了一系列民用爆炸物品管理的法律。法规、规章和制度，管理工作不断加强和完善。1957 年，公安部经国务院批准公布了《爆炸物品管理规则》，规定由公安机关对民用爆炸物品的生产、购销、储存、使用等环节实施严格管理。1984 年，国务院又在这个规则的基础上颁布了《中华人民共和国民用爆炸物品管理条例》，明确规定民用爆炸物品的安全管理，由各生产、储存、销售、运输、使用爆炸物品的单位的主管责任人负责；同时明确规定各级公安机关对管辖地区内爆炸物品的安全管理实施监督检查。2006 年，国务院对《中华人民共和国民用爆炸物品管理条例》进行了修订，并颁布实施新的《民用爆炸物品安全管理条例》，进一步明确了政府相关部门在民用爆炸物品监督管理方面的职责和企业的安全管理责任，同时强化了法律责任追究制度。这些法律、法规和规章制度，是公安机关对民用爆炸物品管理的法律依据，是单位和个人从事民用爆炸物品管理生产、储存、销售、运输、使用等各个环节的行为规范，公安机关要认真贯彻执行。公安机关的治安管理部门要通过严格的监督、检查和指导，

把各项安全措施落到实处，确保民用爆炸物品从生产到使用各个环节的安全。

2. 预防和查处各种爆炸事故

爆炸事故预防是在认识爆炸事故发生基本规律的基础上，通过对爆炸物品的各种危险性进行系统分析，找出爆炸物品的危险因素和爆炸物品管理工作上的薄弱环节，并采取相应的控制措施，以避免爆炸事故发生或使爆炸事故发生的概率控制在社会允许的水平之内的一项综合性工作。公安机关通过民用爆炸物品管理法律、法规的宣传教育和强化各个环节的管理，使管理人员和从业人员掌握一定的法律知识和专业知识，认识规律，进行系统分析，采取控制措施。这样一个完整的预防过程，可以有效地加强民用爆炸物品的管理，避免爆炸事故的发生。民用爆炸物品是一种具有利害两重性的能源，既有爆炸的危险特性，又是社会主义经济建设不可缺少的物品。发生爆炸事故，轻者造成财物损失，重者导致人员伤亡，甚至有些爆炸事故会造成毁灭性的灾害。

公安机关要通过宣传教育、强化管理以及处罚手段，教育各类管理人员和从业人员严格遵守民用爆炸物品管理的法律、法规、规章制度和操作规程，自觉消除各种爆炸事故的隐患，堵塞漏洞，预防、避免和减少爆炸事故的发生。一旦发生事故，公安机关要会同有关部门认真进行追查，查明原因，总结经验，吸取教训，采取措施，追究责任。

3. 预防暴恐分子和其他违法犯罪分子利用民用爆炸物品进行破坏活动，维护社会治安秩序

恐怖分子和其他违法犯罪分子为了实现其违法犯罪的目的，总是千方百计地寻找、盗窃、抢劫民用爆炸物品，利用民用爆炸物品进行杀人、抢劫、破坏等违法犯罪活动，特别是那些蓄意进行凶杀和制造恶性事件的亡命之徒，更是费尽心机地寻找机会，盗窃、抢劫民用爆炸物品进行严重暴力性犯罪活动。近年来，恐怖分子利用民用爆炸物品进行的劫机、劫车、劫船、绑架人质的暴力性案件越来越多。它不仅使人民群众的生命财产遭受巨大损失，扰乱社会秩序，危害公共安全；同时，对党和国家的政治声誉也造成了不良的影响。

民用爆炸物品在生产、储存、销售、运输、使用过程中，由于一些管理人员和从业人员管理不善，思想麻痹，丢失、被盗、被抢案件时有发生，这些物品流散在社会上，容易被暴恐分子利用，进行暴恐活动或其他严重刑事犯罪的工具。因此，公安机关要加强监督、检查、指导，发挥职能作用，落实各项安全措施，防止丢失、被盗、被抢民用爆炸物案件的发生。丢失、被盗、被抢案件一旦发生，公安机关要及时会同有关部门迅速查找和追查，尽快把这些民用爆炸物品找回来，防止暴恐分子利用民用爆炸物品进行违法犯罪活动，减少社会不安定因素。公安机关对于利用民用爆炸物品进行暴恐活动的行为，要依照法律规定严厉惩处。对于失职的民用爆炸物品的管理人员和从业人员，要给予必要的处分或处罚，造成严重后果的，要依法追究其刑事责任。

在新形势下，民用爆炸物品管理任务艰巨，工作复杂，这对公安机关和人民警察提出更高的要求。公安机关和人民警察必须具有高度的责任心、扎实的专业知识以及较强的管理能力和有效的管理方法，把民用爆炸物品纳入社会治安秩序综合治理系统工程的轨道，动员全社会的力量来进行管理，让民用爆炸物品造福于人民，服务于经济建设。

三、民用爆炸物品管理的意义

（一）有利于减少事故的发生，减少人员伤亡和财产损失

随着科学技术的发展，民用爆炸物品在矿山采掘、机械加工、航天技术、基础设施建设

等方面得到了广泛的应用，有效地促进了国家经济建设的发展。但是，民用爆炸物品具有很大的破坏力和杀伤力，如果在生产、储存、销售、运输、使用等方面忽视安全管理，就可能发生事故。加强民用爆炸物品管理，积极预防和减少从业过程中事故的发生，可以最大限度地减少人员伤亡和财产损失，保障国家和人民的生命财产安全和社会秩序的稳定。

（二）有利于预防恐怖犯罪活动和严重刑事犯罪的发生，维护国家安全与社会稳定

民用爆炸物品具有极大的破坏力和杀伤力，也有可能成为恐怖分子或违法犯罪人员利用的工具。据有关统计数据，国外发生各类恐怖事件中，利用爆炸物品作案的约占总数的40%，国内少数违法犯罪人员利用爆炸物品进行破坏、行凶也时有发生，给人民的生命财产、社会稳定带来极大的危害。因此，公安机关对民用爆炸物品依法实施严格管理，预防、打击违法犯罪分子的破坏活动，对维护社会稳定、保护人民生命财产的安全具有十分重要的意义。

（三）有利于保障民用爆炸物品的正常使用，服务经济社会建设

民用爆炸物品在经济建设和社会发展中应用范围很广，从事民用爆炸物品的生产、销售能获得经济收益。在利益的驱动下，某些未经批准、不符合条件的单位和个人违法经营民用爆炸物品，破坏了民用爆炸物品的管理秩序，埋下安全隐患，并诱发犯罪。通过加强对民用爆炸物品的管理，可以使得不符合条件的单位和个人的违法违规行为得到查处，维护正常的市场秩序，从而保障民用爆炸物品合法、安全的生产经营和使用，为国家经济和社会建设发挥更大的作用。

第三节　民用爆炸物品生产、销售与购买管理

一、生产管理

（一）建厂的审批程序和要求

民用爆炸物品的生产，由国家实行严格管制，在统一规划下，合理布局，归口管理。按照国民经济发展的需要有计划地组织生产。严禁个人生产和加工民用爆炸物品。

民用爆炸物品管理，首先是生产管理。在这方面要着重把好以下几关：

1. 审批管理

申请从事民用爆炸物品生产的企业，应当向工业和信息化主管部门提交申请书、可行性研究报告以及能够证明其符合申请规定条件的有关材料。国务院工业和信息化主管部门应当自受理申请之日起45日内进行审查，对符合条件的，核发《民用爆炸物品生产许可证》；对不符合条件的，不予核发《民用爆炸物品生产许可证》，并书面向申请人说明理由。

民用爆炸物品生产企业为调整生产能力及品种进行改建、扩建的，应当按照规定申请办理《民用爆炸物品生产许可证》。

取得《民用爆炸物品生产许可证》的企业应当在基本建设完成后，向国务院工业和信息化主管部门申请安全生产许可。国务院工业和信息化主管部门应当依照《安全生产许可证条例》的规定对其进行查验，对符合条件的，在《民用爆炸物品生产许可证》上标注安全生产许可。民用爆炸物品生产企业持经标注安全生产许可的《民用爆炸物品生产许可证》到工商行政管理部门办理工商登记后，方可生产民用爆炸物品。

民用爆炸物品生产企业应当在办理工商登记后三日内，向所在地县级人民政府公安机关

备案。

2. 选址

生产民用爆炸物品的厂址选择是生产管理的重要环节。必须对民用爆炸物品生产企业地理位置，原材料来源，产品使用对象和需求的品种、数量等因素进行综合分析考虑，进行必要性和可行性的论证后，才能确定建厂。生产、储存民用爆炸物品的工厂、仓库，应当建立在远离城市的独立地段，禁止设立在城市市区和其他居民聚居的地方及风景名胜区。工厂与城市、居民聚居区、铁路、公路、仓库、高压线路等周围建筑设施的外部安全距离必须符合《民用爆破器材工厂设计安全规范》的要求。

3. 建筑设计

民用爆炸物品新建工厂必须要有齐全的建筑设计图纸，经有关主管部门进行建筑审核，生产区和库区的建筑物必须符合《民用爆破器材工厂设计安全规范》和《民用爆炸物品存储库治安防范要求》的规定，非危险的一般工业建筑或者民用建筑符合《建筑设计防火规范》的要求，发给建筑审核合格的批文，才能按图纸施工。对原有生产工厂、车间进行扩建、改建，或者改变生产范围的，也必须依照相关规定重新申请办理《民用爆炸物品生产许可证》。建筑竣工后向工业和信息化主管部门申请安全生产许可，经查验，符合《安全生产许可证条例》规定的，在《民用爆炸物品生产许可证》上标注安全生产许可。民用爆炸物品生产企业持标注安全生产许可的《民用爆炸物品生产许可证》到工商行政管理部门办理工商登记后，方可生产民用爆炸物品。

4. 安全设备

生产民用爆炸物品的工厂、车间必须按照《民用爆破器材工厂设计安全规范》的规定，安装相应的消防供水设备、消防设施、供电设施、废水排放设施、电气设备，并根据所生产民用爆炸物品的种类和性能，装置合理的通风、降温、防潮、防火、防爆、避雷等安全设备以及事故急救设备等，以保证生产安全。

（二）安全生产制度

为了保障生产安全，必须严格制定严密而有效的民用爆炸物品安全措施、严格的操作规程和各种规章制度。民用炸药、雷管等民用爆炸物品的生产单位必须建立并实行炸药、雷管等民用爆炸物品生产等级制度，将民用炸药、硝酸铵和雷管等民用爆炸物品的生产情况进行详细的登记，登记资料应当长期留存检查，并将登记资料输入计算机系统，由民用爆炸物品生产流通主管部门、民用爆炸物品使用管理部门和公安机关实施联网监控。

民用爆炸物品产品的配方是有科学依据的，并且符合国家有关部门制定严格的标准，厂方及其直接生产人员无权更改；民用爆炸物品产品要求符合质量要求，不合格产品不准销售；民用爆炸物品生产成品应当班入库，不准在车间盛放过夜；民用爆炸物品生产企业要加强对职工日常性的安全教育，严禁违章作业；企业必须加强对职工的技术培训，新招收的职工必须符合政治条件，经过培训，熟悉技术知识，懂得操作规程并考试合格后才允许上岗生产。车间领取存放的原材料不得超过一个工班的使用量，未经批准，不得在生产车间搞产品试验和试制。

二、销售管理

炸药、雷管、导火索等民用爆炸物品，属于国家严格管控物品，严禁将民用爆炸物品作为普通商品在市场公开自由买卖。申请从事民用爆炸物品销售的企业，应当向所在地省、自治区、直辖市人民政府工业和信息化主管部门提交申请书、可行性研究报告以及能够证明其符合规定条件的有关材料。

申请从事民用爆炸物品销售的企业，应当具备下列条件：

一是符合对民用爆炸物品销售企业规划的要求；

二是销售场所和专用仓库符合国家有关标准和规范；

三是有具备相应资格的安全管理人员、仓库管理人员；

四是有健全的安全管理制度、岗位安全责任制度；

五是法律、行政法规规定的其他条件。

省、自治区、直辖市人民政府工业和信息化主管部门应当自受理申请之日起30日内进行审查，并对申请单位的销售场所和专用仓库等经营设施进行查验，对符合条件的，核发《民用爆炸物品销售许可证》，对不满足条件的不予核发《民用爆炸物品销售许可证》，并书面向申请人说明理由。

民用爆炸物品销售企业持《民用爆炸物品销售许可证》到工商行政管理部门办理工商登记后，方可销售民用爆炸物品。

民用爆炸物品销售企业应当在办理工商登记后3日内，向所在地县级人民政府公安机关备案。

民用爆炸物品生产企业凭《民用爆炸物品销售许可证》，可以销售本企业生产的民用爆炸物品。民用爆炸物品生产企业销售本企业生产的民用爆炸物品，不得超出规定的品种、产量。

民用爆炸物品销售时要查验公安机关核发的《民用爆炸物品购买许可证》和经营办理人员的身份证明，并按证上核定的品种、数量销售，发现证件有假或有重大嫌疑的，要拒绝销售，并及时查问清楚，报告公安机关。凡非法买卖民用爆炸物品的，一经发现应没收其全部物品和非法所得，并对有关责任人依法惩处。

销售民用爆炸物品，应当通过银行账户进行交易，不得使用现金或者实物进行交易。

销售民用爆炸物品的企业，应当将购买单位的许可证、银行账户转账凭证、经办人的身份证复印件保存2年备查。

销售民用爆炸物品的企业，应当自民用爆炸物品买卖成交之日起3日内，将销售的品种、数量和购买单位向所在省、自治区、直辖市人民政府国防科技工业主管部门和所在地县级人民政府公安机关备案。

三、购买管理

民用爆炸物品属于国家严格控制的危险物品，不得随便买卖。

民用爆炸物品使用单位购买民用爆炸物品的，应当向所在地县级人民政府公安机关提出购买申请，并提交下列有关材料：

一是工商营业执照或者企业单位法人证书；

二是《爆破作业单位许可证》或者其他合法使用的证明；

三是购买单位的名称、地址、银行账户；

四是购买的品种、数量和用途说明。

受理申请的公安机关应当自受理申请之日起5日内对提交的有关材料进行审查，对符合条件的，核发《民用爆炸物品购买许可证》；对不符合条件的，不予核发《民用爆炸物品购买许可证》，并书面向申请人说明理由。《民用爆炸物品购买许可证》应当载明许可购买的品种、数量、购买单位许可的有效期限。

民用爆炸物品生产企业凭《民用爆炸物品销售许可证》购买属于民用爆炸物品的原料，民用爆炸物品销售企业凭《民用爆炸物品购买许可证》向民用爆炸物品生产企业购买民用爆炸物品，民用爆炸物品使用单位凭《民用爆炸物品购买许可证》购买民用爆炸物品，还应当提供经办人的身份证明。

购买民用爆炸物品，应当通过银行账户进行交易，不得使用现金或者实物进行交易。

购买民用爆炸物品的单位，应当自民用爆炸物品买卖成交之日起 3 日内，将购买的品种、数量向所在地县级人民政府公安机关备案。

实行民用爆炸物品的销售、购买流向监控制度。民用爆炸物品的经营单位必须建立并实行炸药、雷管等民用爆炸物品销售登记制度，并将登记资料输入计算机系统，由民用爆炸物品生产流通主管部门、民用爆炸物品使用管理部门和公安机关实施联网监控。

四、进出口管理

为了加强对民用爆炸物品进出口的管理，2012 年 9 月 1 日起，由中华人民共和国工业和信息化部、公安部和海关总署联合发布的《民用爆炸物品进出口管理办法》正式施行。

按照《民用爆炸物品进出口管理办法》，工业和信息化部负责民用爆炸物品进出口的审批，公安机关负责民用爆炸物品境内运输的安全监督管理，海关负责民用爆炸物品进出口环节的管理。

（一）申请进出口民用爆炸物品所需材料

1. 民用爆炸物品进出口申请报告及已填写相关内容的《民用爆炸物品进/出口审批单》；
2. 工商营业执照原件及复印件；
3. 《民用爆炸物品生产许可证》或者《民用爆炸物品销售许可证》原件及复印件；
4. 企业法定代表人及经办人的身份证明原件及复印件；
5. 进出口合同原件、复印件及中文译本（译本应当加盖申请人的公章，下同）；
6. 进口民用爆炸物品，应当提交具备与进口量相适应的仓储条件和满足行业安全要求的证明材料、不低于我国现行产品标准的证明材料、符合国家有关安全运输和储存标准的证明材料、符合《民用爆炸物品警示标识通则》的证明材料、符合国家有关环保标准的证明材料和产品使用说明（相关材料应当提供中文译文）；
7. 出口民用爆炸物品，应当提交民用爆炸物品进口国的许可文件原件、复印件及中文译文、最终用户证明和最终用途证明；
8. 法律、行政法规规定的其他材料。

（二）进出口民用爆炸物品的受理与批准

工业和信息化部对申请材料进行审查。申请材料不齐全或者不符合法定形式的，应当当场或者在 5 日内一次性告知申请人需要补正的全部内容；逾期不告知的，自收到申请材料之日起即为受理。

申请材料齐全，符合法定形式，或者已按要求提交全部补正申请材料的，应当予以受理，并出具受理通知书。工业和信息化部自受理申请之日起 20 日内作出是否批准的决定。批准进出口民用爆炸物品的，应当向申请人核发《民用爆炸物品进/出口审批单》；不予批准的，应当书面告知申请人。

国家禁止进口或者明令淘汰的民用爆炸物品，工业和信息化部不予批准进口。《民用爆炸物品进/出口审批单》实行“一批一单”和“一单一关”管理。严禁进出口未经工业和信息化部核发《民用爆炸物品进/出口审批单》的民用爆炸物品。

（三）公安机关负责民用爆炸物品境内运输的安全管理监督

进出口企业应当将获准进出口的民用爆炸物品的品种和数量等信息向收货地或者出境口岸所在地县级人民政府公安机关备案，同时，还要向所在地县级人民政府公安机关备案，并同时向所在地省级民用爆炸物品行业主管部门备案。

运输民用爆炸物品，应当依法取得公安机关核发的《民用爆炸物品运输许可证》。

（四）海关负责民用爆炸物品的品种进出口环节的管理

企业进出口民用爆炸物品的，凭《民用爆炸物品进/出口审批单》向口岸海关办理进出口手续。海关无法确定进出口物品是否属于民用爆炸物品的，由进出口企业将物品样品送交具有民用爆炸物品检测资质的机构鉴定，海关依据有关鉴定结论实施进出口管理。

民用爆炸物品在海关特殊监管区域或者场所与境外之间进出的，应当依据《民用爆炸物品进出口管理办法》的规定办理审批手续，接受监督和管理。严禁进出口未经工业和信息化部核发《民用爆炸物品进/出口审批单》的民用爆炸物品。

违反海关有关规定进出口民用爆炸物品的，依照海关法律、行政法规及规章的规定处理。

第四节　民用爆炸物品运输管理

民用爆炸物品的运输贯穿生产、销售、使用和销毁的各个环节，是民用爆炸物品由相对静态转入相对动态的运动形式，极容易受外界因素的影响，而发生危险。一旦造成事故，又往往殃及车船、人群和建筑物，危害社会安全。因此，必须对民用爆炸物品的运输实施严格管理。

一、运输许可规定要求

运输民用爆炸物品，收发单位应当向运达地县级人民政府公安机关提出申请，并提交包括下列内容的材料：

一是民用爆炸物品生产企业、销售企业、使用单位以及进出口单位分别提供的《民用爆炸物品生产许可证》、《民用爆炸物品销售许可证》、《民用爆炸物品购买许可证》或者进出口批准证明；

二是运输民用爆炸物品的品种、数量、包装材料和包装方式；

三是运输民用爆炸物品的特性、出现险情的应急处置方法；

四是运输时间、起始地点、运输路线、经停地点。

受理申请的公安机关应当自受理申请之日起 3 日内对提交的有关材料进行审查，对符合条件的，核发《民用爆炸物品运输许可证》；对不符合条件的，不予核发《民用爆炸物品运输许可证》，并书面向申请人说明理由。

《民用爆炸物品运输许可证》应当载明收货单位、销售企业、承运人，一次性运输有效期限、起始地点、运输路线、经停地点、民用爆炸物品实物品种、数量。

二、运输安全管理要求

运输民用爆炸物品要凭收货单位或购买单位所在地县级公安局开具的《民用爆炸物品运输许可证》，承运单位才能运输民用爆炸物品。

经由道路运输民用爆炸物品的，应当遵守下列规定：

一是携带《民用爆炸物品运输许可证》；

二是民用爆炸物品的装载符合国家有关标准和规范，车厢内不得载人；

三是运输车辆安全技术状态应当符合国家有关安全技术标准的要求，并按照规定悬挂或者安装符合国家标准的易燃易爆危险物品警示标志；

四是货物包装应牢固、严密，破损或数量不清的爆炸物品不准装运。

同时，在装卸民用爆炸物品时还要做到：性质相抵触的民用爆炸物品不准装在同一车厢内。装载民用爆炸物品的车厢内不准载运旅客和其他货物。民用爆炸物品应当在远离城市中心区和人烟稠密的车站、码头或专用铁路线装卸。装卸民用爆炸物品的车站、码头不得存放民用爆炸物品，必须随装随卸、随到随运，停留时间不得超过 24 小时。装卸民用爆炸物品的车站、码头应由当地公安机关和铁路、公路、交通等部门共同协商确定。装卸民用爆炸物品应尽量在白天进行，装卸时现场要有人指导安全操作，严防事故发生。装卸人员应懂得装卸民用爆炸物品的安全常识，现场要设置安全警戒，并派人监督，严防其他成员和车辆进入。遇到暴风雨、雷电等恶劣天气，应禁止装卸。出现危险情况立即采取必要的应急处置措施，并报告当地公安机关。

民用爆炸物品运达目的地，收货单位应当进行验收后在《民用爆炸物品运输许可证》上签注，并在 3 日内将《民用爆炸物品运输许可证》交回发证机关核销。

三、运输安全运行要求

为了确保运输民用爆炸物品的车辆安全运行，必须遵守以下管理规定：

一是运输民用爆炸物品的车辆在运行中必须有专人押运，押运员由货主或发货单位派出，由懂得民用爆炸物品性能，并在紧急情况下能妥善处理的人员担任。

二是中途停歇要有专人看守。

三是在公路上运行时，车辆必须保持安全车速，前后车辆应保持适当距离，以防不测。

四是车辆经过人口稠密的城镇，必须事先由提货单位通知当地公安机关，并按公安机关指定路线、时间和速度通行。

五是途中停歇时，必须选择空旷安全的地点，要远离建筑设施和人烟稠密的地方，严禁在民用爆炸物品附近吸烟或者用火。

六是需要在途中住宿时，必须由承运或购货单位提前两天通知住宿地县、市公安局，公安局要做好安排，保障安全。

七是未经批准车辆不得擅自驶入城镇、村寨以及任何停车场住宿。

八是装载重量不准超过规定荷载，高度不准超过车厢板，必须用篷布盖严捆牢。

除以上安全规定外，严禁任何个人携带、夹带民用爆炸物品乘坐公共汽车、电车、火车、轮船、飞机等，严禁在托运包裹、邮件中夹带民用爆炸物品，一经查出即行没收，并追究当事人的法律责任。

第五节　民用爆炸物品储存管理

2009 年 6 月 29 日公安部发布了《民用爆炸物品储存库治安防范要求》和《小型民用爆炸物品储存库安全规范》两个规范，对民用爆炸物品的储存进行了规范要求。

一、民用爆炸物品储存库分类

根据《小型民用爆炸物品储存库安全规范》规定，小型储存库分为地面库、洞库、覆土库、可移动库和临时保管设施。

（一）地面库

地面库是在地面建设的专门用于储存民用爆炸物品的库房。地面库因其建筑结构简单，施工方便，受到民用爆炸物品从业单位的喜爱，被广泛使用。

（二）洞库

洞库是由山体表面向山体内水平掘进的用于储存民用爆炸品的洞室。开挖洞库要求山体地质结构稳定，以防止洞库坍塌等意外事件的发生。

（三）覆土库

覆土库是利用山丘等自然条件，在建筑物顶部及侧向覆盖土层用于储存民用爆炸物品的建筑物。覆土库的承重构件可采用波纹钢板或钢筋混凝土落地拱、钢筋混凝土梁板式框架结构或钢筋混凝土屋盖、砖墙承重的混合结构。覆土库埋入土内的墙或拱的外侧应作柔性防水层，屋顶宜作柔性防水层。覆土库前、后墙或落地拱的内侧可设离壁式隔潮墙，墙外侧应作排水沟，沟底宜低于室内地面 0.50 米以上，并应将积水引出库外。覆土库的地面及墙面、屋顶内表面均应做防潮层。

（四）可移动库

可移动库是能够借助交通运输工具或自身装置实现移动搬运，可以单体或组合形式，经过安置或组合即可重复使用的民用爆炸物品储存库。可移动库能随着爆破作业地点和环境的变化而搬迁移动，具有设计简化、建设周期短、可重复使用等优点，特别适合于流动性较强的爆破作业单位。

（五）临时保管设施

临时保管设施是指根据爆破作业项目施工要求，在爆破作业现场临时存放民用爆炸物品的建筑物或符合安全要求的箱、柜、车、船等。

二、民用爆炸物品储存库选址要求

小型民用爆炸物品储存库的选址应执行《爆破安全规程》的规定，一般应满足以下要求：

一是远离城镇的独立地段，不应建在城市或者重要保护设施或其他居民聚居区及风景名胜区等重要目标附近；

二是不应布置在有山洪、滑坡和其他地质灾害的地段，应尽量利用山丘等自然屏障；

三是不应让无关人员和物流通过储存库区。

一般小型民用爆炸物品地面储存库的外部距离如表 4-6 所示：

表 4-6　　小型民用爆炸物品地面储存库的外部距离（单位为米）

项目	计算药量 kg						
	3000 < 药量≤5000	2500 < 药量≤3000	2000 < 药量≤2500	1500 < 药量≤2000	1000 < 药量≤1500	500<药量≤1000	药量≤500
人数大于 50 人的居民点边缘，企业住宅区建筑物边缘、其他单位围墙	300	285	265	250	225	195	155
人数不大于 50 人的零散住户边缘	180	170	159	150	135	115	90
三级公路、通航汽轮的河流航道、铁路支线	170	170	159	150	135	115	90
二级（含）以上公路、国家铁路	225	225	210	200	180	156	120
高压输电线（500kV）	600	430	400	375	335	290	232
高压输电线（330kV）	570	345	320	300	270	230	186
高压输电线（220kV）	540	285	265	250	225	195	155
高压输电线（110kV）	200	200	185	175	155	135	105
高压输电线（35kV）	120	115	105	100	90	75	60
人数不大于 10 万人的城镇规划边缘、国家或省级文物保护区、铁路车站	600	570	530	500	450	390	310
人数大于 10 万人的城镇规划边缘	900	855	795	750	675	585	465

注 1：当危险性建筑物紧靠山脚布置，山高大于 20m，山的坡度大于 15°时，其与山背后建筑物之间的外部距离可减少 30%。

注 2：表中二级（含）以上公路系指年平均双向昼夜行车量不小于 2000 辆者；三级公路系指年平均双向昼夜行车量小于 2000 辆且不小于 200 辆者。

注 3：在一条山沟中，对两侧山高为 30m～60m，坡度 20°～30°，沟宽 40m～100m，纵坡 4%～10%时，沿沟纵深和出口方向布置的建筑物之间的内部最小允许距离，与平坦地形相比，可适当增加 10%～40%；对有可能沿山坡脚下直对布置的两建筑物之间的最小允许距离，与平坦地形相比，可增加 10%～50%。

三、民用爆炸物品储存管理要求

（一）储存库制度建设要求

1. 建立出入库检查、登记制度，收存和发放民用爆炸物品必须进行登记，做到账目清楚，账物相符。

2. 储存的民用爆炸物品数量不得超过储存设计的容量，对性质相抵触的民用爆炸物品必须分库储存，严禁在库房内存放其他物品。

3. 专用仓库应当指定专人管理、看护，严禁无关人员进入仓库区内，严禁在仓库区内吸烟和用火，严禁把其他容易引起燃烧、爆炸的物品带入仓库区内，严禁在库房内住宿和进行其他活动。

4. 民用爆炸物品丢失、被盗、被抢，应当立即报告当地公安机关。

在爆破作业现场临时存放民用爆炸物品的，应当具备临时存放民用爆炸物品的条件，并设专人管理、看护，不得在不具备安全存放条件的场所存放民用爆炸物品。

民用爆炸物品变质和过期失效的，应当及时清理出库，并予以销毁。销毁前应当登记造册，提出销毁实施方案，报省、自治区、直辖市人民政府工业和信息化主管部门、所在地县级人民政府公安机关组织监督销毁。

（二）储存库技术管理要求

1. 储存管理

（1）储存库的最大储存量不应超过一个月的使用量。

（2）民用爆炸物品宜单品种专库存放；当条件受到限制时，不同品种的民用爆炸物品允许同库存放，同库存放应遵守以下原则：

一是黑火药应单独存放；工业雷管除与未拆箱的塑料导爆管可以同库存放外，不应与其他物品同库存放；

二是工业炸药及制品、工业导爆索、未拆箱的塑料导爆管可以同库存放，在库容允许的条件下单个储存库的计算药量不应超过 5000 千克。①

一般小型民用爆炸物品储存库单库单一品种最大允许储存量如表 4-7 所示：

表 4-7　**小型民用爆炸物品储存库单库单一品种最大允许储存量**

序号	产品类别	最大允许储存量
1	工业炸药及制品	5000 kg
2	黑火药	3000kg
3	工业导爆索	50000 m（计算药量 600kg）
4	工业雷管	20000 发（计算药量 20kg）
5	塑料导爆管	100000 m

注 1：工业炸药及制品包括铵梯类炸药、铵油类炸药、硝酸甘油炸药、乳化炸药、水胶炸药、射孔弹、起爆药柱、震源药柱等。

注 2：工业雷管包括电雷管、导爆管雷管以及继爆管等。

注 3：工业导爆索包括导爆索和爆裂管等。

注 4：其他民用爆炸物品按与本表中产品相近特性归类确定储存量；普通型导爆索药量为 12g/m，常规雷管药量为 1g/发，特殊规格产品的计算药量按照产品说明书给出的数值计算。

① 公安部治安管理局编．爆炸物品安全监管常用执法规范选编［M］．北京：群众出版社，2014.

2. 存放管理

（1）储存库内民用爆炸物品应堆放稳固整齐。

（2）储存库内应有标记品种、规格和数量的标识牌。同库储存多品种民用爆炸物品时，应分别存放，并标有明显标志。

（3）堆垛之间应留有检查、清点民用爆炸物品的通道，通道宽度不应小于 0.6 米，堆垛边缘与墙的距离不应小于 0.2 米，宜在地面画定置线。

（4）各种民用爆炸物品整箱堆放高度，工业雷管、黑火药不应超过 1.6 米，炸药、索类不应超过 1.8 米，宜在墙面划定高线。

（5）储存库内应有良好的通风、防潮、防止小动物进入和防止阳光直射措施。

（6）储存库内不应存放无关工具和杂物。

四、民用爆炸物品储存库治安防范要求

民用爆炸物品应当储存在专有仓库内，并按照国家规定设置技术防范设施。根据《民用爆炸物品储存库治安防范要求》的规定，民用爆炸物品从业单位的专有仓库应符合有关建筑规范的要求，具备较好的防盗、防火、防爆等性能。治安防范系统的设计应根据防护对象的使用功能、防范管理的需要、综合运用现代科学技术手段和管理措施，构建安全、可靠、实用、先进、配套的防范体系。

民用爆炸物品储存库治安防范系统工程的设计应遵循两个原则，一是人防、物防、技防、犬防相结合的原则；二是安全性、可靠性、实用性、先进性、配套性和兼容性、可扩展性的原则。

（一）技术防范基本要求

技术防范（技防）是利用各种电子信息设备组成系统和/或网络以提高探测、延迟、反应能力和防护功能的安全防范手段。

民用爆炸物品储存库技术防范应符合 GB 50348 要求，应安装具有联网报警功能的入侵报警、视频监控等技术手段的防范系统。其中，库房应安装入侵报警、视频监控装置；库区及重要通道应安装周界报警、视频监控装置。技术防范系统应预留远程联网的通信接口。

（二）人力防范基本要求

人力防范是执行安全防范任务的具有相应素质人员和/或人员群体的一种有组织的防范行为（包括人、组织和管理等）。民用爆炸物品储存库人力防范应符合国务院令第 466 号要求。

1. 人员配备

民用爆炸物品储存单位应设置治安保卫机构或者配备治安保卫人员，对治安防范设施开展经常性检查，及时发现、整改治安隐患，并有检查、整改记录。

民用爆炸物品储存库值守人员应符合以下要求：

一是年满 18 岁，不应超过 55 岁。

二是具有初中以上文化程度。

三是无刑事犯罪、劳动教养、行政拘留、强制戒毒记录。

四是具备完全民事行为能力，身体健康，能按照预案处置突发事件，能熟练操作与治安防范及安全保卫有关的装备器材。

五是接到报警信号后，能及时采取相应的有效措施，并按规定报警。

2. 制度规范

民用爆炸物品储存单位在制度规范上要符合以下要求：

一是要经常对保管员和值班守护人员等开展以防盗（抢）、防丢失为主要内容的培训教育，并有培训记录。定期召开安全例会，传达学习相关法律、法规及有关部门的文件精神和安全管理制度，并有会议记录。

二是要建立出入库检查制度，严格执行生产、销售、购买、运输、储存、领用、发放、清退、看护的有关规定，手续齐全，登记完整，有关资料至少保存2年。

三是要建立健全被盗（抢）、丢失等案件、事故登记、报告制度和案件、事故应急救援预案。

四是储存库实行24小时专人值守，每班值班守护人员不少于3人，其中1人值守报警值班室。值守人员应每小时对库区进行一次巡视，巡视时携带相应的自卫器具，并如实登记形成台账。值守人员履行值班、检查等岗位职责，严格交接班制度。

（三）实体防范基本要求

实体防范（物防）是用于安全防范目的、能延迟风险事件发生的各种实体防护手段（包括建（构）筑物、屏障、器具、设备、系统等）。

民用爆炸物品储存库实体防范应符合GB 6722、GB 50089、GB 50154、GB 17565要求。

储存库围墙既有防盗作用，也有防火、隔火作用，储存库墙角到围墙的距离太近或围墙高度太低都起不到防盗和防火的作用。储存库区一般地处偏僻复杂的环境，有的位置如果确实不便于垒起围墙且本身具有防盗、防火作用的，可不设密实围墙，允许设铁丝网围墙。①

储存库房的门应为双层门，内层门为加金属网的通风栅栏门，外层门为防盗门，两层门均应向外开启。储存库房的内、外两层门锁、钥匙应由双人分别保管，开启门时两人应同时在场。储存库房的库窗应设置铁栅栏、金属网，库区应设置符合有关技术标准规定的围墙。储存库房应设报警值班室，确保对以技术手段为主的防范设施实施统一控制；储存库房报警值班室应安装防盗门和防盗窗，其结构应坚固并具备防破坏能力；储存库房报警值班室应有防侵犯设施和自卫器具。

（四）犬防基本要求

民用爆炸物品储存库库区应配备2条（含）以上看护犬，看护犬应为大型犬，夜间应处于巡游状态。

五、民用爆炸物品储存库治安管理措施

（一）储存库所属单位的主要负责人是本单位治安防范工作的负责人，负责组织落实治安防范工作的实施；单位保卫组织在公安机关的指导监督下具体组织实施治安防范工作。

（二）治安防范工作的实施由储存库所属单位上级主管部门和公安部门负责监督、检查，对不符合标准的应及时整改。

（三）储存库所属单位具体组织实施本单位爆炸物品库安全防范管理工作，参与治安防范工程规划、设计、建设工作，提出防范需求和使用要求；治安防范工程的建设程序应符合《安全防范工程程序与要求》的规定，设计方案应该符合《安全防范系统通用图形符号》的规定；治安防范工程竣工后，由公安部门根据《安全防范系统验收规则》的有关规定组织

① 公安部治安管理局编．爆炸物品安全监管执法手册［M］．北京：群众出版社，2014.

验收。

（四）储存库治安防范设施应由专业人员或部门定期检测和维护，并准确记录每次的检测维护详情。

（五）储存库治安防范系统出现故障，应在48小时内恢复功能。在修复期间应采取有效的安全应急措施，并于24小时内报单位上级主管部门和公安部门。

第六节　民用爆炸物品爆破作业管理

爆破作业是比较特殊和危险的作业，从事爆破作业的单位必须具备相应的条件和资质。申请从事爆破作业的单位应当按照分级管理的规定提出申请。申请应当向本单位所在地人民政府公安机关提出，并提出能够证明其符合《民用爆炸物品安全管理条例》规定条件的有关材料。公安机关应当依法按照法定的审批程序，进行严格审查，并作出准予行政许可或者不予行政许可的书面决定。

一、爆破作业单位的条件

申请从事爆破作业的单位，应当具备下列条件：

（一）爆破作业属于合法的生产活动；

（二）有符合国家有关标准和规范的民用爆炸物品专用仓库；

（三）有具备相应资格的安全管理人员、仓库管理人员和具备国家规定执业资格的爆破作业人员；

（四）有健全的安全管理制度、岗位安全责任制度；

（五）有符合国家标准、行业标准的爆破作业专用设备；

（六）法律、行政法规规定的其他条件。

二、爆破作业单位分级

营业性爆破作业单位的资质等级由高到低分为一级、二级、三级、四级，从业范围包括设计施工、安全评估、安全监理三类。资质等级与从业范围的对应关系如表4-8所示。

表4-8　**营业性爆破作业单位资质等级与从业范围的对应关系**

资质等级	A级爆破作业项目	B级爆破作业项目	C级爆破作业项目	D级及以下爆破作业项目
一级	设计施工 安全评估 安全监理	设计施工 安全评估 安全监理	设计施工 安全评估 安全监理	设计施工 安全评估 安全监理
二级	—	设计施工 安全评估 安全监理	设计施工 安全评估 安全监理	设计施工 安全评估 安全监理
三级	—	—	设计施工 安全监理	设计施工 安全监理
四级	—	—	—	设计施工

需要注意的是，取得相应资质等级的营业性爆破作业单位，其从业范围并不一定与上表绝对对应，其从业范围由实施许可的公安机关根据单位申请，按照单位的技术力量、专用设备、设计施工业绩等条件来核准。①

三、爆破作业的许可

申请从事爆破作业的单位，应当按照国务院公安部门的规定，向人民政府公安机关提出申请，并提供能够证明其符合《民用爆炸物品安全管理条例》第 31 条规定条件的有关材料。受理申请的公安机关应当自受理申请之日起 20 日内进行审查，对符合条件的，核发《爆破作业单位许可证》；对不符合条件的，不予核发《爆破作业单位许可证》，书面向申请人说明理由。

营业性爆破作业单位持《爆破作业单位许可证》到工商行政管理部门办理工商登记后，方可从事营业性爆破作业活动。

爆破作业单位应当在办理工商登记后 3 日内，向所在地县级人民政府公安机关备案。

四、爆破作业单位应当遵守的相关规定

（一）爆破作业单位应当对本单位的爆破作业人员、安全管理人员、仓库管理人员进行专业技术培训。

（二）爆破作业单位应当按照其资质等级承接爆破作业项目，爆破作业人员应当按照其资格等级从事爆破作业。

根据爆破工程的复杂程度和爆破作业环境的特殊要求，应由设计、安全评估和审批单位商定适当提高相应爆破工程的管理级别。

未经县公安局批准，任何个人不得承担爆破工程的方案设计、安全评估、施工和监理工作。属 A、B、C、D 等级爆破工程设计、评估、施工监理等工作，必须由持有相应资质的爆破作业服务公司指派持有相应资质证书的爆破工程技术人员负责。

（三）在城市、风景名胜区和重要工程设施附近实施爆破作业的，应当向爆破作业所在地设施的市级人民政府公安机关提出申请。提交《爆破作业单位许可证》和具有相应资质的安全评估企业出具的爆破设计、施工方案评估报告。受理申请的公安机关应当自受理申请之日起 20 日内对提交的有关材料进行审查，对符合条件的单位作出批准的决定；对不符合条件的，作出不予批准的决定，并书面向申请人说明原因。实施上述爆破作业，还应当具有相关资质的安全监理单位企业进行监理，由爆破作业所在地县级人民政府机关负责组织实施安全警戒。

申请在城市、风景名胜区和重要工程设施附近实施爆破作业，应提交的材料有：《爆破作业单位许可证》和具有相应资质的安全评估企业出具的爆破设计、施工方案评估报告。根据《爆破安全规程》的规定，安全评估的内容主要有：一是地形地质勘测资料的完整性和可靠性；二是设计方法和设计参数选择的合理性；三是工程环境安全性评估；四是起爆网路的准爆性评估；五是可能发生的事故及其预防对策和抢救措施。

（四）爆破作业单位跨省、自治区、直辖市行政区域从事爆破作业的，应当事先将爆破作业项目的有关情况向爆破作业所在地县级人民政府公安机关报告。爆破作业单位报告的内

① 公安部治安管理局编．爆炸物品安全监管执法手册［M］．北京：群众出版社，2014.

容是爆破作业项目的有关情况，主要涉及的有爆破作业的目的、爆破作业的地点、使用的爆破作业的方法、爆破作业人员的基本情况等。

（五）爆破作业单位应当如实记载领取、发放民用爆炸物品的品种、数量、编号以及领取、发放人员姓名。领取民用爆炸物品的数量不得超过当班用量，作业后剩余的民用爆炸物品必须当班清退回库。

爆破作业单位应当将领取、发放民用爆炸物品的原始记录保存 2 年备查。

（六）实施爆破作业时，应当遵守国家有关标准和规范，在安全距离以外设置警示标志，安排警戒人员，并发出警戒信号。爆破作业结束后应当及时检查、排除未引爆的民用爆炸物品。爆破作业中的安全措施主要有以下几个方面：

1. 划定安全距离

爆破时，必然会产生爆破地震、空气冲击波、碎石飞散及有害气体，因而危及爆破区附近人员、设备、建筑物及井巷等的安全。因此，爆破设计时必须确定爆破危害范围并指定安全距离。安全距离包括爆破地震安全距离、爆破空气冲击波的安全距离、个别碎石飞散的安全距离和电力起爆的安全距离。

2. 设置警示标志并安排警戒人员

警示标志是在安全距离以外（危险区的边界）设置的，警戒人员也是。设置警示标志并安排警戒人员的目的，是为了防止无关人员进入，以免发生安全事故。

3. 检查、排除未引爆的民用爆炸物品

在实施爆破作业的过程中也可以发生意外，如未能引爆民用爆炸物品。在这种情况下，应当在爆破作业结束后及时排除未引爆的民用爆炸物品。以防止民用爆炸物品自爆而造成人身伤害和财产损失。这也是保证爆破作业安全的一项重要措施。

（七）爆破作业单位不再使用民用爆炸物品时应当将剩余的民用爆炸物品登记造册，报所在地县级人民政府公安机关组织监督销毁。

销毁的民用爆炸物品是爆破作业单位不再使用而剩余的民用爆炸物品。爆破作业单位不再使用民用爆炸物品的情形有多种，包括：爆破作业单位不再从事爆破作业、企业不再运营，或者爆破作业单位发现民用爆炸物品不合格不能使用等情形。销毁前，爆破作业单位必须将不再使用的剩余的民用爆炸物品登记造册。爆破作业单位不能擅自销毁剩余的民用爆炸物品。

民用爆炸物品的销毁是由爆炸作业单位所在地的县级公安机关组织监督销毁。公安机关在整个销毁民用爆炸物品的过程中起着组织、监督作用。

五、爆破作业管理

（一）爆破公告

爆破作业单位应在爆破前 1 天发布爆破公告。爆破公告应包括下列主要内容：①

1. 爆破地点；
2. 每次爆破时间；
3. 安全警戒范围；
4. 警戒标志；

① 公安部治安管理局．爆破作业技能与安全［M］．北京：冶金工业出版社，2014.

5. 起爆信号。

（二）对爆破员的要求

爆破员属于特殊工种，如果不懂爆破技术或在爆破作业中忽视安全，就会给国家财产和他人、自己的生命造成重大损失和严重危害，因此爆破作业必须经过设区的市级人民政府公安机关考核，取得爆破作业人员许可证的人员担任。未经过专业训练并取得爆破作业人员许可证的人员，一律不准施行爆破作业。爆破员要进行定期考查，发现不合格或不适应做爆破工作的，应收回爆破作业人员许可证，停止其从事的爆破工作的权利，爆破员改变工种或调离工作的，应在一个月内将爆破作业人员许可证交回原发证的公安机关。

（三）爆破现场管理

进行爆破作业时必须严格遵守《爆破安全规则》的规定，不准用铁器装炸药，装药时无关人员不准接近装药地点；不准在炸药箱和装药地点附近吸烟、用火；不准用明火、明药导引等危险方法引爆；不准在雷雨天气使用电雷管引爆。爆破现场要有专人负责组织指挥。爆破前在危险区的边界应设置警戒和标志等，禁止车辆行人通过，对危险区进行认真清理，在未清理完毕之前，警戒不能解除，其他人员也不允许进入危险区。

（四）领取、清退制度

爆破员领取炸药、雷管、导火索必须经班、组长或现场负责人批准，领取数量不得超过当班使用量，如果有剩余当天退回，不准放在工地或其他场所。爆破作业单位应当如实记载领取发放民用爆炸品的品种、数量以及领取、发放人员姓名。领取民用爆炸物品的数量不得超过当班使用量、作业后剩余的民用爆炸物品必须当班清退回库。

爆破作业单位应当将领取、发放民用爆炸物品的原始记录保存 3 年备查。

人工搬运民用爆炸物品时应有专业的爆破箱。箱内分两格，分炸药和爆破工具，不允许装其他易燃物品或杂物，雷管要单独分装。

严禁任何单位和个人私拿、私用、私藏、转让、转借、专卖民用爆炸物品，严禁使用民用爆炸物品炸鱼、炸兽。

第七节　民用爆炸物品的销毁

由于各种原因而报废的民用爆炸物品，必须及时销毁。销毁工作是从属于生产技术和使用技术的一部分，也是与生产和使用有密切关系的一个重要环节。

一、销毁工作的组织

公安机关组织实施的民用爆炸物品销毁工作，主要针对由公安机关收缴、公众捡拾上交或民间发现的无主的民用爆炸物品，以及战争遗留的军用爆炸物品，基本上包括了全部民用爆炸物品的种类①。

销毁民用爆炸物品工作是一项危险性工作，作业前必须妥善选择场地，选择正确的销毁方法，并严格执行有关销毁安全操作规程。

销毁民用爆炸物品时，必须登记造册并编写书面报告。报告中应说明被销毁民用爆炸物品的名称、数量、销毁原因、销毁方法、销毁地点和时间，报上级主管部门批准。报告一式

① 公安部治安管理局编．爆炸物品安全监管执法手册［M］．北京：群众出版社，2014.

五份，分送上级主管部门、单位总工程师或爆破工作领导人、单位安全保卫部门、民用爆炸物品库和当地县（市）公安局。销毁工作应根据单位总工程师或爆破工作领导的书面批示进行。

二、销毁场地选择

销毁工作必须在专用空场地内进行，并设置安全可靠的人员掩蔽所。选择场地的原则是：

一是场地应尽量选择在天然屏障的隐蔽地区，如山谷、丘陵盆地、河滩等。

二是场地周围 50 米以内要清除树林、杂草及其他可燃物。

三是场地与周围的建筑、铁路、高压输电线路以及通航河流之间，应满足安全距离的要求。

四是销毁场地应修筑必要的道路，确保运输过程的安全。

五是场地应选在居民区、建筑物的下风方向，以防因风大造成威胁。

三、常见销毁方法

常见的销毁方法有炸毁法、烧毁法、溶解法和化学分解法四种。

（一）炸毁法

只有确信炸药能完全爆炸时，才能使用炸毁法来销毁。使用炸毁法来销毁炸药时，一次允许的销毁量和每次的销毁地点，应根据具体条件和安全规程所规定的最小允许安全距离进行确定，一次销毁炸药的量一般为 10~15 千克。

1. 炸药的炸毁法

用炸毁法销毁炸药，应尽量采用电点火法起爆，特殊情况下也可采用导火索起爆法起爆，导火索长度不得短于 1.5 米，导火索应从下风方向铺向销毁地点与要销毁的炸药相接。并应将导火索拉直，覆盖砂土，以避免卷曲。

如果销毁的炸药传爆性能不好，则可在专门挖掘的 0.5 立方米的方坑内进行，每次销毁量以不超过 10 千克为宜。如发现爆炸不完全时，应收集起来再行销毁。

2. 工业雷管的炸毁法

用炸毁法销毁工业雷管时，可在野外小坑内进行。其上必须放一定数量的质量合格的炸药包或药块，用电力起爆法或导火索起爆法引爆炸药。每次销毁的工业雷管量不得超过 1000 发。

销毁电雷管前，要将电雷管脚线剪下，将雷管放入包装后，再放入土坑。允许以原包装形式销毁工业雷管，但不允许销毁无任何包装的工业雷管。

（二）烧毁法

烧毁法在销毁民用爆炸物品工作中有着非常重要的作用，其适用范围广，应用比较普遍，也是目前销毁工作中的主要手段，可用来销毁因燃烧不会引起爆炸的民用爆炸物品。由于它们类型和性能各不相同，故应分别采用不同的烧毁方法。

1. 起爆药的烧毁法

起爆药是指用于装填工业雷管的敏感度高的炸药，如雷汞、氮化铅、三硝基间苯二酚铅和二硝基重氮酚等。它们的特点是一经点燃，就立即爆炸。所以在销毁时，应根据这一特性采取一定的安全措施。其处理方法简单介绍如下：

将待处理的起爆药放于废机油中，大约经半天或一昼夜的时间使其浸透，目的是将起爆药钝化，以降低它的敏感程度及使它燃烧速度均匀。废药与废机油的重量比大约为1∶0.5。然后将其运到烧毁场，铺成薄层长条，用导火索或纸片在下风方向点燃。如用纸片点火时，应在燃毁起爆药条的下风方向，用树叶、干树枝或干草铺成一条长2米的引火路。

点燃后，操作人员应立即离开现场，在安全地带监视销毁情况。待燃烬熄火，并经检查后确认已完全销毁后方准离开销毁场地。

2. 炸药烧毁法

烧毁时，应将废炸药铺成长条，厚约2厘米，宽15~20厘米，长25米左右。可以并列3条进行烧毁，但必须分别点火。各药条之间的最小距离不得小于5米。药条应顺风铺设，以利于燃烧完全。

严禁成箱烧毁炸药。用明火点火时，可在药条的下风方向用易燃物（刨花、枯枝、纸等）铺设一条不小5米的引火路，点火后，操作人员应迅速避入安全地带。

烧毁炸药最好在比较干燥的天气时进行，雨天、雪天、大风天和夜间不能烧毁炸药。烧毁的炸药中有大块时，应先打碎。打碎时，应使用木槌操作，严禁用黑色金属敲打炸药。严禁将工业雷管、起爆药等混入被销毁的炸药中，以免发生意外。

在销毁过程中，不允许再添加炸药。只有在炸药确实烧尽并已熄灭后，才能走近燃烧地点。如发现还有未烧尽的炸药，必须将其集中并按上述方法再进行烧毁。只有确认场地上没有残火和没有前一批留下的炸药，待场地完全冷却后，方准进入下一次销毁工作。炸药销毁后留下的那些不适合继续使用的箱子及其他包装物，最好也用火烧掉。

3. 导火索和拉火管烧毁

导火索和拉火管的销毁可在壁厚5厘米，高1米以上的铁筒内生火，然后将短节的导火索和接火管分次均匀地放入筒内燃烧，每次投入量不得超过200克。也可以采用前法，在烧毁坑内进行。

（三）溶解法

溶解法一般适用于能溶于水而失掉爆炸性能的民用爆炸物品。如黑火药和硝铵类炸药等。

溶解方法是将被销毁的炸药放在水里，使其溶解。每次销毁15千克硝铵类炸药所需水量一般不应少于400~500千克，至少应为其所溶解炸药重量的30倍左右。溶解后的水必须倒入专用的深坑内，而且未溶解的炸药残渣，则应根据“溶解法处理的不溶物应捞出另行处理”的规定，集中起来加以烧毁。

（四）化学分解法

化学分解法用于处理数量较少，并能为化学药品所分解而失掉爆炸性能的民用爆炸物品。

对于雷汞，加入浓度为20%~25%的硫代硫酸钠（$Na_2S_2O_3$）溶液或加入硫化钠（Na_2S）溶液使其分解。分解氮化铅则加入亚硝酸钠、水及稀硝酸。分解特屈儿则可加入浓度为13%的硫化钠溶液。

四、销毁方法的确定

操作安全和处理彻底是销毁工作的基本要求，无论采用何种销毁方法，均应满足这两项要求。

销毁的方法选择是否合理，直接影响着销毁工作是否能顺利进行，也影响着销毁工作的好坏、效率的高低和经济性。因此，必须十分重视销毁方法的确定。

根据实践经验，对常见民用爆炸物品的销毁一般依据以下因素确定销毁方法。

（一）感度高的起爆药（如雷汞、氮化铅和二硝基重氮酚等）以及少量的废炸药的销毁，宜用化学处理法或烧毁法。

（二）黑火药、硝铵类炸药、导火索、点燃导火索的点火器材及其他失去爆炸性能的炸药宜采用烧毁法。但性质不同的火炸药及其制品不准同时烧毁；起爆药用烧毁法时，须先经机油钝化；雷管和导爆索不准采用混烧法销毁，因它们易由燃烧转为爆轰。

（三）凡本身具有爆炸性，而且确信能够完全爆炸的民用爆炸物品（如工业雷管，导爆索及一切炸药），均可采用炸毁法处理。

（四）含硝酸甘油百分比高的硝酸甘油类炸药或硝酸甘油混合物。宜采用炸毁法。含硝酸甘油类低的宜采用烧毁法。

（五）禁止用掩埋法处理各种已报废失效的民用爆炸物品。

（六）能溶解于水的废民用爆炸物品（硝铵类炸药、黑火药），可采用溶解法销毁。

五、销毁场地的安全设施

为确保销毁工作的安全进行，人员的隐蔽、民用爆炸物品废品的临时储存及起爆材料的准备，均需根据场地实际情况，充分利用自然掩蔽物来进行考虑安排。如果没有可供利用的自然掩蔽物时，则无论是炸毁法或烧毁法的场地，均应建立掩蔽所、民用爆炸物品临时存放库及起爆材料准备室。掩蔽所应设在上风方向，掩蔽所的结构和强度，必须能够承受销毁时所产生的冲击波的破坏作用。掩蔽所对着销毁场的一面墙上，应开有观察孔，观察孔上应装有防爆窗或挡板，出口则应背向场地。

掩蔽所、废品库及起爆材料准备室三者之间应符合最小允许距离的规定。它们分别到销毁场地的距离可按安全距离公式计算，但最低不得小于 50 米。

在没有人工和自然掩体的情况下，用炸毁法或燃烧法销毁民用爆炸物品时，起爆前或点燃后，参加销毁的人员应远离危险区，此距离由设计确定。

六、销毁工作的安全注意事项

（一）销毁工作应在白天较好的天气时进行，禁止在雷雨、暴风、大雨天及风向不定的气候条件下进行。

（二）销毁量不得超过允许规定的数量。

（三）设置安全警戒区，区内设置安全警戒人员。销毁过程中，无关人员和车辆不得进入。

（四）要销毁的民用爆炸物品应防止在阳光下暴晒。

（五）点火或起爆前要发出信号，待一切人员进入主掩蔽所或安全地带后，方准点火或起爆。起爆后，必须等 10~15 分钟后才能前去检查。对于未爆炸或爆炸不完全的爆破材料，应收集起来重新销毁。

第八节　涉爆单位的安全检查

一、涉爆单位安全检查的目的

对涉爆单位的全面细致的安全大检查，可以有效地消除民爆物品存放、使用等管理环节中存在的各种安全隐患，确保社会治安秩序稳定。

二、涉爆单位安全检查的法律依据

（一）《民用爆炸物品安全管理条例》

（二）《企业事业单位内部治安保卫条例》

（三）《公安机关监督检查企业事业单位内部治安保卫工作规定》

（四）《民用爆炸物品储存库治安防范要求》

（五）《小型民用爆炸物品储存库安全规范》

三、涉爆单位的安全检查内容

（一）对民用爆炸物品生产单位安全检查的主要内容

1. 检查是否有严格的管理制度，并且有专门的管理机构和专人实行有效的监督。

2. 检查危险工序是否有必要的防护和隔离措施，或者实行遥控操作。

3. 检查生产公房和中转库是否有必要的防护和隔离措施，或者实行遥控操作。

4. 检查是否坚持文明生产。在操作过程中，不要使药物受到撞击、摩擦，做到轻拿轻放。

5. 检查是否尽量避免使用黑色金属制成的工具；金属设备是否有良好的接地装置；电气设备是否采用防爆型设备。

6. 检查加热设备是否有良好的温度指示及温度自动控制装置，严禁使用明火加热。

7. 检查是否有可靠的防雷系统和导除静电的措施。

8. 检查是否随时清除工房内及设备上的药物粉尘。

9. 检查是否有足够的和可靠的消防系统和防火设施。

10. 检查危险品的领用、包装、入库、出库等环节，是否做到数字准确，并有登记和检验制度，严防丢失流散。

（二）对民用爆炸物品经销单位安全检查的主要内容

1. 检查经销单位是否持有《民用爆炸物品销售许可证》。

2. 检查经销单位民用爆炸物品来源、流向是否合法，有无非法经销行为。

3. 检查经销单位民用爆炸物销售安全管理制度建立和执行情况。

4. 检查经销单位使用的库房是否符合有关规定。

（三）对民用爆炸物品储存仓库安全检查的主要内容

1. 检查民用爆炸物品是否储存在专用仓库内，并按国家规定设置技术防范设施。对照原批准的图纸文件检查库区内外部安全距离及库房周围环境是否发生变化，有无在安全距离内增加建（构）筑物、临时用房或其他设施。

2. 检查出入库检验、登记制度的建立和执行情况，检查账、卡、物是否一致，有无丢失、被盗和弄虚作假登记账目情况。

3. 检查民用爆炸物品仓库是否有专职保管员保管，并且双人、双锁管理昼夜；是否有人值班守护。

4. 检查库区、库房的防火、防盗、报警、防爆、避雷、消防设施是否完善，有无警示牌，库区是否严禁烟火。

5. 检查库房门口部位是否用标示牌标示清楚核定的危险等级、储存品种、最大允许储存量以及负责人，检查库房存量是否超出最大允许储存量。

6. 检查是否有将性能相抵触的民用爆炸物品同库储存现象，有无存放过期产品和非法伪劣产品。

（四）对民用爆炸物品使用单位安全检查的主要内容

1. 用途是否合理，是否确实属于生产、建设、科研、施工等正常需要。

2. 使用地点是否安全，是否会因使用民用爆炸物品影响周围安全和群众的正常生活。使用民用爆炸物品的单位是否向公安机关报送使用地点的四邻距离图。进行爆破作业时，还要根据周围被保护对象所在位置、距离、结构坚固程度、重要性质等来确定安全距离、爆破方法、最大装药量。如果属于矿的开采，还应确定开采边界，并经规划部门确认。

3. 使用民用爆炸物品品种是否得当。要根据使用场所的环境选用适当民用爆炸物品，如矿井下的爆破就不宜使用导火索、火雷管、黑火药等。

4. 是否有存储民用爆炸物品的专用库房和专职的看管人员。

5. 是否有严密的管理制度和安全规程。大中型矿山企业要设立专门的管理机构和专职人员管理民用爆炸物品。

（五）对运输民用爆炸物品车辆安全检查的主要内容

1. 检查运输车辆是否持有《民用爆炸物品运输许可证》，是否有押运员负责押运，严禁无证运输。

2. 检查运输车辆是否符合国家有关规定，是否配有灭火器，有无危险品标记。

3. 检查货车包装是否牢固、严密，装载有无高出车厢挡板，有无网罩或篷布覆盖。

4. 检查运输民用爆炸物品是否与《民用爆炸物品运输许可证》上注明的品名、数量相符。

5. 检查有无将性质相抵触的民用爆炸物品混装在同一车厢内，有无同载运客或其他易燃易爆物品。

6. 检查运输车辆是否限速行驶，前后车辆是否保持避免引起殉爆的距离。严禁雷雨天运输爆炸品。

7. 检查工作人员有无在车上及附近吸烟。

四、涉爆单位安全检查的方法

（一）询问法

听取单位负责人汇报单位治安保卫工作整体情况，并要求其重点介绍民用爆炸物品安全管理情况。与相关治安保卫和安全管理人员座谈。对汇报和座谈情况进行记录。

（二）查阅法

查看单位《爆破作业许可证》及相关资料，查阅单位治安保卫规章制度及相关档案文件资料。

（三）实地查看法

实地查看爆破作业单位人防、物防、技防等治安防范措施落实情况。重点检查民用爆炸物品储存库和爆破作业项目现场等重点部位治安保卫情况。对发现的问题和隐患情况进行拍照、摄像记录。

（四）监控法

调取单位视频监控资料，对视频资料中显示的违法违规情况进行复制。

（五）其他方法

譬如仪器检查法、演练法等。

五、涉爆单位安全检查的要求

民用爆炸物品涉爆单位安全检查工作的基本要求有以下几个方面：

一是检查工作人员应具备民用爆炸物品生产、储存、运输、销售、使用的基本管理知识，了解民用爆炸物品产品的性能及安全条件。检查前应掌握检查工作程序，明确检查目的、检查内容、检查要求和安全注意事项，认真了解被检查单位生产或储存民用爆炸物品的品名及工房、库区的分布情况。自觉遵守民用爆炸物品产品生产、储存、运输、销售、使用中的各项安全规定。检查时应由被检查单位安全负责人陪同进行安全检查，进入危险工序应限制人数，且逗留时间不宜过长。对民用爆炸物品进行安全检查时，检查人员要有自我保护意识，应严格遵守安全检查的有关规定，防止意外事故发生。

二是检查人员在对民用爆炸物品生产线、储存库、爆破现场等地进行检查时，应穿防静电服装（全棉或其他）和软底鞋（最好是导电胶底，鞋底不允许有金属钉或掌），关闭无线电通讯设备。严禁随身携带香烟、火源及易燃易爆品。尤其是对雷管、起爆药或有炸药生产粉尘的生产线或仓库进行检查时，必须导除人体静电，且逗留时间不宜过长。检查过程中不得当场指责、吓唬工人，避免施工人紧张而导致失误。进入生产车间检查时，不宜触摸生产线上的成品及半成品，禁止随意开关生产线上的阀门或其他电器开关，以免引起事故。

三是需抽查民用爆炸物品时，应指出抽检项目、内容和要求，指定专业技术人员具体实施。操作时须轻拿轻放。非专业技术人员不得随意触碰起爆药剂、雷管等感度较高的民用爆炸物品。如需对成品、半成品开箱检查，必须将被检查物品移至远离车间、生产区的空旷地进行。不得在库内进行开箱取样或开箱检查。

四是在封存、收缴、搬运民用爆炸物品时、不要轻易拆包运输，尽量整车、整包运输，并且轻拿轻放，严禁拖拉、抛扔。尤其注意对雷管的搬运，可先用手接触接地导体或用水浸湿双手，注意电雷管脚线必须短路。少量雷管的运输应使用专用保险箱，并用软填塞物将雷管固定，避免摇晃、碰撞。如需对起爆炸药进行封存、搬运，应由专业人员操作。性质相抵触的民用爆炸物品严禁同箱搬运、同车运输或混存。

第九节 违反民用爆炸物品管理行为的法律责任

违反民用爆炸物品管理规定的行为，是指行为者违反了《刑法》、《治安管理处罚法》和《民用爆炸物品安全管理条例》等有关法律、法规的规定，非法制造、买卖、运输、使用民用爆炸物品，或存在安全隐患，或造成民用爆炸物品丢失、被盗和爆炸事故，依照有关法律、法规的规定，应当予以批评教育或追究法律责任的行为。

民用爆炸物品安全管理中常见的违法违规行为及法律责任如下：

一、非法制造、买卖、运输、邮寄、储存民用爆炸物品构成犯罪的行为

非法制造、买卖、运输、邮寄、储存民用爆炸物品，构成犯罪的，根据《刑法》第125条的规定，处3年以上10年以下有期徒刑；情节严重的，处10年以上有期徒刑、无期徒刑或者死刑。

二、未经许可生产、销售民用爆炸物品的行为

根据《民用爆炸物品安全管理条例》规定，未经许可生产、销售民用爆炸物品的，由工业和信息化主管部门责令停止非法生产、销售活动，处10万元以上50万元以下的罚款，并没收非法生产、销售的民用爆炸物品及其违法所得。

三、民用爆炸物品从业单位违规生产、销售的行为

根据《民用爆炸物品安全管理条例》第45条的规定，生产、销售民用爆炸物品的企业有下列情形之一的，由工业和信息化主管部门责令限期改正，处10万元以上50万元以下的罚款；逾期不改正的，责令停产停业整顿；情节严重的，吊销《民用爆炸物品生产许可证》或者《民用爆炸物品销售许可证》：

（一）超出生产许可的品种、产量进行生产、销售的；

（二）违反安全技术规程生产作业的；

（三）民用爆炸物品的质量不符合相关标准的；

（四）民用爆炸物品的包装不符合法律、行政法规的规定以及相关标准的；

（五）超出购买许可的品种、数量销售民用爆炸物品的；

（六）向没有《民用爆炸物品生产许可证》、《民用爆炸物品销售许可证》、《民用爆炸物品购买许可证》的单位销售民用爆炸物品的；

（七）民用爆炸物品生产企业销售本企业生产的民用爆炸物品未按照规定向工业和信息化主管部门备案的；

（八）未经审批进出口民用爆炸物品的。

四、违规运输民用爆炸物品的行为

根据《民用爆炸物品安全管理条例》第47条的规定，经由道路运输民用爆炸物品，有下列情形之一的，由公安机关责令改正，处5万元以上20万元以下的罚款：

（一）违反运输许可事项的；

（二）未携带《民用爆炸物品运输许可证》的；

（三）违反有关标准和规范混装民用爆炸物品的；

（四）运输车辆未按照规定悬挂或者安装符合国家标准的易燃易爆危险物品警示标志的；

（五）未按照规定的路线行驶，途中经停没有专人看守或者在许可以外的地点经停的；

（六）装载民用爆炸物品的车厢载人的；

（七）出现危险情况未立即采取必要的应急处置措施、报告当地公安机关的。

五、违反爆破作业管理规定的行为

根据《民用爆炸物品安全管理条例》第 48 条的规定，从事爆破作业的单位有下列情形之一的，由公安机关责令停止违法行为或者限期改正，处 10 万元以上 50 万元以下的罚款；逾期不改正的，责令停产停业整顿；情节严重的，吊销《爆破作业单位许可证》：

（一）爆破作业单位未按照其资质等级从事爆破作业的；

（二）营业性爆破作业单位跨省、自治区、直辖市行政区域实施爆破作业，未按照规定事先向爆破作业所在地的县级人民政府公安机关报告的；

（三）爆破作业单位未按照规定建立民用爆炸物品领取登记制度、保存领取登记记录的；

（四）违反国家有关标准和规范实施爆破作业的。

六、违反储存管理规定的行为

根据《民用爆炸物品安全管理条例》第 49 条的规定，有下列情形之一的，由工业和信息化主管部门、公安机关按照职责责令限期改正，可以并处 5 万元以上 20 万元以下的罚款；逾期不改正的，责令停产停业整顿；情节严重的，吊销许可证：

（一）未按照规定在专用仓库设置技术防范设施的；

（二）未按照规定建立出入库检查、登记制度或者收存和发放民用爆炸物品，致使账物不符的；

（三）超量储存、在非专用仓库储存或者违反储存标准和规范储存民用爆炸物品的；

（四）有本条例规定的其他违反民用爆炸物品储存管理规定行为的。

七、违规携带民用爆炸物品的行为

根据《民用爆炸物品安全管理条例》第 51 条的规定，携带民用爆炸物品搭乘公共交通工具或者进入公共场所，邮寄或者在托运的货物、行李、包裹、邮件中夹带民用爆炸物品，构成犯罪的，依法追究刑事责任；尚不构成犯罪的，由公安机关依法给予治安管理处罚，没收非法的民用爆炸物品，处 1000 元以上 1 万元以下的罚款。

八、其他违规行为

根据《民用爆炸物品安全管理条例》第 50 条的规定，民用爆炸物品从业单位有下列情形之一的，由公安机关处 2 万元以上 10 万元以下的罚款；情节严重的，吊销其许可证；有违反治安管理行为的，依法给予治安管理处罚：

（一）违反安全管理制度，致使民用爆炸物品丢失、被盗、被抢的；

（二）民用爆炸物品丢失、被盗、被抢，未按照规定向当地公安机关报告或者故意隐瞒不报的；

（三）转让、出借、转借、抵押、赠送民用爆炸物品的。

根据《民用爆炸物品安全管理条例》第 52 条的规定，民用爆炸物品从业单位的主要负责人未履行本条例规定的安全管理责任，导致发生重大伤亡事故或者造成其他严重后果，构成犯罪的，依法追究刑事责任；尚不构成犯罪的，对主要负责人给予撤职处分，对个人经营的投资人处 2 万元以上 20 万元以下的罚款。

根据《民用爆炸物品安全管理条例》第53条的规定，工业和信息化主管部门、公安机关、工商行政管理部门的工作人员，在民用爆炸物品安全监督管理工作中滥用职权、玩忽职守或者徇私舞弊，构成犯罪的，依法追究刑事责任；尚不构成犯罪的，依法给予行政处分。

☞ **思考题：**

1. 简述炸药化学变化形式之间的联系与区别。
2. 在实际工作中如何正确利用炸药的感度？
3. 什么是炸药的氧平衡？简述炸药的氧平衡在实际工作中的应用。
4. 什么是单质炸药？什么是混合炸药？简述二者之间的区别。
5. 如何理解民用爆炸物品的管理方针？
6. 列举五种违反民用爆炸物品安全管理的行为，并根据《民用爆炸物品安全管理条例》说明如何处罚？

☞ **本章参考文献：**

[1] 刘金星．危险物品管理教程［M］．郑州：河南人民出版社，2003.

[2] 殷英华，蔡少铿，刘金星．危险物品管理教程（2012年修订本）［M］．北京：中国人民公安大学出版社，2012.

[3] 闫正斌．爆炸物品安全监管常用执法规范选编［M］．北京：群众出版社，2014.

[4] 闫正斌．爆炸物品安全监管执法手册［M］．北京：群众出版社，2014.

[5] 王百姓，刘金星，申玉瑞．爆炸物品使用与管理［M］．郑州：河南科学技术出版社，1991.

[6] 董青青，盛虎．危险物品安全管理［M］．北京：群众出版社，2007.

[7] 闫正斌．爆破作业技能与安全［M］．北京：冶金工业出版社，2014.

第五章　烟花爆竹管理

☞ **本章重点：**

1. 烟花爆竹的运输、燃放管理；
2. 烟花爆竹单位安全检查；
3. 违反烟花爆竹管理行为的法律责任。

☞ **本章难点：**

1. 公安机关对经由道路运输烟花爆竹、焰火晚会和大型焰火燃放活动的管理；
2. 大型焰火燃放作业单位与人员资格证明的许可条件和程序；
3. 公安机关对涉烟花爆竹单位的安全检查。

第一节　烟花爆竹管理概述

我国燃放烟花爆竹的历史源远流长，早在1400多年前的《荆楚岁时记》就有记载："正月一日，是三元之日也，春秋谓之端日，鸡鸣而起，先于庭前爆竹以避山魈恶鬼。"在当时，爆竹是用于避邪祛灾的主要道具，后来，燃放烟花爆竹渐渐地成为了一项娱乐活动，在古代已经变得非常流行了。宋代著名文学家、政治家王安石曾在他的诗《元日》中这样描绘过过年时燃放鞭炮的情景："爆竹声中一岁除，春风送暖入屠苏。千门万户曈曈日，总把新桃换旧符。"清代潘荣陛在《帝京岁时纪胜》中也对当时除夕爆竹做了如下记载："除夕之次，子夜相交，门外宝炬争辉，玉河竞响。而爆竹如击浪轰雪，遍乎朝野，彻夜不停。"可见，燃放烟花爆竹已成为我国传统习俗、传统文化象征之一。然而烟花爆竹具有爆炸性、燃烧性、污染性的特点，往往会导致爆炸、火灾等安全事故的发生，还会引发当地的大气、水源污染等诸多环境问题。因此，如何加强烟花爆竹安全管理，既能够保留中华民族这一文化传统，又能最大限度地保障公民的人身和财产安全，是当前危险物品管理工作的一大课题。

一、烟花爆竹的含义和分类

（一）烟花爆竹的含义

根据国家标准《烟花爆竹安全与质量（GB10631—2013）》的规定，烟花爆竹，是指以烟火药为主要原料制成，引燃后通过燃烧或爆炸，产生光、声、色、型、烟雾等效果，用于观赏、具有易燃易爆危险的物品，也是烟花和爆竹的统称。

烟花，是指燃放时能形成色彩、图案、产生音响效果并以视觉效果为主的产品。

爆竹，是指燃放时主体爆炸（主体筒体破碎或者爆裂）但不升空，产生爆炸声音、闪光等效果，以听觉效果为主的产品。

（二）烟花爆竹的分类

1. 按产品类别分

《烟花爆竹安全管理条例》所称烟花爆竹，不仅包括烟花爆竹制品，也包括用于生产烟花爆竹的民用黑火药、烟火药、引火线等物品，即烟花爆竹的原料。

（1）烟花爆竹制品。

依据《烟花爆竹安全与质量》（GB10631—2013）的规定，根据结构与组成、燃放运动轨迹及燃放效果，烟花爆竹制品分为以下 9 大类：

①爆竹类。燃放时主体爆炸（主体筒体破碎或者爆裂）但不升空，产生爆炸声音、闪光等效果，以听觉效果为主的产品。

②喷花类。燃放时以直向喷射火苗、火花、响声（响珠）为主的产品。

③旋转类。燃放时主体自身旋转但不升空的产品。

④升空类。燃放时主体定向或旋转升空的产品。

⑤吐珠类。燃放时从同一筒体内有规律地发射出（药粒或药柱）彩珠、彩花、声响等效果的产品。

⑥玩具类。形式多样、运动范围相对较小的低空产品，燃放时产生火花、烟雾、爆响等效果，有玩具造型、线香、摩擦、烟雾产品等。

⑦礼花类。燃放时，弹体、效果件从发射筒（单筒，含专用发射筒）发射到高空或水域后能爆发出各种光色、花型图案或其他效果的产品。

⑧架子烟花类。以悬挂形式固在架子装置上燃放的产品，燃放时以喷射（直向、侧向、双向）火苗、火花，编织形成字幕、图案、瀑布、人物、山水等画面。分为瀑布、字幕、图案等。

⑨组合烟花类。由两个或两个以上小礼花、喷花、吐珠同类或不同类烟花组合而成的产品。

（2）烟花爆竹主要原材料。

①民用黑火药。民用黑火药，是相对军用黑火药而言，用硝酸钾、硫磺、木炭等混合而成，用于礼花弹、烟花、鞭炮等产品的点火药、引燃药、发射药及抛射药。民用黑火药外观可分为粒状药与粉状药，粒状药应为滚光的呈灰黑色的颗粒，且带光泽；粉状药应为均匀的灰黑色粉末。民用黑火药应贮存在干燥、通风、温度不超过 40℃ 的库房内，不应与易燃、易爆物共存。

②烟火药。烟火药在本质上是火炸药的一种，是一种特殊的含能材料，在燃烧反应中可产生可见光、红外辐射、高热、高压气体、气熔胶烟幕和声响等效应。烟火药的组成和效果多种多样，但其主要成分为氧化剂、可燃剂组成，以及附加的粘合剂、特种效应物质及阻燃剂组成。[①] 常见烟火药有发射药、照明剂、彩色火焰药、彩色烟发生剂、点火药等，通常与铝、镁、铁等金属燃料以及硫磺、硼、磷等非金属燃料中的一种或多种混合使用，以产生不同的声光效果。

③引火线。引火线，简称引线，又称药捻，国家标准《烟花爆竹-引火线》（GB19595—2004）规定是用于烟花爆竹点火、传火、控制时间的烟火药制品，以烟火药为药芯，纱纸、牛皮纸、棉线或防潮材料为包缠物。引火线根据燃烧速度可分为快速引火线、慢速引火线。

① 刘洪艳．烟火药剂原材料性质及应用技术简述［J］．花炮科技与市场，2013（02）．

燃速小于3.0厘米/秒的引火线为慢速引火线，包括定时引火线、安全引火线、纸引火线；燃速大于等于3.0厘米/秒的引火线为快速引火线，包括牛皮纸快速引火线、防水快速引火线、安全快速引火线。

2. 按产品级别分

按照药量及所能构成的危险性大小，烟花爆竹产品分为A、B、C、D四级。

（1）A级。

A级，是指由专业燃放人员在特定的室外空旷地点燃放、危险性很大的产品。

（2）B级。

B级，指由专业燃放人员在特定的室外空旷地点燃放、危险性较大的产品。

（3）C级。

C级是指适于室外开放空间燃放的产品，危险性较小的产品。

（4）D级。

D级是指适于近距离燃放的产品，危险性很小的产品。

3. 按消费类别分

按照对燃放人员要求的不同，烟花爆竹产品分为个人燃放类和专业燃放类两种。

（1）个人燃放类。

个人燃放类，是指不需加工安装，普通消费者可以燃放的C、D级产品。

（2）专业燃放类。

专业燃放类，是指应由取得燃放专业资质人员燃放的A、B级产品和需加工安装的C、D级产品。

二、烟花爆竹管理的方针与意义

（一）烟花爆竹管理的方针

国家各级安全监管部门和公安机关以对人民群众生命财产高度负责的态度，坚持“安全第一、预防为主、综合治理”的方针，切实加强对烟花爆竹的安全管理，做到思想认识上警钟长鸣、制度保证上严密有效、技术支撑上坚强有力、监督检查上严格细致、事故处理上严肃认真。

安全第一，是烟花爆竹管理的基本原则，也是我国安全管理最早确立的基本方针。早在1952年，毛泽东同志就提出“在实施增产节约的同时，必须注意职工的安全”，时任劳动部部长的李立三在此基础上提出“安全生产方针”①；1987年“安全第一，预防为主”写入我国第一部《劳动法（草案）》，从此确立了“安全第一，预防为主”为国家安全生产管理的基本方针。“安全第一”强调安全的第一性，即安全第一，生产第二的基本原则。在烟花爆竹管理过程中，将安全工作，特别是劳动者的生命安全与健康放在首位，作为生产顺利进行的前提和保证，也是保障生产顺利进行，实现可持续发展和经济效益的基本条件。对不符合安全要求的单位或个人应采取停产、停运、停用烟花爆竹的措施，对有关违法人员给予必要的处罚。

预防为主，是烟花爆竹管理的最有效措施。古人云“防患于未然”、“凡事预则立，不预则废”，预防为主就是变事后处理为事前预防。预防为主通过贯彻国家法规与技术标准，

① 《劳动保护》编辑部．我国安全生产方针的演变［J］．劳动保护，2009（10）．

运用科学技术手段来实现，通过进行严格的审查许可，实施监督检查、教育培训，采取各种有效措施，发现和治理事故隐患，消除隐患，防止因管理中存在的物的不安全状态、人的不安全行为以及管理缺陷而导致事故的发生。

综合治理，是烟花爆竹管理的根本保障。烟花爆竹管理涉及公安部门、安全生产监督管理部门、质量监督检验部门、工商行政管理部门等多个部门，综合治理是落实烟花爆竹安全管理方针政策、法律法规的最有效手段，具有鲜明的时代特征和很强的针对性，体现了安全管理方针的新发展。

（二）烟花爆竹管理的意义

公安部、原国防科工委于2006年颁布的《民用爆炸物品品名表》并未将烟花爆竹制品直接归类于民用爆炸物品，与《刑法》意义上的民用爆炸物品有所区别，然而烟花爆竹的原材料如黑火药、烟火药、导火线在满足一定的数量条件时，依然具有爆炸物品的爆炸性、杀伤性、污染性特点，因此对烟花爆竹生产、经营、储存、运输、使用及销毁环节的管理，具有重要的意义。

1. 加强烟花爆竹管理，可以有效防止因安全管理制度不健全、措施不到位而引发的爆炸案件、事故；

2. 加强烟花爆竹管理，可以防止非法违法生产、经营、储存、运输、燃放烟花爆竹，以及防止烟花爆竹通过非法渠道流入消费者手中，对社会公共安全构成严重威胁；

3. 加强烟花爆竹管理，可以尽可能减少或减缓烟花爆竹对环境造成的垃圾、空气、噪音污染。

三、烟花爆竹管理的法律依据及技术标准

（一）烟花爆竹管理的法律依据

1. 法律

为了加强我国烟花爆竹安全管理，预防爆炸事故、案件发生，保障公共安全和人身、财产的安全，2006年国务院出台《烟花爆竹安全管理条例》，为烟花爆竹的生产、经营、运输和燃放提供了法律依据。《烟花爆竹安全管理条例》规定了烟花爆竹管理的范围，明确了管理部门与职责，明确了生产、销售、运输、燃放企业或个人应具备的条件、申请行政许可事宜及安全规定，以及明确违反烟花爆竹安全管理规定行为应承担的法律责任。同年实施的《治安管理处罚法》进一步明确了生产、经营、运输烟花爆竹构成违反治安管理行为的法律责任。

2. 部门规章

国务院所属的各部门、委员会在自己的职权范围内发布的烟花爆竹管理事项的规范性文件，例如国家安全监督总局于2013年制定的《烟花爆竹经营许可实施办法》。

3. 地方法规

各地人大立法机关根据本行政区域的具体情况和实际需要，制定适用于本行政区烟花爆竹管理相关法规，例如《北京市烟花爆竹安全管理规定》、《重庆市燃放烟花爆竹管理条例》、《上海市烟花爆竹安全管理条例》等。

（二）烟花爆竹管理的技术标准

我国烟花爆竹管理的技术标准有国家标准、行业标准与地方标准：

1. 国家标准

2013年出台的《烟花爆竹安全与质量》（GB10631—2013），该标准对照美国、欧盟标准，结合中国国情，明确规定了烟花爆竹术语和定义、分类与分级、通用安全质量要求、检验方法、检验规则、运输和储存等内容。除此以外，还有《烟花爆竹抽样检查规则》（GB10632—2004）、《烟花爆竹作业安全技术规程》（GB11652—2012）等。

2. 行业标准

国务院有关行政主管部门和有关行业协会设有标准化管理机构，分工管理本部门本行业的标准化工作，如公安部《焰火晚会烟花爆竹燃放安全规程》（GA 183—2005）。

3. 地方标准

地方标准是各地针对不同的需要，在法律法规约束的条件下，制定相应的标准，如江西省地方标准《烟花爆竹电子监管码 RFID 标签应用规范》（DB36/T 606—2011）。

四、烟花爆竹管理主体与职责

（一）安全生产监督管理部门

安全生产监督管理部门负责烟花爆竹的安全生产监督管理。其职责主要包括：

1. 监管烟花爆竹的生产安全

对烟花爆竹生产企业的投产、扩大产能、技术改造申请进行安全审查，核发安全生产许可证。

2. 监管烟花爆竹的经营安全

对烟花爆竹经营企业或个人的从业申请进行安全审查，核发经营许可证；对从事烟花爆竹经营者的经营布点进行行政许可。

3. 教育培训从业人员

监督生产烟花爆竹的企业对生产作业人员进行安全生产知识教育，对从事危险工序的作业人员进行专业技术培训，经安全生产监督管理部门考核合格，方可上岗作业。

4. 查处烟花爆竹安全管理违法行为

安全生产监督管理部门对生产烟花爆竹的企业、从事烟花爆竹的经营企业及零售经营者违反规定可责令其停止违法行为、限期改正并处罚款、吊销安全生产许可证。

（二）公安部门

公安部门负责烟花爆竹的公共安全管理。其职责主要包括：

1. 监管烟花爆竹的道路运输

运达地县级人民政府公安部门对经由道路运输烟花爆竹的申请进行审批许可；对烟花爆竹的运输安全情况进行监督检查，预防安全事故与爆炸案件。

2. 监管烟花爆竹的燃放

各级公安部门对举办焰火晚会以及其他大型焰火燃放活动的申请进行审批许可；对大型焰火燃放作业单位资格证明与大型焰火燃放作业人员资格证明进行审批许可；对涉烟花爆竹的单位与危险等级较高的焰火晚会以及其他大型焰火燃放活动进行安全监督检查。

3. 教育宣传

公安机关通过对烟花爆竹运输和燃放实施安全教育，与新闻媒体向社会大众宣传烟花爆竹安全管理法律、法规，提高烟花爆竹从业单位和人员以及人民群众的安全防范意识和水平。

4. 查处烟花爆竹安全管理违法犯罪行为

公安部门负责查处以下行为：一是未经许可或违反规定经由道路运输烟花爆竹的；二是非法生产、经营、运输烟花爆竹，构成违反治安管理行为或构成犯罪的；三是涉烟花爆竹企业丢失黑火药、烟火药、引火线未及时向当地安全生产监督管理部门和公安部门报告的；四是非法携带、邮寄、夹带烟花爆竹的；五是未经许可或违反规定举办焰火晚会以及其他大型焰火燃放活动的。

公安机关对违反烟花爆竹安全管理的主体，依法实施警告、罚款、行政拘留、责令停产（停业）整顿、吊销公安机关颁发的许可证等行政处罚，对构成犯罪的，依法追究其刑事责任。

5. 组织销毁处置废旧和罚没的烟花爆竹

对没收的非法烟花爆竹以及生产、经营企业弃置的废旧烟花爆竹，应当就地封存，并由公安部门组织销毁、处置。

（三）质量监督检验部门

质量监督检验部门负责烟花爆竹的质量监督和进出口检验。其职责主要包括：监督检查烟花爆竹的质量，检验进出口烟花爆竹的安全质量。

（四）工商行政管理部门

工商行政管理部门依据有关部门核发的许可证件，核发涉烟花爆竹单位营业执照，并监督管理烟花爆竹市场经营活动。

五、烟花爆竹的信息化管理

由于烟花爆竹属于易燃易爆的危险物品，随着烟花爆竹市场需求量日益增加，受经济利益驱动，非法违法生产、经营、储存、运输、燃放烟花爆竹的现象明显增多，烟花爆竹通过非法渠道流入消费者手中，对社会公共安全构成严重威胁，由此引起的事故时有发生。2010年8月3日，国家安全生产监督管理总局、公安部联合下发《关于加强烟花爆竹（礼花弹）流向信息化监管工作的通知》，要求建立全国统一的烟花爆竹（礼花弹）流向监管信息系统，强化对礼花弹生产、销售、运输、出口、燃放及销毁等各环节的安全监管，实现部门之间、地区之间的信息共享和工作紧密衔接，有效预防事故发生，保障人民群众生命财产安全，维护社会稳定。

当前我国已建立起全国烟花爆竹流向信息管理系统（网址：http：//www.yhbzxt.com/），该系统以《烟花爆竹流向登记通用规范》（AQ4102—2008）为建设依据，全国烟花爆竹生产、经营（批发和出口）、燃放企业统一使用该系统对生产、销售、出口、运输、燃放活动进行许可申请，并对烟花爆竹产品进行标识和流向登记。安监、公安等部门能够使用该系统对生产、销售、出口、运输、燃放、销毁各环节实施全过程监控。

通过全国烟花爆竹流向管理信息系统能够实现以下目标：一是掌握信息。掌握全国烟花爆竹生产、经营、燃放企业信息；产品流量流向信息等。二是规范管理。规范烟花爆竹生产、销售、出口、运输、燃放信息采集工作流程，大型焰火燃放作业单位资质证明和大型焰火燃放作业人员资格证明申办流程，烟花爆竹道路运输许可证申办流程，燃放作业业绩档案备案内容和流程等。三是加强控制。加强烟花爆竹道路运输许可证、焰火燃放许可证管理，通过产品流量流向信息，及时发现、制止违法违规行为，提供查明证件真伪的技术手段等。四是服务企业。企业网上申办大型焰火燃放作业单位资质证明、大型焰火燃放作业人员资格证明、烟花爆竹道路运输许可证、焰火燃放许可证，节约办证时间、提高效率。提供企业和监管部门信息交流的网上平台等。

第二节　烟花爆竹生产和经营管理

一、烟花爆竹的生产管理

（一）生产烟花爆竹的企业应具备的条件

生产烟花爆竹的企业应当具备以下条件：

1. 符合当地产业结构规划；
2. 基本建设项目经过批准；
3. 选址符合城乡规划，并与周边建筑、设施保持必要的安全距离；
4. 厂房和仓库的设计、结构和材料以及防火、防爆、防雷、防静电等安全设备、设施符合国家有关标准和规范；
5. 生产设备、工艺符合安全标准；
6. 产品品种、规格、质量符合国家标准；
7. 有健全的安全生产责任制；
8. 有安全生产管理机构和专职安全生产管理人员；
9. 依法进行了安全评价；
10. 有事故应急救援预案、应急救援组织和人员，并配备必要的应急救援器材、设备；
11. 法律、法规规定的其他条件。

（二）烟花爆竹生产的行政许可

1. 烟花爆竹生产的申请

烟花爆竹的生产需要行政许可。根据《烟花爆竹安全管理条例》第 9 条规定，生产烟花爆竹的企业，应当在投入生产前向所在地设区的市人民政府安全生产监督管理部门提出安全审查申请，并提交能够证明符合生产烟花爆竹的企业应具备条件的有关材料。

2. 烟花爆竹生产申请的审查

设区的市人民政府安全生产监督管理部门应当自收到材料之日起 20 日内提出安全审查初步意见，报省、自治区、直辖市人民政府安全生产监督管理部门审查。省、自治区、直辖市人民政府安全生产监督管理部门应当自受理申请之日起 45 日内进行安全审查，对符合条件的，核发《烟花爆竹安全生产许可证》；对不符合条件的，应当说明理由。

3. 烟花爆竹扩大再生产的申请

生产烟花爆竹的企业为扩大生产能力进行基本建设或者技术改造的，应当依照规定申请办理安全生产许可证。生产烟花爆竹的企业，持《烟花爆竹安全生产许可证》到工商行政管理部门办理登记手续后，方可从事烟花爆竹生产活动。

（三）烟花爆竹生产企业的安全职责

1. 生产烟花爆竹的企业，应当按照安全生产许可证核定的产品种类进行生产，生产工序和生产作业应当执行有关国家标准和行业标准。

2. 生产烟花爆竹的企业，应当对生产作业人员进行安全生产知识教育，对从事药物混合、造粒、筛选、装药、筑药、压药、切引、搬运等危险工序的作业人员进行专业技术培训。从事危险工序的作业人员经设区的市人民政府安全生产监督管理部门考核合格，方可上岗作业。

3. 生产烟花爆竹使用的原料，应当符合国家标准的规定。生产烟花爆竹使用的原料，国家标准有用量限制的，不得超过规定的用量。不得使用国家标准规定禁止使用或者禁忌配伍的物质生产烟花爆竹。

4. 生产烟花爆竹的企业，应当按照国家标准的规定，在烟花爆竹产品上标注燃放说明，并在烟花爆竹包装物上印制易燃易爆危险物品警示标志。

5. 生产烟花爆竹的企业，应当对黑火药、烟火药、引火线的保管采取必要的安全技术措施，建立购买、领用、销售登记制度，防止黑火药、烟火药、引火线丢失。黑火药、烟火药、引火线丢失的，企业应当立即向当地安全生产监督管理部门和公安部门报告。

二、烟花爆竹的经营管理

《烟花爆竹安全管理条例》将烟花爆竹的经营分为批发和零售。零售是指商品经营者或生产者把烟花爆竹卖给个人消费者或社会团体消费者的交易活动；批发与零售相对，是指商品经营者或生产者从事大宗烟花爆竹交易的商业活动。从事烟花爆竹批发的企业和零售经营者的经营布点，应当经安全生产监督管理部门审批。禁止在城市市区布设烟花爆竹批发场所；城市市区的烟花爆竹零售网点，应当按照严格控制的原则合理布设。

（一）烟花爆竹批发的行政许可

1. 从事烟花爆竹批发的企业应具备的条件

（1）具有企业法人条件；

（2）经营场所与周边建筑、设施保持必要的安全距离；

（3）有符合国家标准的经营场所和储存仓库；

（4）有保管员、仓库守护员；

（5）依法进行了安全评价；

（6）有事故应急救援预案、应急救援组织和人员，并配备必要的应急救援器材、设备；

（7）法律、法规规定的其他条件。

2. 从事烟花爆竹批发的申请与审查

（1）申请从事烟花爆竹批发的企业，应当向所在地省、自治区、直辖市人民政府安全生产监督管理部门或者其委托的设区的市人民政府安全生产监督管理部门提出申请，并提供能够证明符合规定条件的有关材料。

（2）受理申请的安全生产监督管理部门应当自受理申请之日起30日内对提交的有关材料和经营场所进行审查，对符合条件的，核发《烟花爆竹经营（批发）许可证》；对不符合条件的，应当说明理由。

（二）烟花爆竹零售的行政许可

1. 烟花爆竹零售经营者应具备的条件

（1）主要负责人经过安全知识教育；

（2）实行专店或者专柜销售，设专人负责安全管理；

（3）经营场所配备必要的消防器材，张贴明显的安全警示标志；

（4）法律、法规规定的其他条件。

2. 从事烟花爆竹零售的申请与审查

（1）申请从事烟花爆竹零售的经营者，应当向所在地县级人民政府安全生产监督管理部门提出申请，并提供能够证明符合规定条件的有关材料。

（2）受理申请的安全生产监督管理部门应当自受理申请之日起20日内对提交的有关材料和经营场所进行审查，对符合条件的，核发《烟花爆竹经营（零售）许可证》；对不符合条件的，应当说明理由。《烟花爆竹经营（零售）许可证》，应当载明经营负责人、经营场所地址、经营期限、烟花爆竹种类和限制存放量。

（三）烟花爆竹批发企业、零售经营者的义务

1. 烟花爆竹的批发企业、零售经营者，持烟花爆竹经营许可证到工商行政管理部门办理登记手续后，方可从事烟花爆竹经营活动。

2. 从事烟花爆竹批发的企业，应当向合法生产烟花爆竹的企业采购烟花爆竹，向合法从事烟花爆竹零售的经营者供应烟花爆竹。从事烟花爆竹零售的经营者，应当向合法从事烟花爆竹批发的企业采购烟花爆竹。从事烟花爆竹批发的企业、零售经营者不得采购和销售非法生产、经营的烟花爆竹。

3. 从事烟花爆竹批发的企业，不得向从事烟花爆竹零售的经营者供应按照国家标准规定应由专业燃放人员燃放的烟花爆竹。从事烟花爆竹零售的经营者，不得销售按照国家标准规定应由专业燃放人员燃放的烟花爆竹。

4. 生产、经营黑火药、烟火药、引火线的企业，不得向未取得烟花爆竹安全生产许可的任何单位或者个人销售黑火药、烟火药和引火线。

第三节 烟花爆竹运输管理

烟花爆竹的运输可分为道路、铁路、水路、航空四种形式。我国规定运输烟花爆竹应当经过行政许可，未经许可，任何单位或者个人不得进行烟花爆竹运输活动。经由道路运输烟花爆竹的，应当经公安部门许可；经由铁路、水路、航空运输烟花爆竹的，依照铁路、水路、航空运输安全管理的有关法律、法规、规章的规定执行。

一、经由道路运输烟花爆竹的管理

（一）烟花爆竹道路运输的行政许可

1. 烟花爆竹道路运输许可的程序

（1）申请经由道路运输烟花爆竹的，应通过互联网登录“全国烟花爆竹流向信息管理系统”如实将申请道路运输信息录入系统，后向运达地县级公安机关治安部门提出申请。

（2）受理申请的公安机关治安部门应当自受理申请之日起3日内对提交的有关材料进行审查。

（3）公安机关治安部门对符合条件的，核发《烟花爆竹道路运输许可证》；对不符合条件的，应当说明理由。

2. 烟花爆竹道路运输的申请材料

经由道路运输烟花爆竹的，托运人应当向运达地县级人民政府公安部门提出申请，并提交下列有关材料：

（1）承运人从事危险货物运输的资质证明；

（2）驾驶员、押运员从事危险货物运输的资格证明；

（3）危险货物运输车辆的道路运输证明；

（4）托运人从事烟花爆竹生产、经营的资质证明；

（5）烟花爆竹的购销合同及运输烟花爆竹的种类、规格、数量；

（6）烟花爆竹的产品质量和包装合格证明；

（7）运输车辆牌号、运输时间、起始地点、行驶路线、经停地点。

（8）运输单位信息 IC 卡。

3.《烟花爆竹道路运输许可证》的内容

《烟花爆竹道路运输许可证》应当载明托运人、承运人、一次性运输有效期限、起始地点、行驶路线、经停地点、烟花爆竹的种类、规格和数量。

（二）烟花爆竹道路运输的安全职责

经由道路运输烟花爆竹的，除应当遵守《中华人民共和国道路交通安全法》外，还应当遵守下列规定：

1. 随车携带《烟花爆竹道路运输许可证》；
2. 不得违反运输许可事项；
3. 运输车辆悬挂或者安装符合国家标准的易燃易爆危险物品警示标志；
4. 烟花爆竹的装载符合国家有关标准和规范；
5. 装载烟花爆竹的车厢不得载人；
6. 运输车辆限速行驶，途中经停必须有专人看守；
7. 出现危险情况立即采取必要的措施，并报告当地公安部门。

（三）烟花爆竹道路运输安全管理制度

托运人要委托有相关资质的危险货物运输企业承运烟花爆竹。承运前，承运单位应查验公安机关核发的运输许可证，手续齐全有效后方可承运。销售单位发货时，应查验运输车辆及驾驶人员、押运人员资质、资格，凡运输车辆与运输许可证载明事项不符，托运的烟花爆竹与运输车辆《道路运输证》载明允许运输危险货物第 1 类爆炸品或《危险货物分类和品名编号（GB6944—2005）》规定的第 1 类爆炸品中第 1.1 项、1.2 项、1.3 项、1.4 项、1.5 项、1.6 项①不符，或者无有效资质、资格的，一律不得装车发货。

运输时，承运单位及驾驶人员、押运人员应严格遵守《民用爆炸物品安全管理条例》、《烟花爆竹安全管理条例》、《道路危险货物运输管理规定》等相关规定，押运人员要严格执行守卫看护的安全职责，负责对运输全过程进行监管。民用爆炸物品、烟花爆竹运达目的地后因故不能及时卸货的，承运单位应及时与托运人联系妥善处理；不能及时处理的，应立即报告当地公安机关。

（四）烟花爆竹道路运输的动态管控

运输烟花爆竹的车辆，应加装具有行驶记录功能的卫星定位系统（GPS）。公安机关要运用烟花爆竹运输 GPS 监控手段，通过信息系统将烟花爆竹的运输审批许可与运输行为过程的监控管理相结合，逐步实现运输全过程的动态监控。公安机关治安管理部门审批运输许

① 注：《危险货物分类和品名编号（GB6944—2005）》将第 1 类爆炸品分为 6 项，即第 1.1 项 有整体爆炸危险的物质和物品；第 1.2 项 有迸射危险，但无整体爆炸危险的物质和物品；第 1.3 项 有燃烧危险并有局部爆炸危险或局部迸射危险或这两种危险都有，但无整体爆炸危险的物质和物品；第 1.4 项 不呈现重大危险的物质和物品；第 1.5 项 有整体爆炸危险的非常不敏感物质；第 1.6 项 无整体爆炸危险的极端不敏感物品。

可证后，应通报启运地及沿途主要经停地治安管理部门、运输企业所在地交通运输管理部门，启运地及沿途主要经停地治安管理部门应将运输许可信息通报本地同级公安机关交通管理部门，共同加强对运输车辆、企业的监督检查。

（五）《烟花爆竹道路运输许可证》的核销

烟花爆竹运达目的地后，收货人应当在3日内携带单位信息IC卡和核发的《烟花爆竹道路运输许可证》到发证机关通过公安内网登录“全国烟花爆竹流向信息管理系统”进行核销。

二、经由铁路、水路、航空运输烟花爆竹的管理

（一）经由铁路运输烟花爆竹的管理

1. 经由铁路运输烟花爆竹的要求

（1）根据《铁路安全管理条例》的规定，经由铁路运输烟花爆竹应当依照法律法规和国家其他有关规定使用专用的设施设备，托运人应当配备必要的押运人员和应急处理器材、设备以及防护用品，并保证烟花爆竹等危险货物始终处于押运人员的监管之下；烟花爆竹发生被盗、丢失、泄漏等情况，应当按照国家有关规定及时报告。

（2）办理烟花爆竹运输业务的工作人员和装卸人员、押运人员，应当掌握烟花爆竹的性质、危害特性、包装容器的使用特性和发生意外的应急措施。

（3）铁路运输企业和托运人应当按照操作规程包装、装卸、运输烟花爆竹，防止危险货物泄漏、爆炸。

2. 禁止旅客违法携带、托运烟花爆竹

旅客应当接受并配合铁路运输企业在车站、列车实施的安全检查，不得违法携带、托运烟花爆竹、枪支弹药等危险物品或者其他违禁物品。如果旅客违法携带、托运烟花爆竹、枪支弹药等危险物品或者其他违禁物品的，由公安机关依法给予治安管理处罚。

（二）经由水路运输烟花爆竹的管理

水路运输，是指始发港、挂靠港和目的港均在我国管辖的通航水域内的经营性旅客运输和货物运输。根据《国内水路运输管理条例》的规定，水路运输经营者运输烟花爆竹等危险货物，应当遵守法律、行政法规以及国务院交通运输主管部门关于危险货物运输的规定，使用依法取得危险货物适装证书的船舶，按照规定的安全技术规范进行配载和运输，保证运输安全。

水路运输经营者使用未取得危险货物适装证书的船舶运输烟花爆竹的，由海事管理机构依法予以处罚。

（三）经由航空运输烟花爆竹的管理

1. 国内经营人经航空运输烟花爆竹的条件

根据《中国民用航空危险品运输管理规定》（CCAR-276-R1）的规定，国内经营人经航空运输烟花爆竹的，必须申请危险品航空运输许可的，应当符合的条件有：

（1）持有公共航空运输企业经营许可证；

（2）危险品航空运输手册符合危险品运输的要求；

（3）危险品培训大纲符合危险品运输的要求；

（4）按危险品航空运输手册建立了危险品航空运输管理和操作程序、应急方案；

（5）配备了合适的和足够的人员并按危险品培训大纲完成培训并合格；

（6）有能力按《中国民用航空危险品运输管理规定》、《危险物品安全航空运输技术细则》和危险品航空运输手册实施危险品航空运输。

2. 航空运输烟花爆竹的准备

托运人应当根据《危险物品安全航空运输技术细则》的规定对航空运输的烟花爆竹进行分类、识别、包装、标签和标记，提交正确填制的危险品运输文件。国际航空运输时，除始发国要求的文字外，标记应当加用英文。

3. 禁止以下行为

（1）禁止通过航空邮件邮寄烟花爆竹或者在航空邮件内夹带烟花爆竹；

（2）禁止将烟花爆竹匿报或者谎报为普通物品作为航空邮件邮寄；

（3）禁止旅客携带或在托运的物品中夹带烟花爆竹。

第四节　烟花爆竹燃放管理

一、烟花爆竹燃放管理

（一）烟花爆竹的燃放管理模式

烟花爆竹的燃放管理模式分为全面开放、禁止燃放与限制燃放三种管理模式。全面开放模式是指烟花爆竹的燃放不受限制，可自由燃放；禁止燃放也称“禁放”，指全面禁止燃放烟花爆竹；限制燃放是指有条件地允许燃放烟花爆竹，需要限制烟花爆竹燃放的时间、地点和种类。

我国烟花爆竹的燃放管理经历了从20世纪80年代以前的全面开放，到80年代末至90年代末的禁止燃放，进入21世纪后部分城市逐步解禁，实施限制燃放这三个阶段。2006年1月21日，国务院发布实施了《烟花爆竹安全管理条例》，明确规定烟花爆竹的燃放管理模式属地方事权，由县级以上地方人民政府根据本行政区域的实际情况，确定限制或者禁止燃放烟花爆竹的时间、地点和种类，规定禁放区、禁止燃放时间、禁止燃放的烟花爆竹品种。

（二）烟花爆竹禁止燃放地点

《烟花爆竹安全管理条例》规定了全国性禁止燃放烟花爆竹的地点，原因在于这些地点要么属于易燃易爆区域，一旦燃放烟花爆竹，就有可能发生重大安全事故，要么这些地点属于人群聚集，对国计民生有重大影响的区域，因此不得燃放烟花爆竹。《烟花爆竹安全管理条例》规定的禁止燃放烟花爆竹的地点主要包括：

1. 文物保护单位；
2. 车站、码头、飞机场等交通枢纽以及铁路线路安全保护区内；
3. 易燃易爆物品生产、储存单位；
4. 输变电设施安全保护区内；
5. 医疗机构、幼儿园、中小学校、敬老院；
6. 山林、草原等重点防火区；
7. 县级以上地方人民政府规定的禁止燃放烟花爆竹的其他地点。

（三）烟花爆竹燃放注意事项

烟花爆竹燃放时应当按照燃放说明正确、安全燃放，并遵守下列注意事项：

1. 燃放前的注意事项

单位和个人燃放烟花爆竹的，应当从具有许可证的销售点购买，燃放前对即将燃放的产品逐个进行检查。

（1）检查是否有受潮、漏药现象；

（2）检查引线位置，也可以事先将引线包装拆开，方便燃放；

（3）详细阅读每种烟花爆竹产品的燃放说明，按说明操作；

（4）检查烟花爆竹喷火口的朝向；

（5）准备好点火工具；

（6）尽可能穿上棉质衣服或带上防护具，如牛仔装、防护眼镜等以防万一。

2. 燃放时的注意事项

（1）不得在居民棚户区及城市居民楼的阳台、窗户、楼道、屋顶燃放烟花爆竹；

（2）不得向人群、车辆、航空器、建筑物、公共绿化地抛掷点燃的烟花爆竹；

（3）不得妨碍行人、车辆、航空器安全通行；

（4）不得采用其他危害国家、集体和他人人身、财产安全的方式燃放烟花爆竹；

（5）不可倒置燃放烟花。吐珠类烟花的燃放最好能用物体或器械固定在地面上进行。若确需手持燃放，只能用手指掐住筒体尾端，底部不要朝掌心；点火后，将手臂伸直，烟花火口朝上，尾部朝地，对空发射；①

（6）燃放旋转升空及地面旋转烟花，必须注意周围环境，放置平整地面，点燃引线后，离开欣赏。燃放手持或线吊类旋转烟花时，手提线头或用小竹竿吊住棉线，点燃后向前伸，身体勿近烟花；

（7）燃放喷花类、小礼花类、组合类烟花时，牢固平放于地面，燃放中不得出现倒筒现象，点燃引线后人即离开；

（8）爆竹应在屋外空处吊挂燃放，点燃后切忌将爆竹放在手中，双响炮应直竖地面，不得横放；

（9）十四周岁以下未成年人燃放烟花爆竹的，应当由监护人或者其他成年人陪同看护。

3. 烟花爆竹的存放

为确保安全，未燃放完的烟花爆竹不得存放超过一箱或散装重量不得超过 10 千克。

（四）安全燃放烟花爆竹的宣传教育

安全燃放烟花爆竹的宣传教育是一项需要全社会积极参与的活动，其中包括加强社会宣传教育、媒体宣传教育，以及加强对未成年人的教育。

1. 加强社会宣传教育

各级人民政府和政府有关部门应当开展社会宣传活动，教育公民遵守有关法律、法规和规章，安全燃放烟花爆竹。公安派出所社区民警要深入社区，动员社区力量，加强社区安全燃放烟花爆竹的宣传教育，要做到：

（1）及时向群众公布安全燃放烟花爆竹的有关法律、法规和规章；

（2）及时向群众宣传如何安全选购、运输、保管、燃放烟花爆竹；

（3）及时向群众通报当前因违法违规操作，导致发生涉烟花爆竹的重大事故、案件。

2. 加强新闻媒体宣传教育

广播、电视、报刊等新闻媒体具有受众广、传播快、影响深的特点，也具有监测社会环

---

① 王勇．浅谈大中城市烟花爆竹的消防安全管理［J］．中国公共安全（学术版），2012（02）．

境、协调社会关系、传承文化、提供娱乐、教育市民大众的功能，因此安全生产监督管理部门、公安部门等主管单位应协调新闻媒体承担安全燃放烟花爆竹的宣传、教育工作。由安全生产监督管理部门、公安部门等主管单位提供法律法规及相关安全教育新闻宣传素材，由媒体制作成公益广告、卡通动漫、电视短片等宣传教育媒体，让社会公众能够更好地接受烟花爆竹安全燃放知识。

3. 加强对未成年人的教育

《烟花爆竹安全管理条例》规定，未成年人的监护人应当对未成年人进行安全燃放烟花爆竹的教育。由于未成年人的生理和心理发育程度的限制，自我保护意识与能力差，对烟花爆竹的危险性缺乏充分认识，无法预见与处理可能面临的突发事件，而未成年人恰恰又是烟花爆竹燃放的重要群体，对烟花爆竹燃放抱有一种游戏的心态，因此未成年人是烟花爆竹安全燃放宣传教育的重要群体。

二、大型焰火燃放活动的安全管理

大型焰火燃放活动，是指在指定场地和规定时间，有组织并经编排设计，由专业人员燃放一定数量礼花弹、组合烟花、架子烟花、舞台焰火等烟花爆竹产品的作业，包括烟花晚会与其他大型焰火燃放活动。《烟花爆竹安全管理条例》明确了大型焰火燃放活动的主管机关是公安机关，并实行分级管理。

（一）大型焰火燃放活动的分级

《烟花爆竹安全管理条例》规定，举办焰火晚会以及其他大型焰火燃放活动，应当按照举办的时间、地点、环境、活动性质、规模以及燃放烟花爆竹的种类、规格和数量，确定危险等级，实行分级管理。分级管理的具体办法，由国务院公安部门规定。根据国家标准《大型焰火燃放安全技术规程》（GB24284—2009），按照所燃放礼花弹及组合烟花的规格和数量将大型焰火燃放划分为Ⅰ、Ⅱ、Ⅲ、Ⅳ、Ⅴ五级。

大型焰火燃放分级如表 5-1 所示。

表 5-1 **大型焰火燃放分级表**

等级	条件（符合下列条件之一）	
Ⅰ	10 号以上（含 10 号）礼花弹	3 号以上（含 3 号）礼花弹总数>5000
Ⅱ	8 号以上（含 8 号）礼花弹	3 号至 8 号礼花弹总数≤5000
Ⅲ	6 号以下（含 6 号）礼花弹	3 号至 6 号礼花弹总数≤4000
Ⅳ	4 号以下（含 4 号）礼花弹	3 号至 4 号礼花弹总数≤3000
Ⅴ	不含礼花弹的其他烟花，组合烟花≥5000 或舞台焰火、架子烟花	

（二）大型焰火燃放作业单位与人员资质证明

1. 大型焰火燃放作业单位资格证明

根据 2010 年公安部发布的公共安全行业标准《大型焰火燃放作业单位资质条件及管理》（GA899—2010）的规定，公安机关是大型焰火燃放作业单位的主管部门，负责大型焰火燃放作业单位资质证明的审查、发放、降级与撤销管理。

大型焰火燃放作业单位分为甲级、乙级、丙级。大型焰火燃放作业单位应具备下列条件：一是具有独立法人资格；二是有健全的安全管理制度和操作规程。

大型焰火燃放作业单位应设置技术负责人、燃放现场技术负责人、燃放操作人员、安全员和保管员岗位。技术负责人、燃放现场技术负责人应由燃放技术人员担任，可以兼任。同一大型焰火燃放活动中，燃放操作人员、安全员、保管员不得兼任。

申请大型焰火燃放作业单位资质证明的单位，应向所在地省级公安机关提出申请，并提交《大型焰火燃放作业单位资质证明》申请表。受理申请的公安机关按照规定进行审查。对符合条件的，发放《大型焰火燃放作业单位资质证明》；对不符合条件的，书面向申请人说明理由。《大型焰火燃放作业单位资质证明》在全国范围内有效。

2. 大型焰火燃放作业人员资质证明

根据2010年公安部发布的公共安全行业标准《大型焰火燃放作业人员资格条件及管理》（GA898—2010）的规定，大型焰火燃放作业人员资格证明的申请、考核、发放、换发由所在地省级公安机关负责。

大型焰火燃放作业人员分为燃放技术人员、燃放操作人员、安全员和保管员。

大型焰火燃放作业人员的考核由省级公安机关组织。经考核合格的大型焰火燃放作业人员，自考核结果公布之日起10日内，由省级公安机关发给相应的《大型焰火燃放作业人员资格证明》。

《大型焰火燃放作业人员资格证明》有效期为3年，在全国范围内有效。大型焰火燃放作业人员应按照《大型焰火燃放作业人员资格证明》上载明的作业类别进行燃放作业。大型焰火燃放作业人员不得同时受聘于两个以上（含两个）大型焰火燃放作业单位。

（三）大型焰火燃放活动的申请与许可

1. 大型焰火燃放活动的申请

申请举办焰火晚会以及其他大型焰火燃放活动，主办单位应当按照分级管理的规定，通过互联网登录“全国烟花爆竹流向信息管理系统”如实将申报信息录入系统后，向有关人民政府公安部门提出申请，并提交下列有关材料：

（1）举办焰火晚会以及其他大型焰火燃放活动的时间、地点、环境、活动性质、规模；

（2）燃放烟花爆竹的种类、规格、数量；

（3）经安全评估合格的燃放作业方案（组织实施方案和技术设计方案）；

（4）燃放作业单位、作业人员符合行业标准规定条件的证明。即燃放作业单位的《焰火燃放作业单位资质证明》、作业人员的《焰火燃放作业人员资格证明》。

2. 大型焰火燃放活动的审批

受理申请的公安部门应当自受理申请之日起20日内对提交的有关材料进行审查，程序如下：

（1）Ⅲ级及以下焰火燃放活动审查程序。

Ⅲ级及以下焰火燃放活动一般由举办地县级公安机关受理、审批。县级公安机关专管民警应对申报材料和有关资料认真审查，提出审查意见，报分管领导批准后，应会同所在地派出所及燃放主办和作业单位对燃放现场进行全面查勘评估，并呈报审批。

（2）Ⅰ、Ⅱ级焰火燃放活动审查程序。

Ⅰ、Ⅱ级焰火燃放活动一般由举办地市级公安机关受理、审批。

市级公安机关专管民警应对申报材料及有关资料进行认真审查，提出工作意见，会同焰火晚会燃放活动所在地公安机关及主办和燃放作业单位对燃放现场进行全面查勘（Ⅰ级焰火燃放及不能满足国家标准规定安全条件的焰火燃放应进行安全评估）。在对焰火燃放组织实施方案、技术设计方案及燃放作业单位和人员的燃放作业资质审查后，提出审查意见，并呈报审批。

受理申请的公安机关对符合条件的，核发《焰火燃放许可证》；对不符合条件的，应当说明理由。

（3）核销程序。

焰火燃放结束后，燃放作业单位应当在指定时间内携带单位信息 IC 卡和核发的《焰火燃放许可证》到发证机关登录“全国烟花爆竹流向信息管理系统”进行核销。

（四）大型焰火燃放活动的燃放要求

1. 燃放资质

（1）承担作业的单位应具有相应的大型焰火燃放资质。

甲级大型焰火燃放作业单位可承担各级大型焰火燃放活动；

乙级大型焰火燃放作业单位可承担Ⅱ级及Ⅱ级以下的大型焰火燃放活动；

丙级大型焰火燃放作业单位可承担Ⅲ级及Ⅲ级以下的大型焰火燃放活动。

（2）燃放作业单位的现场负责人、安全管理人员、技术人员，以及承担燃放作业的有药安装、装填、点火、检测等作业人员应具有燃放作业证。

Ⅰ级焰火燃放应有一名高级专业技术人员到现场指导；

Ⅱ级焰火燃放应有一名中级以上（含中级）专业技术人员到现场指导；

Ⅲ、Ⅳ、Ⅴ级焰火燃放应有一名初级以上（含初级）专业技术人员到现场指导；

专业技术人员应是烟花爆竹燃放相关专业人员。

（3）焰火燃放应设现场专职安全员和专职保管员。

（4）未成年人、其他妨碍或影响燃放安全的人员不应从事焰火燃放作业。

2. 燃放场地

燃放场地应满足相应等级要求且坚实、平整，其他有关要求见《烟花爆竹安全管理条例》。安全距离应符合表 5-2 要求，礼花弹基本安全参数参见表 5-3；表 5-2 中安全距离可视具体情况根据产品种类由评估专家在±30%内增减，有安全防护措施（如屏障）时，可视具体情况由评估专家评估确定。

表 5-2　　**燃放场地安全距离分级表（单位：米）**

目标	产品种类及规格										
	12 号礼花弹	10 号礼花弹	8 号礼花弹	7 号礼花弹	6 号礼花弹	5 号礼花弹	4 号礼花弹	3 号礼花弹和吐珠类	组合烟花和吐珠类（单筒内径≤50. 8mm）	架子烟花	舞台焰火
观众(≥)	300	280	220	200	180	150	120	100	50	30	
建筑物(≥)	160	140	130	110	100	80	60	45	35		
重要场所(≥)	600	560	440	400	360	300	240	200	100	60	100

说明：1. 安全距离仅指在地面和水面上燃放的安全距离；

2. 建筑物系指露天无人、无易燃、无易爆物的建筑物；

3. 重要场所是指《烟花爆竹安全管理条例》规定的场所。

表 5-3 礼花弹基本安全参数（单位：米）

项目	规格							
	76mm（3 号）	102mm（4 号）	127mm（5 号）	152mm（6 号）	178mm（7 号）	203mm（8 号）	254mm（10 号）	305mm（12 号）
升空高度	90～100	110～120	130～140	150～160	170～180	190～200	210～230	240～260
覆盖半径	25～30	35～40	45～55	55～65	65～75	75～85	85～95	95～105

燃放现场应确保安全疏散通道畅通，不应在非承重建筑物顶、桥梁、水库堤坝、车站、码头等燃放礼花弹。特殊要求的焰火燃放应经 3 名高级专业技术人员组成的专家组确认后方可燃放。

（五）燃放作业应暂停或终止燃放的突发事件

大型焰火燃放活动过程中，遇有下列突发事件应暂停或终止燃放活动。

1. 现场风向突然改变，可能危及观赏人员；
2. 风力超过 6 级或可能危及安全区内建筑物、电力通讯设施和公众安全；
3. 突然下雨，起雾等，妨碍燃放正常进行；
4. 发生膛炸、低炸、筒口炸等危及人身安全的意外情况；
5. 现场燃放作业负责人认为有必要暂停或终止燃放的情况。

（六）大型焰火燃放活动的安全管理

1. 人员安全管理

燃放作业人员应穿符合安全要求的作业服装，佩戴明显标志；燃放及清场时，应戴安全帽。燃放作业人员应按章操作，酒后不应上岗。安全员应负责现场安全监督和检查。

2. 产品安全管理

（1）焰火产品的包装应符合安全要求方可运输。

（2）在燃放现场允许利用结构坚固、无火源、无人居住的房屋、工棚或车辆等作为燃放所需焰火产品的临时储存保管点，由现场保管员或专人负责看管，严禁同室保管与焰火产品无关的物品。

3. 活动的组织指挥与安全警戒

（1）组织指挥。

主办单位应设指挥部，统一负责燃放、安全警戒、交通管制、消防、救护及事故应急处理等指挥工作。

（2）安全警戒。

安全警戒要求：一是由指挥部根据技术设计方案和组织实施方案及现场环境特点确定大型焰火燃放的警戒范围和时间、交通管制的地段和时间、消防设备的设置地点和位置；二是所有进入燃放现场的通道和入口区都应当配备人员警戒；三是执行警戒任务的人员，应按时上岗，认真履行职责。在未接到解除警戒命令前，不准离岗；四是指挥长收到确认安全报告后，方可下达解除警戒命令；五是明确要求在燃放作业现场及周边地区设置有人值守的安全应急通道，以保障应急车队的畅通。

4. 清场

大型焰火燃放活动结束后，为确保安全，应进行清场，清场应符合下列要求：

（1）燃放作业结束后，操作人员要及时关闭点火系统，切断电源；30 分钟后方可进行现场检查清场，清场时应有专人负责警戒，防止无关人员进入燃放现场；

（2）清场时应先检查礼花弹燃放区，发现哑弹或其他未引燃的烟花时，应由燃放技术人员处理；

（3）焰火燃放剩余产品应在燃放现场安全拆除电点火头，成箱包装后回收。

第五节 涉烟花爆竹单位的安全检查

涉烟花爆竹单位，是指涉及烟花爆竹的从业单位，主要包括烟花爆竹生产企业、烟花爆竹经营企业、烟花爆竹运输企业和烟花爆竹燃放企业。根据《烟花爆竹安全管理条例》的规定，公安部门负责烟花爆竹的公共安全管理，担负着对涉及烟花爆竹生产、销售、运输、燃放从业单位安全监督检查的职责。

一、安全检查的目的与方法

（一）安全检查的目的

对涉烟花爆竹单位进行安全检查是公安机关进行烟花爆竹管理的重要措施。公安机关依照烟花爆竹管理法律、法规、规章以及技术标准，对涉烟花爆竹单位进行监督、检查和必要的安全指导，及时发现安全隐患，堵塞管理漏洞，严密管理制度，对违反安全规定的行为或隐患，及时予以指导纠正，增强单位管理者和职工的安全意识，将安全隐患和存在的问题尽可能解决在萌芽状态。

（二）安全检查的方法

1. 普遍检查

普遍检查，又称定期检查，是一种经常的、普遍性的检查，目的是对烟花爆竹安全管理情况作一般性的了解。普遍检查按事先制定的检查计划进行，主要是检查涉烟花爆竹单位、部门的安全管理工作开展情况。检查应按事前制定好的安全检查表的内容逐项检查，对检查情况作出记录。对检查发现的隐患要发出整改通知，规定整改内容、期限和责任人，并对整改情况进行复查。

2. 临时抽查

临时抽查，又称不定期检查，是一种专业性检查，目的是对烟花爆竹安全管理中易出现的隐患与重点问题进行突击检查，作为普遍检查的有力补充。临时抽查应突出以下特点：一是专业性强，集中检查某一方面的隐患及与之有关的问题，因而目标集中，检查可以进行得深入细致；二是技术性强，检查内容以安全技术规程和标准为依据；三是以现场实际检查为依据，检查方式灵活。

3. 联合检查

公安机关可以和多个相关部门组成联合安全检查组，检查组各成员单位按照职责分工检查设备的安全状况，安全管理制度等，发现管理漏洞，找出安全隐患。检查组应针对检查发现的问题进行分析，研究解决办法，同时根据检查所了解到的情况评估涉烟花爆竹单位、部门的安全状况，继而研究改善安全生产管理的措施。

二、安全检查的内容

（一）对烟花爆竹生产和销售企业的安全检查

烟花爆竹生产和销售企业的行业主管部门是安全生产监督管理部门。公安机关负责烟花爆竹的公共安全管理，公安机关应会同相关部门依照《烟花爆竹安全管理条例》、《烟花爆竹劳动安全技术规程》和《烟花爆竹工厂设计安全规范》等有关规定，加强对烟花爆竹生产和销售企业的安全管理。

1. 对烟花爆竹生产企业的检查

（1）资质检查。

资质检查的内容主要包括：

①检查单位是否具有工商执照、烟花爆竹生产企业安全生产许可证，并在有效期内。

②检查生产的烟花爆竹制品与许可证登记事项是否相符。

③检查单位管理人员是否具有安全资格证，特种作业人员是否具有特种作业操作证，其他从业人员是否具有安全生产教育培训合格的证明材料。

（2）实地检查。

实地检查的内容主要包括：

①检查主体责任。烟花爆竹生产企业是否设置安全管理机构或配备专职安全管理人员，健全完善安全管理规章制度，建立健全相应的记录或台账，切实把各项规章制度落实到实际生产、经营活动之中。

②检查从业人员的管理教育。烟花爆竹生产企业是否重视对本单位从业人员的安全教育、法制教育和岗位技术培训，从业人员是否经考核合格后方可上岗作业；对有资格要求的岗位，是否配备具有相应资格的人员。通过检查强化从业人员管理，逐级落实安全责任，并通过检查、考核等形式，督促其严格执行各项安全管理规定。

③检查是否存在隐患及违法行为。烟花爆竹生产企业厂房布局是否符合安全要求，有无擅自迁移厂址和改变厂房用途的现象；危险性建筑有无按要求采取有效的防雷措施；带药生产工序是否符合安全操作规程，各危险工序或储存库房有无超量领药、储存，性质相抵触的原材料是否分类存放。对存在安全隐患的，要会同相关部门责令其限期整改或停业整顿。

④检查安全管理机制。烟花爆竹生产企业是否对照相关法律法规和管理制度，自主开展经常性的安全隐患排查治理工作，是否建立健全安全隐患排查治理、建档和监控制度，是否落实从主要负责人到一线作业人员的安全隐患排查治理和监控责任制，是否做到整改措施、责任、资金、时限和预案“五到位”。

2. 对烟花爆竹经营企业的检查

对烟花爆竹经营企业的检查内容主要包括：

（1）企业是否具有烟花爆竹销售许可证，销售的烟花爆竹制品是否具有《产品检验合格证》。

（2）企业是否有符合国家标准的经营场所和储存仓库。

（3）企业是否设置保管员、仓库守护员等岗位，从业人员是否经过专业培训。

（4）企业是否有事故应急救援预案、应急救援组织和人员，并配备必要的应急救援器材、设备。

（5）储存仓库是否符合《烟花爆竹工厂设计安全规范》有关规定，是否存在超能力储存。

（6）企业是否实行烟花爆竹销售配送制度。

（二）对燃放作业单位的安全检查

烟花爆竹燃放作业单位的行政许可由公安机关作出，根据《行政许可法》“谁许可，谁监督”的原则，公安机关应加强对烟花爆竹燃放作业单位的监督检查，并依法查处各种违法行为。对烟花爆竹燃放作业单位的安全检查包括单位和人员的资质检查、烟花爆竹运输检查和烟花爆竹燃放作业的检查等方面。

1. 资质检查

资质检查的内容主要包括：

（1）单位是否取得对应等级的《大型焰火燃放作业单位资格证明》，并在有效期内。

（2）单位是否设置技术负责人、燃放现场技术负责人、燃放操作人员、安全员和保管员等岗位，配置人数是否符合要求。

（3）燃放作业设备及检测、测量设备是否与申报清单一致，是否符合要求。

（4）是否建立并落实各项安全管理制度。

2. 烟花爆竹运输检查

（1）经由道路运输烟花爆竹的燃放作业单位，是否具备有效的《烟花爆竹道路运输许可证》，并按照许可的品种、数量、路线运输。

（2）运输过程中是否遵守《烟花爆竹安全管理条例》的以下规定：

①是否违反运输许可事项；

②是否随车携带《烟花爆竹道路运输许可证》；

③运输车辆是否悬挂或者安装符合国家标准的易燃易爆危险物品警示标志；

④烟花爆竹的装载是否符合国家有关标准和规范；

⑤装载烟花爆竹的车厢是否载人；

⑥是否超过危险物品运输车辆规定时速行驶；

⑦运输车辆途中经停是否有专人看守。

（3）烟花爆竹运达后，单位进行验收后是否在《烟花爆竹道路运输许可证》上签注，并在 3 日内将《烟花爆竹道路运输许可证》交回发证机关核销。

3. 烟花爆竹燃放作业环节检查

烟花爆竹燃放作业环节主要检查以下内容：

（1）从事的燃放作业是否属于合法的运营活动。

（2）营业性燃放作业单位的资质条件是否与从事的燃放作业项目相符。

（3）燃放现场技术负责人、燃放操作人员等资格是否符合要求。

（4）是否建立并落实安全管理制度。

（5）是否按燃放作业方案和《大型焰火燃放安全技术规程》实施燃放作业。

（6）燃放作业现场管理是否符合要求。

（三）对烟花爆竹从业单位其他的安全检查内容

1. 是否对烟花爆竹的保管采取必要的安全技术措施，建立安全管理制度，防止烟花爆竹丢失。

2. 是否存在烟花爆竹丢失未及时向当地安全生产监督管理部门和公安部门报告或者故意隐瞒不报的情况。

3. 其他违法情况。

三、安全检查要求

公安机关对涉烟花爆竹单位的安全检查是一项科学、系统的行政管理工作，应当做到目的明确、检查全面、工作高效、程序规范，因此安全检查应采取以下三个步骤进行。

（一）准备阶段

公安机关在该阶段应当制定工作目标、确定检查范围、检查方式。具体要求如下：

1. 明确本次安全检查活动动机，包括检查目的、检查重点、检查性质等。

2. 掌握受检单位信息，包括资质、概况、以往检查记录、存在的隐患、近期变更事项等。

3. 成立检查组，落实两名以上检查人员，要求专业尽量对口、具有一定的检查经验、善于沟通、掌握检查方法、熟悉法律标准，具有良好的职业修养与道德等。

4. 配置所需装备，根据检查目标与内容，配置所需检验、检测、记录、安全防护、应急设备、服装等。

5. 准备检查文书，包括安全检查表、法律文书、检查记录登记簿、相关法律法规。

（二）实施阶段

在该阶段，检查组工作人员通过交谈、查阅资料、实地观察、现场检测等方式获取检查情况、数据和结果等。按安全检查表对项目管理制度、程序、文件、资料、记录、实地现场等进行检查；通过与单位管理人员、职工的交谈对资料查阅所获得的信息进行印证，发现隐患与漏洞，听取意见，发掘成功经验和做法；固定安全检查中发现的隐患证据；在检查过程中注意安全，不得使用明火、携带或身着易带静电的设备及服装，不得未采取任何安全措施擅自进入危险工作区，不得干扰、吓唬正在实施危险作业操作的工人。

（三）总结阶段

在该阶段，检查组工作人员统计与分析发现的问题，向被检查单位通报检查结果，提出整改意见、要求与建议，填写检查记录，双方签字；发现较为严重的隐患与问题，需要整改的，工作人员按要求填写责令限期整改通知书；发现有违法行为甚至犯罪行为的，检查组的工作人员应当在调查后，追究其法律责任。

第六节 违反烟花爆竹管理行为的法律责任

一、未经许可生产、经营、运输烟花爆竹制品行为的法律责任

安全生产监督管理部门对未经许可生产、经营烟花爆竹制品，或者向未取得烟花爆竹安全生产许可的单位或者个人销售黑火药、烟火药、引火线的，责令其停止非法生产、经营活动，处2万元以上10万元以下的罚款，并没收其非法生产、经营的物品及违法所得。

公安部门对未经许可经由道路运输烟花爆竹的，责令其停止非法运输活动，处1万元以上5万元以下的罚款，并没收其非法运输的物品及违法所得。

公安部门对非法生产、经营、运输烟花爆竹，构成违反治安管理行为的，依法给予治安管理处罚；构成犯罪的，依法追究刑事责任。

二、违法生产烟花爆竹企业的法律责任

生产烟花爆竹的企业有下列行为之一的，由安全生产监督管理部门责令限期改正，处1万元以上5万元以下的罚款；逾期不改正的，责令停产停业整顿，情节严重的，吊销安全生产许可证：

（一）未按照安全生产许可证核定的产品种类进行生产的。

（二）生产工序或者生产作业不符合有关国家标准、行业标准的。

（三）雇佣未经设区的市人民政府安全生产监督管理部门考核合格的人员从事危险工序作业的；

（四）生产烟花爆竹使用的原料不符合国家标准规定的，或者使用的原料超过国家标准规定的用量限制的。

（五）使用按照国家标准规定禁止使用或者禁忌配伍的物质生产烟花爆竹的。

（六）未按照国家标准的规定在烟花爆竹产品上标注燃放说明，或者未在烟花爆竹的包装物上印制易燃易爆危险物品警示标志的。

三、违法经营烟花爆竹行为的法律责任

从事烟花爆竹批发的企业向从事烟花爆竹零售的经营者供应非法生产、经营的烟花爆竹，或者供应按照国家标准规定应由专业燃放人员燃放的烟花爆竹的，由安全生产监督管理部门责令其停止违法行为，处2万元以上10万元以下的罚款，并没收其非法经营的物品及违法所得；情节严重的，吊销其烟花爆竹经营许可证。

从事烟花爆竹零售的经营者销售非法生产、经营的烟花爆竹，或者销售按照国家标准规定应由专业燃放人员燃放的烟花爆竹的，由安全生产监督管理部门责令其停止违法行为，处1000元以上5000元以下的罚款，并没收其非法经营的物品及违法所得；情节严重的，吊销其烟花爆竹经营许可证。

四、丢失黑火药、烟火药、引火线行为的法律责任

生产、经营、使用黑火药、烟火药、引火线的企业，丢失黑火药、烟火药、引火线未及时向当地安全生产监督管理部门和公安部门报告的，由公安部门对企业主要负责人处5000元以上2万元以下的罚款，并对丢失的物品予以追缴。

五、经由道路违法运输烟花爆竹行为的法律责任

经由道路运输烟花爆竹，有下列行为之一的，由公安部门责令改正，处200元以上2000元以下的罚款：

（一）违反运输许可事项的。

（二）未随车携带《烟花爆竹道路运输许可证》的。

（三）运输车辆没有悬挂或者安装符合国家标准的易燃易爆危险物品警示标志的。

（四）烟花爆竹的装载不符合国家有关标准和规范的。

（五）装载烟花爆竹的车厢载人的。

（六）超过危险物品运输车辆规定时速行驶的。

（七）运输车辆途中经停没有专人看守的。

（八）运达目的地后，未按规定时间将《烟花爆竹道路运输许可证》交回发证机关核销的。

六、违法携带、夹带、邮寄烟花爆竹行为的法律责任

对携带烟花爆竹搭乘公共交通工具，或者邮寄烟花爆竹以及在托运的行李、包裹、邮件中夹带烟花爆竹的，由公安部门没收非法携带、邮寄、夹带的烟花爆竹，可以并处200元以上1000元以下的罚款。

七、违反烟花爆竹燃放规定行为的法律责任

对未经许可举办焰火晚会以及其他大型焰火燃放活动，或者焰火晚会以及其他大型焰火燃放活动燃放作业单位和作业人员违反焰火燃放安全规程、燃放作业方案进行燃放作业的，由公安部门责令停止燃放，对责任单位处1万元以上5万元以下的罚款。

在禁止燃放烟花爆竹的时间、地点燃放烟花爆竹，或者以危害公共安全和人身、财产安全的方式燃放烟花爆竹的，由公安部门责令停止燃放，处100元以上500元以下的罚款；构成违反治安管理行为的，依法给予治安管理处罚。

八、违反烟花爆竹管理行为的刑事责任

非军用的烟花爆竹及含有烟火药、黑火药的制品均属民用爆炸物品管理范畴。对于非法制造、买卖、运输、邮寄、储存以烟火药或者黑火药为原料的烟花爆竹（包括成品、半成品、引线等），其中烟火药或者黑火药的数量达到《最高人民法院关于审理非法制造、买卖、运输枪支、弹药、爆炸物等刑事案件具体应用法律若干问题的解释》规定标准的，可以依法追究刑事责任。

（一）个人或者单位非法制造、买卖、运输、邮寄、储存烟花爆竹（包括成品、半成品、引线等），具有下列情形之一的，依照《刑法》第125条第一款的规定，以非法制造、买卖、运输、邮寄、储存枪支、弹药、爆炸物罪定罪处罚：

1. 非法制造、买卖、运输、邮寄、储存发射药、黑火药1千克以上或者烟火药3千克以上或者导火索、导爆索30米以上的。

2. 具有生产爆炸物品资格的单位不按照规定的品种制造，或者具有销售、使用爆炸物品资格的单位超过限额买卖发射药、黑火药10千克以上或者烟火药30千克以上或者导火索300米以上的。

（二）盗窃、抢夺烟花爆竹（包括成品、半成品、引线等），具有下列情形之一的，依照刑法第127条第一款的规定，以盗窃、抢夺枪支、弹药、爆炸物罪定罪处罚：

1. 盗窃、抢夺发射药、黑火药1千克以上或者烟火药3千克以上，或者导火索30米以上的。

2. 虽未达到上述最低数量标准，但具有造成严重后果等其他恶劣情节的。

（三）非法携带烟花爆竹（包括成品、半成品、引线等）进入公共场所或者公共交通工具，危及公共安全，具有下列情形之一的，属于刑法第130条规定的“情节严重”：

1. 携带发射药、黑火药500克以上或者烟火药1千克以上、雷管20枚以上或者导火索、导爆索20米以上的.

2. 携带烟花爆竹（包括成品、半成品、引线等）在公共场所或者公共交通工具上发生

爆炸或者燃烧，尚未造成严重后果的。

3. 具有其他严重情节的。

行为人非法携带烟花爆竹（包括成品、半成品、引线等）进入公共场所或者公共交通工具，虽未达到上述数量标准，但拒不交出的，依照刑法第 130 条的规定定罪处罚；携带的数量达到最低数量标准，能够主动、全部交出的，可不以犯罪论处。

九、国家工作人员监管中违法失职行为的法律责任

安全生产监督管理部门、公安部门、质量监督检验部门、工商行政管理部门的工作人员，在烟花爆竹安全监管工作中滥用职权、玩忽职守、徇私舞弊，构成犯罪的，依法追究刑事责任；尚不构成犯罪的，依法给予行政处分。

☞ **思考题：**

1. 烟花爆竹的含义是什么？
2. 烟花爆竹安全管理的范围是什么？
3. 烟花爆竹管理的意义是什么？
4. 烟花爆竹管理的主管部门有哪些？各自的职责是什么？
5. 公安机关对烟花爆竹管理的基本方法有哪些？
6. 申请经由道路运输烟花爆竹的条件和程序有哪些？
7. 申请大型焰火燃放活动的条件和程序有哪些？
8. 违反烟花爆竹管理行为的刑事责任有哪些？

☞ **本章参考文献：**

[1] 殷英华，蔡少铿，刘金星．危险物品管理教程（2012 年修订本）[M]. 北京：中国人民公安大学出版社，2012.

[2] 刘洪艳．烟火药剂原材料性质及应用技术简述 [J]. 花炮科技与市场，2013（2）.

[3]《劳动保护》编辑部．我国安全生产方针的演变 [J]. 劳动保护，2009（10）.

[4] 王勇．浅谈大中城市烟花爆竹的消防安全管理 [J]. 中国公共安全（学术版），2012（2）.

[5] 国务院法制办公室政法司．烟花爆竹安全管理条例执法问答 [M]. 北京：中国市场出版社，2006.

第六章　危险化学品管理

☞ **本章重点：**

1. 危险化学品运输管理；
2. 涉危险化学品单位的安全检查；
3. 违反危险化学品管理行为的认定和处罚。

☞ **本章难点：**

1. 危险化学品事故应急处理；
2. 涉危险化学品单位的安全检查；
3. 违反危险化学品管理行为的认定和处罚。

第一节　危险化学品管理概述

危险化学品在工业生产和公民日常生活中占有重要的地位，其生产、运输、购买、储存和销毁等环节都对公共安全具有潜在的危险性。近年来危险化学品事故频发，给公民的生命和财产造成了巨大的破坏，特别是 2015 年 8 月 12 日天津滨海新区爆炸事故造成了公安消防战士和公民的重大伤亡和巨大财产损失。如何加强危险化学品管理成为当前社会关注的热点和难点问题。

危险化学品的管理涉及政府的多个部门，公安机关作为其中的一个重要部门，主要负责危险化学品的公共安全管理，核发剧毒化学品购买许可证、剧毒化学品道路运输通行证，并负责危险化学品运输车辆的道路交通安全管理。

一、危险化学品的概念

根据《危险化学品安全管理条例》第 3 条，危险化学品是指具有毒害、腐蚀、爆炸、燃烧、助燃等性质，对人体、设施、环境具有危害的剧毒化学品和其他化学品。根据《危险化学品安全管理条例》的要求，安全监督管理总局会同工业和信息化部、公安部、环境保护部、交通运输部、农业部、国家卫生计生委、质检总局、铁路局、民航局制定了《危险化学品目录（2015 版）》，并于 2015 年 5 月 1 日起实施。原《危险化学品目录（2002 版）》和《剧毒化学品目录（2002 版）》同时废止。《危险化学品目录（2015 版）》中危险化学品数量减少为 2828 种，其中包括剧毒化学品 148 种。

二、危险化学品的分类

根据《危险货物分类和品名编号》（GB 6944—2012）、《危险货物品名表》（GB 12268—2012）的规定，危险化学品分为九类，每一类又分为若干项。

（一）爆炸品

爆炸品分为以下6项：

1. 有整体爆炸危险的物质和物品。

2. 有迸射危险，但无整体爆炸危险的物质和物品。

3. 有燃烧危险并有局部爆炸危险或局部迸射危险或这两种危险都有，但无整体爆炸危险的物质和物品。

4. 不呈现重大危险的物质和物品。

5. 有整体爆炸危险的非常不敏感物质。

6. 无整体爆炸危险的极端不敏感物品。

常见的爆炸物品有叠氮化钠、黑索金、2，4，6—三硝基甲苯（TNT）、三硝基苯酚（苦味酸）和奥克托金等。

（二）气体

气体是指满足以下两个条件之一的物质：一是在50℃时，其蒸气压力大于300千帕的物质；二是20℃时在1个标准大气压下完全是气态的物质。气体包括压缩气体、液化气体、溶解气体和冷冻液化气体、一种或多种气体与一种或多种其他类别物质的蒸气混合物、充有气体的物品和气雾剂等。气体分为以下三项：

1. 易燃气体

易燃气体是指在符合以下两种条件之一的气体：一是20℃时，1个标准大气压下，爆炸下限少于或等于13%；二是不论其爆燃性下限如何，其爆炸极限（燃烧范围）大于或等于12%的气体。常见的易燃气体有氢气、乙炔和正丁烷等。

2. 非易燃无毒气体

非易燃无毒气体包括窒息性气体、氧化性气体以及不属于其他项别的气体；非易燃无毒气体不包括在温度20℃时压力低于200千帕，并且未经液化或冷冻液化的气体。常见的非易燃无毒气体有氮气、二氧化碳、氧气和惰性气体。

3. 毒性气体

毒性气体包括满足下列两种条件之一的气体：一是其毒性或腐蚀性对人类造成危害的气体；二是急性半数致死浓度LC_{50}小于或等于5000毫升/立方米的毒性或腐蚀性气体。常见的毒性气体有二氧化硫、氨气和氰化氢等。

（三）易燃液体

易燃液体是指易燃的液体、液体混合物或在溶液、悬浮液中含有固体物质的液体，其闭杯实验闪点等于或低于60℃，或开杯实验闪点不高于65.5℃。常见的易燃液体有汽油、柴油、乙醛、乙醚、甲醇、乙醇、苯、丁苯和丁醇等。

（四）易燃固体、易于自燃的物质、遇水放出易燃气体的物质

该类物质按照燃烧特性分为以下三项：

1. 易燃固体、自反应物质、固态退敏爆炸品

易燃固体是指易于燃烧的固体和摩擦可能起火的固体。自反应物质是指即使没有氧气（空气）存在也容易发生剧烈放热分解的热不稳定物质。固态退敏爆炸品是指为抑制爆炸性物质的爆炸性能，用水或酒精湿润爆炸性物质或用其他物质稀释爆炸性物质后，而形成的均匀固态混合物。常见的有红磷。

2. 易于自燃的物质

易于自燃的物质包括发火物质和自热物质。发火物质是指即使只有少量与空气接触，不到5分钟时间便燃烧的物质，包括混合物和溶液（液体或固体）；自热物质是指发火物质以外的与空气接触便能自己发热的物质。常见的有白磷。

3. 遇水放出易燃气体的物质

遇水放出易燃气体的物质是指遇水放出易燃气体，且该气体与空气混合能够形成爆炸性混合物的物质。常见的有轻金属钠和钾。

（五）氧化性物质和有机过氧化物

1. 氧化性物质

氧化性物质是指本身未必燃烧，但通常因放出氧可能引起或促进其他物质燃烧的物质。常见的氧化性物质有氯酸钾、高氯酸钾、高锰酸钾、次氯酸钠和次氯酸等。

2. 有机过氧化物

有机过氧化物是指含有两价过氧基结构的有机物。常见的有机过氧化物有过氧化氢和过氧化钠。

（六）毒性物质和感染性物质

1. 毒性物质

毒性物质是指经吞食、吸入或与皮肤接触后可能造成死亡或严重受伤或损害人类健康的物质。常见的毒性物质有氰化钠、氯气、毒鼠强、剧毒农药等。

2. 感染性物质

感染性物质是指已知或有理由认为含有病原体的物质。

（七）放射性物质

放射性物质是指含有放射性核素并且其活度浓度和放射性总活度都超过GB11806规定限值的物质。

（八）腐蚀性物质

腐蚀性物质是指通过化学作用能使生物组织接触时造成严重损伤或在渗漏时会严重损害甚至毁坏其他货物或运载工具的物质。常见的腐蚀性物质有硫酸、盐酸、硝酸和氢氧化钠等。

（九）杂项危险物质和物品，包括危害环境物质

杂项危险物质和物品，包括危害环境物质，是指存在危险但不满足其他类别定义的物质和物品，包括以微细颗粒吸入可危害健康的物质、会放出易燃气体的物质、锂电池组、救生设备、一旦发生火灾可形成二噁英的物质和物品、在高温下运输或提交运输的物质、危害环境物质等。

第二节 常见危险化学品

2011年6月21日，国家安全生产监督管理总局公布了《首批重点监管的危险化学品名录》，包括了60多种危险化学品，它们是：氨、苯、苯胺、苯酚、苯乙烯、1-丙烯、丙烯、丙烯醛、2-丙烯醛、丙烯酸、丙酮氰醇、丙烯腈、1，3-丁二烯、二氧化硫、二甲胺、二硫化碳、氟化氢、氢氟酸、过氧乙酸、环氧丙烷、环氧乙烷、甲醇、甲烷、天然气、甲基叔丁基醚、甲苯、甲基肼、甲苯二异氰酸酯、甲醚、氯乙烯、氯、氯甲基甲醚、氯甲酸三氯甲酯、硫化氢、硫酸二甲酯、氯苯、磷化氢、六氯环戊二烯、氰化氢、氢氰酸、氰化钠、汽油、石脑油、氢、三氯化磷、三氧化硫、三氯甲烷、四氯化钛、三氟化硼、碳酰氯、烯丙胺、硝酸铵、硝基苯、乙酸乙酯、一氯甲烷、一氧化碳、一甲胺、原油、异氰酸甲酯、液化石油气、乙醛、乙酸乙烯酯、乙烯、乙炔、乙烷。

根据《易制爆危险化学品名录（2011 年版）》易制爆危险化学品主要分为 6 大类，第一类是高氯酸、高氯酸盐及氯酸盐；第二类是硝酸及硝酸盐类；第三类是硝基类化合物；第四类是过氧化物与超氧化物；第五类是燃料还原剂类；第六类是其他，共计 70 种危险化学品。

同时，根据对 2012 年国内外石油化工行业的事故统计分析，造成危险化学品事故起数较多的危险化学品依次（从多到少）为：燃油、原油、天然气、液化气、甲醇、硫化氢、甲苯、氧气、丙烷和氢氟酸。根据李健等的统计①，2011—2013 年我国危险化学品事故中生产环节共发生 240 起（造成 303 人死亡，1450 人受伤），占总事故数量的 42.3%，是事故发生最多的环节②。石油化工行业的事故主要集中在危险化学品的生产环节，从而可以看出，常见的危险化学品与石油化工行业引发事故的危险化学品有一定的一致性。

一、汽油

燃油主要包括汽油和柴油，其中比较容易发生危险的是汽油。在《危险化学品目录（2015 版）》中汽油序号为 1630，CAS 号为 86290-81-5③。汽油的组成为五碳至十二碳的烃类（碳氢化合物）混合物，为无色到浅黄色透明液体，不溶于水，密度为 0.7～0.78 克/立方厘米，自燃温度为 415～530℃，爆炸极限为 1.4%～7.6%（体积比），最大爆炸压力为 0.813 兆帕。汽油高度易燃，蒸气与空气能形成爆炸性混合气体，遇到明火、高热能引起燃烧甚至爆炸。

二、硫化氢

硫化氢在《危险化学品目录（2015 版）》中序号为 1289，CAS 号为 7783-06-4。硫化氢是一种无机化合物，化学式为 H_2S。硫化氢是一种无色、易燃的气体，有臭鸡蛋气味，熔点为-85.5℃，沸点为-60.7℃，闪点为-60℃，爆炸极限为 4.0%～46.0%（体积比），自燃温度为 260℃，最小点火能量为 0.077 毫焦，最大爆炸压力为 0.490 兆帕。硫化氢极易燃，与空气混合能形成爆炸性混合气体，遇到明火或者高温能发生燃烧甚至爆炸。硫化氢有一定的还原性，与浓硝酸或其他强氧化剂剧烈反应可以发生爆炸。硫化氢气体有一定的毒性，高浓度时可以短时间内致命；低浓度时对眼、呼吸系统和中枢神经有一定的损伤。

三、甲醇

甲醇分子量为 32，沸点为 64.7℃，闪点为 12℃，爆炸极限为 6%～36.5%（体积比），无色，有酒精气味，易挥发，在人体内代谢产物有毒，易燃，易爆。甲醇及其代谢产物

---

① 李健，白晓昀，任正中，吴军．2011—2013 年我国危险化学品事故统计分析及对策研究［J］．中国安全生产科学技术，2014（6）．

② 杜红岩，王延平，卢均臣．2012 年国内外石油化工行业事故统计分析［J］．中国安全生产科学技术，2013（6）．

③ “CAS 号”是指美国化学文摘社对化学品的唯一登记号．

（甲醛和甲酸）能使大脑皮质细胞机能紊乱，产生神经症状，并对肝、肾、肺均有损害，误服5～10毫升可致严重中毒，口服30毫升以上可致死亡。

甲醇的危害常见的有两个方面：一是中毒，主要在假酒中非法添加了甲醇，人饮用后出现失明甚至死亡；二是燃烧爆炸危险性，常见的是在运输过程中装载甲醇的槽罐车被撞击而引发大量甲醇泄漏，泄漏的甲醇快速挥发，遇火源后引发猛烈燃烧甚至爆炸，造成严重的人员伤亡和财产损失。

四、液化石油气

液化石油气是极易燃气体，主要成分为丙烷、丙烯、丁烷、丁烯和少量的5个碳原子以上烃类以及微量的硫化氢。液化石油气不溶于水，熔点为-160～-107℃，沸点为-12～4℃，闪点为-80～-60℃，爆炸极限为5%～33%（体积比），自燃温度为426～537℃。液化石油气与空气能形成爆炸性混合气体，遇明火或高温发生燃烧甚至爆炸。液化石油气在日常生活和工作中因使用不当而引发的爆炸的事故较多，造成了比较严重的伤亡。

五、甲苯

甲苯为无色澄清液体，有苯样芳香气味，有强折光性。甲苯能与乙醇、乙醚、丙酮、氯仿、二硫化碳和冰乙酸混溶，极微溶于水。甲苯相对密度（水=1）为0.87，沸点为110.6℃，折光率为1.4967，闪点为4℃，爆炸极限为1.2%～7.0%（体积比），自燃温度为535℃，最小点火能量为2.5毫焦，最大爆炸压力为0.784兆帕。甲苯属于中闪点易燃液体，蒸气能与空气形成爆炸性混合气体，遇到明火或高温可以发生燃烧爆炸。甲苯属低毒，半数致死量（大鼠，经口）为5000毫克/千克。

六、天然气

天然气的主要成分就是甲烷，可直接用作气体燃料。甲烷是一种无色、无臭、无味的极易燃气体，溶于乙醇、乙醚等有机溶剂，微溶于水，熔点为-182.5℃，沸点为-161.5℃，爆炸极限为5%～16%（体积比），自燃温度为537℃，最小点火能量为0.28毫焦，最大爆炸压力为0.717兆帕。甲烷极易燃，与空气混合能形成爆炸性混合气体，遇到明火或者高温有燃烧和爆炸的危险。甲烷常以液化气体的物态存储于气瓶中。当甲烷发生燃烧时，应用雾状水、泡沫、二氧化碳等灭火剂进行处置。

七、高氯酸钾

高氯酸钾为白色粉末或无色斜方晶系结晶体，密度为2.52克/立方厘米，熔点为610℃（可分解），溶于水，不溶于乙醚、乙醇等有机溶剂。高氯酸钾性质较氯酸钾稳定，在熔点时会分解为氯化钾与氧气。高氯酸钾的稳定性比氯酸钾好，国家有关部门已经明确规定烟花爆竹的生产中严禁加入氯酸钾，但可以加入高氯酸钾。高氯酸钾具有强氧化性，与有机物、还原物或易燃物（如硫、磷等）混合时仍然有燃烧爆炸的危险。

八、腐蚀性物品

（一）浓硫酸

浓硫酸的用途非常广泛，主要用于制造无机化学肥料。纯净的浓硫酸是无色、黏稠、油状液体，不易挥发。浓硫酸溶于水时放出大量的热。98.3%浓硫酸相对密度（以水的密度为标准，水的密度为1）为1.834，熔点为10.5℃，沸点为330℃，在340℃时分解。浓硫酸有很强的腐蚀性、脱水性和碳化性。使用浓硫酸违法犯罪案件常见的有毁容案。

（二）硝酸

硝酸是一种强氧化性、腐蚀性的强酸。无水纯硝酸是无色液体，有酸味，熔点为-42℃（无水），沸点为86℃（无水）。通常所用的硝酸是指质量分数为69.2%的硝酸，质量分数在95%以上的硝酸称为发烟硝酸，储存在棕色瓶中保存。硝酸是强氧化剂，遇有机物、木屑等能引起燃烧。硝酸也是一种重要的强酸，能溶解除了金和铂以外的所有金属。硝酸的用途很广，可以用于生产氮肥、硝酸盐、硝基苯和梯恩梯等工业产品。硝酸蒸气有强烈刺激作用，会引起黏膜和上呼吸道刺激症状，长期接触可引起牙齿酸腐蚀症。皮肤接触硝酸会引起灼伤。

（三）氢氟酸

氢氟酸是氟化氢气体的水溶液，清澈，属无色、发烟的腐蚀性液体，有剧烈刺激性气味。氢氟酸熔点为-83.3℃，沸点为112.2℃，密度为0.988克/立方厘米。氢氟酸易溶于水、乙醇，微溶于乙醚。氢氟酸具有极强的腐蚀性，能强烈地腐蚀金属、玻璃和含硅的物体。氢氟酸对人体有强烈的刺激和腐蚀作用。氢氟酸对皮肤有强烈腐蚀作用，能穿透皮肤深层，形成溃疡和坏死，且不易治愈。

（四）氢氧化钠

氢氧化钠别名烧碱、火碱、苛性钠。氢氧化钠外观为白色固体，极易溶于水，溶解时放出大量的热，其水溶液是无色透明的液体。氢氧化钠有强烈刺激和腐蚀性，粉尘或烟雾刺激眼睛和呼吸道，腐蚀鼻子中隔；皮肤和眼睛接触氢氧化钠可引起灼伤。氢氧化钠误服可造成消化道灼伤，黏膜糜烂、出血和休克。

第三节 危险化学品生产、储存、购买管理

一、危险化学品生产、储存管理

（一）基本管理要求

国家对危险化学品的生产、储存实行统筹规划、合理布局原则。国务院工业和信息化主管部门以及国务院其他有关部门依据各自职责，负责危险化学品生产、储存的行业规划和布局。地方人民政府组织编制的城乡规划，应当根据本地区的实际情况，按照确保安全的原则，规划适当区域专门用于危险化学品的生产、储存。公安机关在危险化学品生产和储存环节的管理措施主要是监督检查，发现安全隐患并及时指导整改。

新建、改建、扩建生产、储存危险化学品的建设项目（以下简称建设项目），应当由安全生产监督管理部门进行安全条件审查。建设单位应当对建设项目进行安全条件论证，委托具备国家规定的资质条件的机构对建设项目进行安全评价，并将安全条件论证和安全评价的情况报告报建设项目所在地设区的市级以上人民政府安全生产监督管理部门；安全生产监督管理部门应当自收到报告之日起45日内作出审查决定，并书面通知建设单位。新建、改建、扩建储存、装卸危险化学品的港口建设项目，由港口行政管理部门按照国务院交通运输主管部门的规定进行安全条件审查。

生产、储存危险化学品的单位，应当对其铺设的危险化学品管道设置明显标志，并对危险化学品管道定期检查、检测。进行可能危及危险化学品管道安全的施工作业，施工单位应当在开工的7日前书面通知管道所属单位，并与管道所属单位共同制订应急预案，采取相应的安全防护措施。管道所属单位应当指派专门人员到现场进行管道安全保护指导。

生产、储存危险化学品的单位转产、停产、停业或者解散的，应当采取有效措施，及时、妥善处置其危险化学品生产装置、储存设施以及库存的危险化学品，不得丢弃危险化学品；处置方案应当报所在地县级人民政府安全生产监督管理部门、工业和信息化主管部门、环境保护主管部门和公安机关备案。安全生产监督管理部门应当会同环境保护主管部门和公安机关对处置情况进行监督检查，发现未依照规定处置的，应当责令其立即处置。

（二）行政许可

危险化学品生产企业进行生产前，应当取得危险化学品安全生产许可证。

根据《安全生产许可证条例》第6条的规定，企业取得安全生产许可证，应当具备下列安全生产条件：

一是建立、健全安全生产责任制，制定完备的安全生产规章制度和操作规程；

二是安全投入符合安全生产要求；

三是设置安全生产管理机构，配备专职安全生产管理人员；

四是主要负责人和安全生产管理人员经考核合格；

五是特种作业人员经有关业务主管部门考核合格，取得特种作业操作资格证书；

六是从业人员经安全生产教育和培训合格；

七是依法参加工伤保险，为从业人员缴纳保险费；

八是厂房、作业场所和安全设施、设备、工艺符合有关安全生产法律、法规、标准和规程的要求；

九是有职业危害防治措施，并为从业人员配备符合国家标准或者行业标准的劳动防护用品；

十是依法进行安全评价；

十一是有重大危险源检测、评估、监控措施和应急预案；

十二是有生产安全事故应急救援预案、应急救援组织或者应急救援人员，配备必要的应急救援器材、设备；

十三是法律、法规规定的其他条件。

生产列入国家实行生产行政许可制度的工业产品目录的危险化学品的企业，应当依照《中华人民共和国工业产品生产许可证管理条例》的规定，取得工业产品生产许可证。负责颁发危险化学品安全生产许可证、工业产品生产许可证的部门，应当将其颁发许可证的情况及时向同级工业和信息化主管部门、环境保护主管部门和公安机关通报。

（三）安全管理

1. 包装要求

危险化学品生产企业应当提供与其生产的危险化学品相符的化学品安全技术说明书，并在危险化学品包装（包括外包装件）上粘贴或者拴挂与包装内危险化学品相符的化学品安全标签。化学品安全技术说明书和化学品安全标签所载明的内容应当符合国家标准的要求。危险化学品生产企业发现其生产的危险化学品有新的危险特性的，应当立即公告，并及时修订其化学品安全技术说明书和化学品安全标签。

危险化学品的包装应当符合法律、行政法规、规章的规定以及国家标准、行业标准的要求。危险化学品包装物、容器的材质以及危险化学品包装的形式、规格、方法和单件质量（重量），应当与所包装的危险化学品的性质和用途相适应。

2. 重大危险源管理要求

危险化学品生产装置或者储存数量构成重大危险源的危险化学品储存设施（运输工具、加油站、加气站除外），与下列场所、设施、区域的距离应当符合国家有关规定：一是居住区以及商业中心、公园等人员密集场所；二是学校、医院、影剧院、体育场（馆）等公共设施；三是饮用水源、水厂以及水源保护区；四是车站、码头（依法经许可从事危险化学品装卸作业的除外）、机场以及通信干线、通信枢纽、铁路线路、道路交通干线、水路交通干线、地铁风亭以及地铁站出入口；五是基本农田保护区、基本草原、畜禽遗传资源保护区、畜禽规模化养殖场（养殖小区）、渔业水域以及种子、种畜禽、水产苗种生产基地；六是河流、湖泊、风景名胜区、自然保护区；七是军事禁区、军事管理区；八是法律、行政法规规定的其他场所、设施、区域。

已建的危险化学品生产装置或者储存数量构成重大危险源的危险化学品储存设施不符合前款规定的，由所在地设区的市级人民政府安全生产监督管理部门会同有关部门监督其所属单位在规定期限内进行整改；需要转产、停产、搬迁、关闭的，由本级人民政府决定并组织实施。储存数量构成重大危险源的危险化学品储存设施的选址，应当避开地震活动断层和容易发生洪灾、地质灾害的区域。这里的重大危险源，是指生产、储存、使用或者搬运危险化学品，且危险化学品的数量等于或者超过临界量的单元（包括场所和设施）。

3. 设施要求

生产、储存危险化学品的单位，应当根据其生产、储存的危险化学品的种类和危险特性，在作业场所设置相应的监测、监控、通风、防晒、调温、防火、灭火、防爆、泄压、防毒、中和、防潮、防雷、防静电、防腐、防泄漏以及防护围堤或者隔离操作等安全设施、设备，并按照国家标准、行业标准或者国家有关规定对安全设施、设备进行经常性维护、保养，保证安全设施、设备的正常使用。生产、储存危险化学品的单位，应当在其作业场所和安全设施、设备上设置明显的安全警示标志。生产、储存危险化学品的单位，应当在其作业场所设置通信、报警装置，并保证处于适用状态。

4. 剧毒化学品和易制爆危险化学品管理要求

生产、储存剧毒化学品或者国务院公安部门规定的可用于制造爆炸物品的危险化学品（以下简称易制爆危险化学品）的单位，应当如实记录其生产、储存的剧毒化学品、易制爆危险化学品的数量、流向，并采取必要的安全防范措施，防止剧毒化学品、易制爆危险化学品丢失或者被盗；发现剧毒化学品、易制爆危险化学品丢失或者被盗的，应当立即向当地公安机关报告。生产、储存剧毒化学品、易制爆危险化学品的单位，应当设置治安保卫机构，配备专职治安保卫人员。

5. 储存仓库要求

危险化学品应当储存在专用仓库、专用场地或者专用储存室（以下统称专用仓库）内，并由专人负责管理；剧毒化学品以及储存数量构成重大危险源的其他危险化学品，应当在专用仓库内单独存放，并实行双人收发、双人保管制度。危险化学品的储存方式、方法以及储存数量应当符合国家标准或者国家有关规定。

储存危险化学品的单位应当建立危险化学品出入库核查、登记制度。对剧毒化学品以及储存数量构成重大危险源的其他危险化学品，储存单位应当将其储存数量、储存地点以及管理人员的情况，报所在地县级人民政府安全生产监督管理部门（在港区内储存的，报港口行政管理部门）和公安机关备案。

危险化学品专用仓库应当符合国家标准、行业标准的要求，并设置明显的标志。储存剧毒化学品、易制爆危险化学品的专用仓库，应当按照国家有关规定设置相应的技术防范设施。储存危险化学品的单位应当对其危险化学品专用仓库的安全设施、设备定期进行检测、检验。

6. 安全评价要求

生产、储存危险化学品的企业，应当委托具备国家规定的资质条件的机构，对本企业的安全生产条件每3年进行一次安全评价，提出安全评价报告。安全评价报告的内容应当包括对安全生产条件存在的问题进行整改的方案。生产、储存危险化学品的企业，应当将安全评价报告以及整改方案的落实情况报所在地县级人民政府安全生产监督管理部门备案。在港区内储存危险化学品的企业，应当将安全评价报告以及整改方案的落实情况报港口行政管理部门备案。

二、危险化学品购买管理

依法取得危险化学品安全生产许可证、危险化学品安全使用许可证、危险化学品经营许可证的企业，凭相应的许可证件购买剧毒化学品、易制爆危险化学品。民用爆炸物品生产企业凭民用爆炸物品生产许可证购买易制爆危险化学品。其他单位购买剧毒化学品的，应当向所在地县级人民政府公安机关申请取得剧毒化学品购买许可证；购买易制爆危险化学品的，应当持本单位出具的合法用途说明。个人不得购买剧毒化学品（属于剧毒化学品的农药除外）和易制爆危险化学品。

危险化学品生产企业、经营企业销售剧毒化学品、易制爆危险化学品，应当查验相关许可证件或者证明文件，不得向不具有相关许可证件或者证明文件的单位销售剧毒化学品、易制爆危险化学品。对持剧毒化学品购买许可证购买剧毒化学品的，应当按照许可证载明的品种、数量销售。禁止向个人销售剧毒化学品（属于剧毒化学品的农药除外）和易制爆危险化学品。

危险化学品生产企业、经营企业销售剧毒化学品、易制爆危险化学品，应当如实记录购买单位的名称、地址、经办人的姓名、身份证号码以及所购买的剧毒化学品、易制爆危险化学品的品种、数量、用途。销售记录以及经办人的身份证明复印件、相关许可证件复印件或者证明文件的保存期限不得少于1年。剧毒化学品、易制爆危险化学品的销售企业、购买单位应当在销售、购买后5日内，将所销售、购买的剧毒化学品、易制爆危险化学品的品种、数量以及流向信息报所在地县级人民政府公安机关备案，并输入计算机系统。

使用剧毒化学品、易制爆危险化学品的单位不得出借、转让其购买的剧毒化学品、易制爆危险化学品；因转产、停产、搬迁、关闭等确需转让的，应当向具有相关许可证件或者证明文件的单位转让，并在转让后将有关情况及时向所在地县级人民政府公安机关报告。

第四节　危险化学品运输管理

危险化学品在运输过程中容易造成人员伤亡和财产损失，目前的主要管理法律法规是

《危险化学品安全管理条例》、《中华人民共和国道路运输管理条例》和《道路危险货物运输管理规定》。

一、危险化学品运输企业管理

根据《道路危险货物运输管理规定》第 8 条，危险化学品运输企业申请从事道路危险货物运输经营，应当具备四个条件：一是有符合要求的专用车辆及设备；二是有符合要求的停车场地；三是有符合要求的从业人员和安全管理人员；四是有健全的安全生产管理制度。

（一）有符合要求的专用车辆及设备

1. 自有专用车辆（挂车除外）5 辆以上；运输剧毒化学品、爆炸品的，自有专用车辆（挂车除外）10 辆以上。

2. 专用车辆技术性能符合国家标准《营运车辆综合性能要求和检验方法》（GB18565）的要求；技术等级达到行业标准《营运车辆技术等级划分和评定要求》（JT/T198）规定的一级技术等级。

3. 专用车辆外廓尺寸、轴荷和质量符合国家标准《道路车辆外廓尺寸、轴荷和质量限值》（GB1589）的要求。

4. 专用车辆燃料消耗量符合行业标准《营运货车燃料消耗量限值及测量方法》（JT719）的要求。

5. 配备有效的通讯工具。

6. 专用车辆应当安装具有行驶记录功能的卫星定位装置。

7. 运输剧毒化学品、爆炸品、易制爆危险化学品的，应当配备罐式、厢式专用车辆或者压力容器等专用容器。

8. 罐式专用车辆的罐体应当经质量检验部门检验合格，且罐体载货后总质量与专用车辆核定载质量相匹配。运输爆炸品、强腐蚀性危险货物的罐式专用车辆的罐体容积不得超过 20 立方米，运输剧毒化学品的罐式专用车辆的罐体容积不得超过 10 立方米，但符合国家有关标准的罐式集装箱除外。

9. 运输剧毒化学品、爆炸品、强腐蚀性危险货物的非罐式专用车辆，核定载质量不得超过 10 吨，但符合国家有关标准的集装箱运输专用车辆除外。

10. 配备与运输的危险货物性质相适应的安全防护、环境保护和消防设施设备。

（二）有符合要求的停车场地

1. 自有或者租借期限为 3 年以上，且与经营范围、规模相适应的停车场地，停车场地应当位于企业注册地市级行政区域内。

2. 运输剧毒化学品、爆炸品专用车辆以及罐式专用车辆，数量为 20 辆（含）以下的，停车场地面积不低于车辆正投影面积的 1.5 倍，数量为 20 辆以上的，超过部分，每辆车的停车场地面积不低于车辆正投影面积；运输其他危险货物的，专用车辆数量为 10 辆（含）以下的，停车场地面积不低于车辆正投影面积的 1.5 倍；数量为 10 辆以上的，超过部分，每辆车的停车场地面积不低于车辆正投影面积。

3. 停车场地应当封闭并设立明显标志，不得妨碍居民生活和威胁公共安全。

（三）有符合要求的从业人员和安全管理人员

1. 专用车辆的驾驶人员取得相应机动车驾驶证，年龄不超过 60 周岁。

2. 从事道路危险货物运输的驾驶人员、装卸管理人员、押运人员应当经所在地设区的市级人民政府交通运输主管部门考试合格，并取得相应的从业资格证；从事剧毒化学品、爆炸品道路运输的驾驶人员、装卸管理人员、押运人员，应当经考试合格，取得注明为“剧毒化学品运输”或者“爆炸品运输”类别的从业资格证。

3. 企业应当配备专职安全管理人员。

（四）有健全的安全生产管理制度

危险化学品运输企业必须有下列健全的安全生产管理制度：

1. 企业主要负责人、安全管理部门负责人、专职安全管理人员安全生产责任制度。
2. 从业人员安全生产责任制度。
3. 安全生产监督检查制度。
4. 安全生产教育培训制度。
5. 从业人员、专用车辆、设备及停车场地安全管理制度。
6. 应急救援预案制度。
7. 安全生产作业规程。
8. 安全生产考核与奖惩制度。
9. 安全事故报告、统计与处理制度。

二、危险化学品运输从业人员管理

公安机关对危险化学品从业人员的管理主要是交警沿途核查运输人员的从业资格，以及携带《民用爆炸物品运输许可证》、《剧毒化学品道路运输通行证》等情况。

根据《危险化学品安全管理条例》的规定，危险化学品道路运输企业、水路运输企业应当配备专职安全管理人员。危险化学品道路运输企业、水路运输企业的驾驶人员、船员、装卸管理人员、押运人员、申报人员、集装箱装箱现场检查员应当经交通运输主管部门考核合格，取得从业资格；从事剧毒化学品、爆炸品道路运输的驾驶人员、装卸管理人员、押运人员，应当经考试合格，取得注明为“剧毒化学品运输”或者“爆炸品运输”类别的从业资格证。专用车辆的驾驶人员取得相应机动车驾驶证，年龄不超过60周岁。

三、危险化学品运输车辆管理

公安机关对危险化学品运输车辆的管理，一是要核对从事危险化学品运输的车辆是不是符合要求的专用车辆；二是治安管理部门要跟踪危险化学品运输车辆的GPS情况，查看是否按照公安机关许可的路线运输。

经由道路运输危险化学品的，托运人应当委托依法取得危险货物道路运输许可的企业承运。不得使用罐式专用车辆或者运输有毒、感染性、腐蚀性危险货物的专用车辆运输普通货物。其他专用车辆可以从事食品、生活用品、药品、医疗器具以外的普通货物运输，但应当由运输企业对专用车辆进行消除危害处理，确保不对普通货物造成污染、损害。不得将危险货物与普通货物混装运输。专用车辆应当按照国家标准《道路运输危险货物车辆标志》（GB13392）的要求悬挂标志。运输剧毒化学品、爆炸品的企业或者单位，应当配备专用停车区域，并设立明显的警示标牌。专用车辆应当配备符合有关国家标准以及与所载运的危险货物相适应的应急处理器材和安全防护设备。

四、运输货物管理

道路危险货物运输企业或者单位不得运输法律、行政法规禁止运输的货物。法律、行政法规规定的限运、凭证运输货物，道路危险货物运输企业或者单位应当按照有关规定办理相关运输手续。法律、行政法规规定托运人必须办理有关手续后方可运输的危险货物，道路危险货物运输企业应当查验有关手续齐全有效后方可承运。道路危险货物运输企业或者单位应当采取必要措施，防止危险货物脱落、扬散、丢失以及燃烧、爆炸、泄漏等。

五、危险化学品道路运输过程管理

驾驶人员应当随车携带《道路运输证》。驾驶人员或者押运人员应当按照《汽车运输危险货物规则》（JT617）的要求，随车携带《道路运输危险货物安全卡》。

在道路危险货物运输过程中，除驾驶人员外，还应当在专用车辆上配备押运人员，确保危险货物处于押运人员监管之下。

道路危险货物运输途中，驾驶人员不得随意停车。因住宿或者发生影响正常运输的情况需要较长时间停车的，驾驶人员、押运人员应当设置警戒带，并采取相应的安全防范措施。运输剧毒化学品或者易制爆危险化学品需要较长时间停车的，驾驶人员或者押运人员应当向当地公安机关报告。

危险货物的装卸作业应当遵守安全作业标准、规程和制度，并在装卸管理人员的现场指挥或者监控下进行。危险货物运输托运人和承运人应当按照合同约定指派装卸管理人员；若合同未予约定，则由负责装卸作业的一方指派装卸管理人员。

驾驶人员、装卸管理人员和押运人员上岗时应当随身携带从业资格证。

严禁专用车辆违反国家有关规定超载、超限运输。道路危险货物运输企业或者单位使用罐式专用车辆运输货物时，罐体载货后的总质量应当和专用车辆核定载质量相匹配；使用牵引车运输货物时，挂车载货后的总质量应当与牵引车的准牵引总质量相匹配。

道路危险货物运输企业或者单位应当要求驾驶人员和押运人员在运输危险货物时，严格遵守有关部门关于危险货物运输线路、时间、速度方面的有关规定，并遵守有关部门关于剧毒、爆炸危险品道路运输车辆在重大节假日通行高速公路的相关规定。

道路危险货物运输企业或者单位应当通过卫星定位监控平台或者监控终端及时纠正和处理超速行驶、疲劳驾驶、不按规定线路行驶等违法违规驾驶行为。监控数据应当至少保存 3 个月，违法驾驶信息及处理情况应当至少保存 3 年。

道路危险货物运输从业人员必须熟悉有关安全生产的法规、技术标准和安全生产规章制度、安全操作规程，了解所装运危险货物的性质、危害特性、包装物或者容器的使用要求和发生意外事故时的处置措施，并严格执行《汽车运输危险货物规则》（JT617）、《汽车运输、装卸危险货物作业规程》（JT618）等标准，不得违章作业。

道路危险货物运输企业或者单位应当加强安全生产管理，制定突发事件应急预案，配备应急救援人员和必要的应急救援器材、设备，并定期组织应急救援演练，严格落实各项安全制度。

在危险货物运输过程中发生燃烧、爆炸、污染、中毒或者被盗、丢失、流散、泄漏等事故，驾驶人员、押运人员应当立即根据应急预案和《道路运输危险货物安全卡》的要求采取应急处置措施，并向事故发生地公安部门、交通运输主管部门和本运输企业或者单位报告。运输企业或者单位接到事故报告后，应当按照本单位危险货物应急预案组织救援，并向事故发生地安全生产监督管理部门和环境保护、卫生主管部门报告。道路危险货物运输管理机构应当公布事故报告电话。

在危险货物装卸过程中，应当根据危险货物的性质，轻装轻卸，堆码整齐，防止混杂、撒漏、破损，不得与普通货物混合堆放。

道路危险货物运输企业或者单位应当为其承运的危险货物投保承运人责任险。

道路危险货物运输企业异地经营（运输线路起讫点均不在企业注册地市域内）累计 3 个月以上的，应当向经营地设区的市级道路运输管理机构备案并接受其监管。

六、水路运输管理

通过水路运输危险化学品的，应当遵守法律、行政法规以及国务院交通运输主管部门关于危险货物水路运输安全的规定。

海事管理机构应当根据危险化学品的种类和危险特性，确定船舶运输危险化学品的相关安全运输条件。

拟交付船舶运输的化学品的相关安全运输条件不明确的，应当经国家海事管理机构认定的机构进行评估，明确相关安全运输条件并经海事管理机构确认后，方可交付船舶运输。

禁止通过内河封闭水域运输剧毒化学品以及国家规定禁止通过内河运输的其他危险化学品。

通过内河运输危险化学品，应当由依法取得危险货物水路运输许可的水路运输企业承运，其他单位和个人不得承运。托运人应当委托依法取得危险货物水路运输许可的水路运输企业承运，不得委托其他单位和个人承运。

通过内河运输危险化学品，应当使用依法取得危险货物适装证书的运输船舶。水路运输企业应当针对所运输的危险化学品的危险特性，制定运输船舶危险化学品事故应急救援预案，并为运输船舶配备充足、有效的应急救援器材和设备。

通过内河运输危险化学品的船舶，其所有人或者经营人应当取得船舶污染损害责任保险证书或者财务担保证明。船舶污染损害责任保险证书或者财务担保证明的副本应当随船携带。

通过内河运输危险化学品，危险化学品包装物的材质、形式、强度以及包装方法应当符合水路运输危险化学品包装规范的要求。国务院交通运输主管部门对单船运输的危险化学品数量有限制性规定的，承运人应当按照规定安排运输数量。

用于危险化学品运输作业的内河码头、泊位应当符合国家有关安全规范，与饮用水取水口保持国家规定的距离。有关管理单位应当制定码头、泊位危险化学品事故应急预案，并为码头、泊位配备充足、有效的应急救援器材和设备。用于危险化学品运输作业的内河码头、泊位，经交通运输主管部门按照国家有关规定验收合格后方可投入使用。

船舶载运危险化学品进出内河港口，应当将危险化学品的名称、危险特性、包装以及进出港时间等事项，事先报告海事管理机构。海事管理机构接到报告后，应当在国务院交通运输主管部门规定的时间内作出是否同意的决定，通知报告人，同时通报港口行政管理部门。定船舶、定航线、定货种的船舶可以定期报告。

在内河港口内进行危险化学品的装卸、过驳作业，应当将危险化学品的名称、危险特性、包装和作业的时间、地点等事项报告港口行政管理部门。港口行政管理部门接到报告后，应当在国务院交通运输主管部门规定的时间内作出是否同意的决定，通知报告人，同时通报海事管理机构。载运危险化学品的船舶在内河航行，通过过船建筑物的，应当提前向交通运输主管部门申报，并接受交通运输主管部门的管理。

载运危险化学品的船舶在内河航行、装卸或者停泊，应当悬挂专用的警示标志，按照规定显示专用信号。载运危险化学品的船舶在内河航行，按照国务院交通运输主管部门的规定需要引航的，应当申请引航。

载运危险化学品的船舶在内河航行，应当遵守法律、行政法规和国家其他有关饮用水水源保护的规定。内河航道发展规划应当与依法经批准的饮用水水源保护区划定方案相协调。

七、危险化学品托运管理

托运危险化学品的，托运人应当向承运人说明所托运的危险化学品的种类、数量、危险特性以及发生危险情况的应急处置措施，并按照国家有关规定对所托运的危险化学品妥善包装，在外包装上设置相应的标志。运输危险化学品需要添加抑制剂或者稳定剂的，托运人应当添加，并将有关情况告知承运人。

托运人不得在托运的普通货物中夹带危险化学品，不得将危险化学品匿报或者谎报为普通货物托运。任何单位和个人不得交寄危险化学品或者在邮件、快件内夹带危险化学品，不得将危险化学品匿报或者谎报为普通物品交寄。邮政企业、快递企业不得收寄危险化学品。

第五节　危险化学品事故应急处理

近年来，涉及危险化学品的事故频频发生，后果越发严重。危险化学品事故可能造成大量人员伤亡、财产损失和环境污染。

危险化学品事故，是指由一种或数种危险化学品在生产、经营、储存、运输、使用或废弃过程中其能量意外释放造成人身伤亡、财产损失或环境污染的事故①。

一、危险化学品事故应急处理概述

（一）危险化学品事故应急处理概念

1. 危险化学品事故应急处理概念

危险化学品事故应急处理，是指危险化学品事故的预测、响应、指挥、后勤保障、现场救援和化学品洗消等方面的一项系统工作。

2. 危险化学品事故类型

（1）根据危险化学品的危险特性可以将危险化学品事故分为危险化学品火灾事故、危险化学品爆炸事故、危险化学品泄漏事故、危险化学品中毒事故、危险化学品窒息事故、危险化学品灼伤事故、危险化学品辐射事故和其他危险化学品事故共 8 类②。

（2）参照国务院 2007 年 3 月 28 日发布的《生产安全事故报告和调查处理条例》，危险化学品事故规模可以分为一般危险化学品事故、较大危险化学品事故、重大危险化学品事故和特别重大危险化学品事故共 4 类。

---

① 刘立文，黄长富主编．突发灾害事故应急救援［M］．北京：中国人民公安大学出版社，2013.

② 刘立文，黄长富主编．突发灾害事故应急救援［M］．北京：中国人民公安大学出版社，2013.

一般危险化学品事故，是指造成3人以下死亡，或者10人以下重伤，或者1000万元以下直接经济损失的危险化学品事故。

较大危险化学品事故，是指造成3人以上10人以下死亡，或者10人以上50人以下重伤，或者1000万元以上5000万元以下直接经济损失的危险化学品事故。

重大危险化学品事故，是指造成10人以上30人以下死亡，或者50人以上100人以下重伤，或者5000万元以上1亿元以下直接经济损失的危险化学品事故。

特别重大危险化学品事故，是指造成30人以上死亡，或者100人以上重伤，或者1亿元以上直接经济损失的危险化学品事故。

以上四类事故中的“以上”包括本数，“以下”不包括本数。

（二）危险化学品事故的特点

危险化学品事故具有四个突出的特点：

一是突发性强；

二是危害范围广；

三是事故复杂；

四是处置专业性强。

（三）危险化学品事故应急处理的职责分工

1. 公安部门在危险化学品事故应急处理中的职责

根据现行的法律、法规，公安机关在危险化学品事故应急处理中的职责主要有五个方面：

（1）负责组织危险化学品事故现场的安全警戒；

（2）负责实施交通管制；

（3）负责维护现场及周围地区治安秩序；

（4）负责协助组织人员疏散、受害人营救、危险源控制工作；

（5）负责组织对危险化学品事故直接责任人的监控及逃逸人员的追捕，并负责侦破涉危险化学品案件。

2. 安全生产监督管理部门在危险化学品事故应急处理中的职责

安全生产监督管理部门在危险化学品事故应急处理中的职责主要是负责事故的组织指挥和协调通知公安、环境保护、卫生和交通等成员单位。

3. 环境保护部门在危险化学品事故应急处理中的职责

环境保护部门负责制定危险化学品污染事故监测与环境危害控制应急预案和危险化学品的洗消工作。

4. 医疗卫生部门在危险化学品事故应急处理中的职责

医疗卫生单位负责制定危险化学品事故医疗救护预案、受伤中毒人员的抢救工作和危险化学品毒性的鉴定工作。

（四）危险化学品登记

根据《危险化学品安全管理条例》第66条至第68条，国家实行危险化学品登记制度，为危险化学品安全管理以及危险化学品事故预防和应急救援提供技术、信息支持。危险化学品生产企业、进口企业，应当向国务院安全生产监督管理部门负责危险化学品登记的机构（以下简称危险化学品登记机构）办理危险化学品登记。

危险化学品登记包括六项内容：

一是分类和标签信息；

二是物理、化学性质；

三是主要用途；

四是危险特性；

五是储存、使用、运输的安全要求；

六是出现危险情况的应急处置措施。

对同一企业生产、进口的同一品种的危险化学品，不进行重复登记。危险化学品生产企业、进口企业发现其生产、进口的危险化学品有新的危险特性的，应当及时向危险化学品登记机构办理登记内容变更手续。危险化学品登记的具体办法由国务院安全生产监督管理部门制定。危险化学品登记机构应当定期向工业和信息化、环境保护、公安、卫生、交通运输、铁路、质量监督检验检疫等部门提供危险化学品登记的有关信息和资料。

（五）危险化学品事故应急处理预案

1. 应急预案的制定

根据《危险化学品安全管理条例》第 69 条、第 70 条，县级以上地方人民政府安全生产监督管理部门应当会同工业和信息化、环境保护、公安、卫生、交通运输、铁路、质量监督检验检疫等部门，根据本地区实际情况，制定危险化学品事故应急预案，报本级人民政府批准。危险化学品单位应当制定本单位危险化学品事故应急预案，配备应急救援人员和必要的应急救援器材、设备，并定期组织应急救援演练。危险化学品单位应当将其危险化学品事故应急预案报所在地设区的市级人民政府安全生产监督管理部门备案。

2. 应急救援

《危险化学品安全管理条例》第 71 条至第 74 条，发生危险化学品事故，事故单位主要负责人应当立即按照本单位危险化学品应急预案组织救援，并向当地安全生产监督管理部门和环境保护、公安、卫生主管部门报告；道路运输、水路运输过程中发生危险化学品事故的，驾驶人员、船员或者押运人员还应当向事故发生地交通运输主管部门报告。发生危险化学品事故，有关地方人民政府应当立即组织安全生产监督管理、环境保护、公安、卫生、交通运输等有关部门，按照本地区危险化学品事故应急预案组织实施救援，不得拖延、推诿。

有关地方人民政府及其有关部门应当按照下列规定，采取必要的应急处置措施，减少事故损失，防止事故蔓延、扩大：一是立即组织营救和救治受害人员，疏散、撤离或者采取其他措施保护危害区域内的其他人员；二是迅速控制危害源，测定危险化学品的性质、事故的危害区域及危害程度；三是针对事故对人体、动植物、土壤、水源、大气造成的现实危害和可能产生的危害，迅速采取封闭、隔离、洗消等措施；四是对危险化学品事故造成的环境污染和生态破坏状况进行监测、评估，并采取相应的环境污染治理和生态修复措施。

有关危险化学品单位应当为危险化学品事故应急救援提供技术指导和必要的协助。危险化学品事故造成环境污染的，由设区的市级以上人民政府环境保护主管部门统一发布有关信息。

二、危险化学品事故应急处理的准备工作

危险化学品事故发生后，应急救援指挥部应组织做好四个方面的准备工作：一是做好安全防护；二是成立现场救援指挥部；三是核实灾情；四是要做好人员分工。

（一）做好安全防护

参与危险化学品事故应急救援的车辆和人员在靠近事故现场的时候一定要做好防护。车辆一般不能直接停放在事故的核心区域，而应选择在事故现场的外围，并且选择现场的上风或者侧方方向停靠为宜。救援人员也要做好防护，对危险化学品泄漏事故的处置时，一线人员要穿着防化服和防毒面具进入现场，然后根据现场对危险化学品种类和浓度的检测情况，再选择合适的防护措施。

（二）成立现场救援指挥部

通常对重大危险化学品事故以上的事故应当成立事故现场救援指挥部。现场救援指挥部最好由政府分管副职任总指挥，安监、公安、环保、交通、军队、专业救援队、自愿救援队和卫生等部门作为成员。现场救援指挥部位置要选择靠前且比较安全的地方，便于就近指挥。

（三）核实灾情

现场指挥部要联系报警人员和其他知情人员，详细了解现场的情况，如泄漏的物质名称、数量、泄漏部位、泄漏口大小、危险化学品扩散范围和对附近居民水源污染情况等，核实灾情。

（四）做好人员分工

现场指挥部要根据危险化学品事故的特点在现场成立由专业救援人员和各政府相关人员组成的各个小组，对现场救援任务进行分工。一是成立由公安部门为主的现场警戒小组，设置警戒区域。二是成立以消防部门为主的人员抢救小组，搜救被困人员。三是成立以专业人员为主的堵漏排险小组，根据危险化学品的泄漏情况，封堵泄漏源。四是成立以环境保护部门人员为主的洗消小组，对已经泄漏的危险化学品采用一定的处理措施，如用活性炭吸附、用稻草吸附、筑坝截流防止污染物向下游扩散和清除已严重污染的土壤等。当然，人员的分工不仅仅是这些，还要根据现场危险化学品事故的种类和危险化学品的性质采取灵活的处理方式，以求发挥总体上的最好效果。

三、危险化学品事故现场警戒和疏散

公安机关负责危险化学品事故现场的警戒和人员疏散，组织事故可能波及区域的人员疏散和撤离。

（一）危险化学品事故现场警戒

1. 设置警戒区域

在危险化学品事故现场及事故可能波及的区域实施警戒，通知附近的群众及时撤离危险区域。通常的警戒措施有放置危险标志物、停放警车、拉警戒带、划警戒线和开闪烁灯等。

2. 控制现场秩序

清理警戒区内的无关人员，防止人为点火或者产生点火花而引发危险化学品二次爆炸，保证现场救援环境的可控性。

3. 组织外围疏导控制

外围的疏导控制主要由交警和武警完成。主要工作是在警戒区域外围疏导车辆和人员。

（二）现场人员疏散

现场由公安机关负责组织疏散工作，主要通过广播、电视、移动宣传车来发布疏散通告，安排专门的疏散人员负责维持现场的秩序，力争有序快速疏散，将警戒区内人员疏散到安全的避难场所。

四、危险化学品泄漏事故的处置

危险化学品的泄漏容易引发人员中毒、环境污染、火灾和爆炸等后果，对公共安全构成较大威胁，如2005年11月13日，中石油吉林石化公司双苯厂爆炸事故，造成80吨苯类危险化学品流入松花江，造成松花江严重污染。危险化学品泄漏后需要公安机关、环保、安监、卫生等部门的联合处置。

（一）泄漏源的控制

1. 关闭阀门

通过关闭有关阀门的方法控制泄漏源，防止危险化学品持续泄漏。

2. 封堵泄漏口

不能关阀门止漏时，可使用各种有针对性的堵漏器具和方法封堵泄漏口，控制危险化学品的泄漏。

3. 倒罐

把泄漏的罐中危险化学品转移到其他正常的罐等容器中去的措施，可以较好地控制泄漏源。

4. 转移

当泄漏量比较大，不能堵住泄漏口，又来不及倒罐时，可将泄漏装置转移到安全的地方进行处置。

（二）泄漏物的处置

对泄漏物的处置通常采用两种方法。一是筑堤，在泄漏物的下游修筑围堰，防止危险化学品向下游扩散。二是收集，对残留的危险化学品采用活性炭、沙子、黏土和稻草等惰性材料进行吸附收集，然后集中焚烧处理。

（三）现场洗消

危险化学品的泄漏给环境带来了严重的污染，必须要通过洗消让泄漏危险化学品的浓度降至最低。

1. 物理洗消法

常见的物理洗消法主要有通风消毒法、转移消毒法、吸附消毒法和蒸发消毒法。其中，吸附消毒法用得最多。吸附消毒法通常用活性炭和稻草对泄漏的危险化学品进行吸附，然后集中焚烧处理，可以大大降低泄漏物质的浓度，减轻对环境的污染。

2. 化学洗消法

化学洗消法主要有中和消毒法、氧化还原消毒法、催化消毒法、燃烧消毒法和络合消毒法几种。

第六节　涉危险化学品单位安全检查

一、安全检查的目的

对涉危险化学品单位开展安全检查是公安机关对其日常管理的基本手段，能够及时发现危险化学品单位在生产、经营、储存、使用等环节存在的安全隐患，及时督促整改，防患于未然。

根据《中华人民共和国安全生产法》第 62 条规定，公安机关、安全生产监督管理部门和其他负有安全生产监督管理职责的部门，可以对危险化学品生产经营单位进行监督检查，行使以下四项职权：一是进入生产经营单位进行检查，调阅有关资料，向有关单位和人员了解情况。二是对检查中发现的安全生产违法行为，当场予以纠正或者要求限期改正；对依法应当给予行政处罚的行为，依照本法和其他有关法律、行政法规的规定作出行政处罚决定。三是对检查中发现的事故隐患，应当责令立即排除；重大事故隐患排除前或者排除过程中无法保证安全的，应当责令从危险区域内撤出作业人员，责令暂时停产停业或者停止使用相关设施、设备；重大事故隐患排除后，经审查同意，方可恢复生产经营和使用。四是对有根据认为不符合国家标准或者行业标准的设施、设备、器材以及违法生产、储存、使用、经营、运输的危险物品予以查封或者扣押，对违法生产、储存、使用、经营危险物品的作业场所予以查封，并依法作出处理决定。通过对涉危险化学品单位的安全检查，预防危险化学品事故的发生。

二、安全检查的方法

涉危险化学品单位安全检查的方法常见的有以下五种。

（一）查阅法

查阅法，即查阅单位和相关从业人员的资质证件，通过查阅资料了解单位的内部管理情况。

（二）测试法

例如测试现场的技防设施是否安全有效、自动灭火喷淋系统是否具备喷淋灭火功能、员工是否掌握了安全操作规程、自动报警按钮是否有效、应急照明灯在断电时能否应急照明和测试视频监控系统的清晰度情况等。

（三）查看法

查看法，即现场查看单位内部有无管理制度，制度是否上墙，有无影响疏散逃生的障碍，消防通道是否被占用，灭火器材是否保持完好有效，安全出口指示标志是否齐全有效等。

（四）计算法

计算法，即计算危险化学品管理的实际台账与上传到危险化学品管理信息系统中的台账是否相符。

（五）询问法

询问法，即在危险化学品单位内部随机调查询问员工对危险化学品管理相关知识的掌握情况和平时单位内部应急演练的执行情况等。

三、涉危险化学品单位安全检查的内容

涉危险化学品单位的安全检查主要依照《中华人民共和国安全生产法》、《危险化学品安全管理条例》等法律法规，重点检查以下内容：

（一）检查单位的资质

1. 单位资质的检查

检查涉危险化学品单位是否依法取得《危险化学品生产许可证》、《危险化学品经营许

可证》、《危险化学品使用许可证》和《工商营业执照》等情况。

2. 单位员工资质的检查

主要检查危险化学品单位员工的培训合格证书、资格证书以及培训考核记录。

（二）检查单位的管理制度

检查涉危险化学品单位管理制度情况，包括安全操作规程、危险化学品生产安全管理制度、危险化学品买卖安全管理制度、危险化学品出入库管理制度、库房安全管理制度、台账制度、危险化学品运输安全管理制度、重大危险源管理制度和废弃危险化学品处置制度等。

（三）检查对国家、行业安全管理要求的执行情况

1. 检查危险源管理情况

检查涉危险化学品单位内是否存在重大危险源，如果存在，单位应加强管理，采取措施对重大危险源进行监控，建立重大危险源台账，建立重大危险源突发事故应急预案。生产、经营、储存危险化学品的单位应当与居民建筑保持一定的距离。

2. 检查危险化学品储存仓库

检查危险化学品储存仓库内容主要包括：一是检查危险化学品储存专用仓库是否由专人进行管理，对出入库建立严格的台账制度，对民用爆炸物品、剧毒化学品和易制爆危险化学品还要建立“双人双锁、双台账”等制度。二是检查危险化学品仓库的消防情况是否符合国家标准，灭火器材设施是否完好有效、是否进行定期检测和维修。三是检查危险化学品仓库是否根据危险化学品的种类特性，设置相应的通风、防爆、防潮等安全设施，并定期进行维修保养。四是检查有毒化学品仓库设施情况，包括：是否远离居民区和水源，是否落实双人双锁双台账制度。五是检查压缩气体和液化气体是否与爆炸物品、氧化剂、易燃物、自燃物、腐蚀性物品分开储存。六是检查易燃液体、遇湿易燃物品、易燃固体是否与氧化剂混合储存，具有还原性的氧化剂是否单独存放。

3. 检查事故应急救援情况

事故应急救援情况主要检查以下几个方面：一是检查有无应急救援预案；二是检查应急预案的演练情况；三是检查预案负责人和员工掌握预案内容的情况；四是检查应急预案的岗位职责是否明确；五是检查是否配备了必要的应急设备。

（四）检查安全保卫设施

安全保卫设施包括人防、物防和技防三个方面。一是检查涉危险化学品单位的人防情况，即单位是否成立专门的安全保卫机构，单位的消防安全管理责任人和消防安全管理人员是否确定，是否组建了单位内部的志愿消防队伍和专业救援队伍。二是检查涉危险化学品单位的物防情况，即检查单位的危险化学品仓库在防盗设施的配备上是否齐全，单位的外围是否设置围墙、围栏等障碍物，库房的窗户上是否有牢固的钢筋等实体防范措施。三是检查涉危险化学品单位的技防情况，即检查单位是否设置了视频监控系统，摄像头的数量、位置和清晰度是否符合要求，是否设置了主动红外探测器、被动红外探测器、激光对射探测器、出入口控制系统、门禁系统、火灾自动报警系统、门磁报警器、微波对射探测器、微波多普勒探测器和脉冲电子围栏等技术防范系统。

四、安全检查中发现问题的处理

安全检查的目的并不仅仅是发现安全隐患，还是要对发现的问题及时处理，消除安全隐患。

（一）填写检查记录

民警将检查过程中发现的问题如实记录，填写在专用的安全检查表上，并向被检查单位的随同检查人员告知检查情况，由两名以上民警签字，并要求被检查单位在确认检查记录后签字。

（二）填写责令限期整改通知书

检查发现的安全隐患能够当场整改完毕的，要求单位当场整改，并在检查记录中记录说明。发现的问题比较严重不能当场整改完毕的，民警要按要求填写责令限期整改通知书，要求涉危险化学品单位在规定时间内整改完毕。责令限期整改的期限一般不超过 2 个月。

（三）复查整改情况

公安机关在危险化学品单位提出提前复查或在责令限期整改到期前要对其整改情况进行复查，填写复查意见书，签署合格或不合格的意见。

（四）追究相关责任人的法律责任

对于涉危险化学品单位不及时整改安全隐患或者因安全隐患造成重大人员、财产损失的，公安机关应当追究单位或者相关责任人的法律责任。对单位可取消单位经营资格或者经济上予以处罚，对相关责任人可从行政处分、行政处罚、刑事处罚三个方面追究其法律责任。

五、安全检查要求

（一）要由两名以上具备危险化学品安全检查相关业务知识的民警（通常由县级公安机关治安大队危爆办公室民警）对涉危险化学品单位开展安全检查。

（二）民警在检查时要求着装或者出示执法资格证件。

（三）安全检查过程中应做好记录，采用照相机、摄像机等录音、录像设备固定相关证据。

（四）检查过程中民警要注意自身安全，防止因安全检查而引发安全事故。

（五）检查结束后，要求见证人、被检查单位的随同人在安全检查记录上签字，以及在《责令限期整改通知书》上签字。

第七节　违反危险化学品管理行为的法律责任

根据《危险化学品安全管理条例》的规定，危险化学品由多个部门共同管理，涉及的法律责任也比较多，本节仅仅介绍公安部门管辖范围的这一部分。

一、涉及易制爆危险化学品违规行为的法律责任

有下列情形之一的，由公安机关责令改正，可以处 1 万元以下的罚款；拒不改正的，处 1 万元以上 5 万元以下的罚款：

（一）生产、储存、使用易制爆危险化学品的单位不如实记录生产、储存、使用的易制爆危险化学品的数量、流向的；

（二）生产、储存、使用易制爆危险化学品的单位发现易制爆危险化学品丢失或者被盗，不立即向公安机关报告的；

（三）危险化学品生产企业、经营企业不如实记录易制爆危险化学品购买单位的名称、

地址、经办人的姓名、身份证号码以及所购买的易制爆危险化学品的品种、数量、用途，或者保存销售记录和相关材料的时间少于 1 年的；

（四）易制爆危险化学品的销售企业、购买单位未在规定的时限内将所销售、购买的易制爆危险化学品的品种、数量以及流向信息报所在地县级人民政府公安机关备案的；

（五）使用易制爆危险化学品的单位依照《危险化学品安全管理条例》规定转让其购买的易制爆危险化学品，未将有关情况向所在地县级人民政府公安机关报告的。

二、危险化学品运输车辆违规行为的法律责任

有下列情形之一的，由公安机关责令改正，处 5 万元以上 10 万元以下的罚款；构成违反治安管理行为的，依法给予治安管理处罚；构成犯罪的，依法追究刑事责任：

（一）超过运输车辆的核定载质量装载危险化学品的；

（二）使用安全技术条件不符合国家标准要求的车辆运输危险化学品的；

（三）运输危险化学品的车辆未经公安机关批准进入危险化学品运输车辆限制通行的区域的。

三、危险化学品运输过程中违规行为的法律责任

有下列情形之一的，由公安机关责令改正，处 1 万元以上 5 万元以下的罚款；构成违反治安管理行为的，依法给予治安管理处罚：

（一）危险化学品运输车辆未悬挂或者喷涂警示标志，或者悬挂或者喷涂的警示标志不符合国家标准要求的；

（二）通过道路运输危险化学品，不配备押运人员的；

（三）运输易制爆危险化学品途中需要较长时间停车，驾驶人员、押运人员不向当地公安机关报告的；

（四）易制爆危险化学品在道路运输途中丢失、被盗、被抢或者发生流散、泄漏等情况，驾驶人员、押运人员不采取必要的警示措施和安全措施，或者不向当地公安机关报告的。

四、伪造、变造相关许可证件的法律责任

（一）伪造、变造或者出租、出借、转让危险化学品安全生产许可证、工业产品生产许可证，或者使用伪造、变造的危险化学品安全生产许可证、工业产品生产许可证的，分别依照《安全生产许可证条例》、《中华人民共和国工业产品生产许可证管理条例》的规定处罚。

（二）伪造、变造或者出租、出借、转让《危险化学品安全管理条例》规定的其他许可证，或者使用伪造、变造的本条例规定的其他许可证的，分别由相关许可证的颁发管理机关处 10 万元以上 20 万元以下的罚款，有违法所得的，没收违法所得；构成违反治安管理行为的，依法给予治安管理处罚；构成犯罪的，依法追究刑事责任。

五、危险化学品事故发生单位的法律责任

危险化学品单位发生危险化学品事故，其主要负责人不立即组织救援或者不立即向有关部门报告的，依照《生产安全事故报告和调查处理条例》的规定处罚。危险化学品单位发生危险化学品事故，造成他人人身伤害或者财产损失的，依法承担赔偿责任。

六、危险化学品从业单位的法律责任

根据《中华人民共和国安全生产法》第98条，生产经营单位有下列行为之一的，责令限期改正，可以处10万元以下的罚款；逾期未改正的，责令停产停业整顿，并处10万元以上20万元以下的罚款，对其直接负责的主管人员和其他直接责任人员处2万元以上5万元以下的罚款；构成犯罪的，依照刑法有关规定追究刑事责任：一是生产、经营、运输、储存、使用危险物品或者处置废弃危险物品，未建立专门安全管理制度、未采取可靠的安全措施的；二是对重大危险源未登记建档，或者未进行评估、监控，或者未制订应急预案的；三是进行爆破、吊装以及国务院安全生产监督管理部门会同国务院有关部门规定的其他危险作业，未安排专门人员进行现场安全管理的；四是未建立事故隐患排查治理制度的。

根据《中华人民共和国安全生产法》第102条，生产经营单位有下列行为之一的，责令限期改正，可以处5万元以下的罚款，对其直接负责的主管人员和其他直接责任人员可以处1万元以下的罚款；逾期未改正的，责令停产停业整顿；构成犯罪的，依照刑法有关规定追究刑事责任：一是生产、经营、储存、使用危险物品的车间、商店、仓库与员工宿舍在同一座建筑内，或者与员工宿舍的距离不符合安全要求的；二是生产经营场所和员工宿舍未设有符合紧急疏散需要、标志明显、保持畅通的出口，或者锁闭、封堵生产经营场所或者员工宿舍出口的。

七、危险化学品管理部门的法律责任

（一）发生危险化学品事故，有关地方人民政府及其有关部门不立即组织实施救援，或者不采取必要的应急处置措施减少事故损失，防止事故蔓延、扩大的，对直接负责的主管人员和其他直接责任人员依法给予处分；构成犯罪的，依法追究刑事责任。

（二）负有危险化学品安全监督管理职责的部门的工作人员，在危险化学品安全监督管理工作中滥用职权、玩忽职守、徇私舞弊，构成犯罪的，依法追究刑事责任；尚不构成犯罪的，依法给予处分。

☞ **思考题：**

1. 危险化学品管理的主要法律法规有哪些？
2. 常见危险化学品有哪些？
3. 公安机关在危险化学品安全管理中的职责是什么？
4. 公安机关如何加强危险化学品的运输管理？
5. 危险化学品的购买有何管理要求？
6. 公安机关对危险化学品单位的安全检查应当如何进行？
7. 危险化学品泄漏事故如何应急处置？
8. 危险化学品泄漏事故处置中公安机关的职责是什么？

☞ **本章参考文献：**

[1] 张瑞萍主编．危险物品管理学［M］．北京：中国人民公安大学出版社，2014.

[2] 刘立文，黄长富主编．突发灾害事故应急救援［M］．北京：中国人民公安大学出版社，2013.

[3] 黄超等主编．危险物品管理（修订本）[M]．北京：中国人民公安大学出版社，2011.
[4] 蔡少铿等主编．危险物品管理教程 [M]．北京：中国人民公安大学出版社，2007.
[5] 张先福等主编．危险物品管理 [M]．北京：群众出版社，2009.
[6] 孙维生编著．常见危险化学品速查手册 [M]．北京：化学工业出版社，2013.
[7] 刘振华等主著．治安学专业实训教程 [M]．武汉：武汉大学出版社，2015.

第七章　剧毒化学品管理

☞ **本章重点：**

1. 公安机关在剧毒化学品管理中的职责；
2. 公安机关对涉剧毒化学品单位安全检查；
3. 违反剧毒化学品管理行为的法律责任。

☞ **本章难点：**

1. 常见的剧毒化学品及其中毒机理；
2. 剧毒化学品事故的应急处理；
3. 违反剧毒化学品管理行为的法律责任。

第一节　剧毒化学品管理概述

一、剧毒化学品概述

（一）有毒物质和中毒

有毒物质，俗称毒物，是指凡通过接触、吸入、食用等方式进入机体，并对机体组织产生物理或化学作用，导致人体正常生理机能失调，机体组织与器官发生病理变化，引起功能障碍、疾病或死亡的物质。常见的有毒物质包括各种有机毒物、无机毒物、农药、金属毒物、杀鼠药等。

中毒，通常是指有毒物质，无论以何种方式、途径，进入人、畜体内，发生毒性作用，损害机体组织和器官而引起的不健康或病理现象。中毒有两种类型：一类是化学性毒物中毒；另一类是细菌性食物中毒。综合考虑公安机关管理有毒物质的侧重点为化学性毒物，因而本章重点阐述化学性毒物中毒症状。

化学性毒物中毒的症状，会因有毒物质种类的不同而表现各异。

常见有毒物质中毒症状如表 7-1 所示①：

表 7-1　　**常见有毒物质中毒症状表**

症　　状		有毒物质
特殊面容	颜面樱红	氰化物、一氧化碳
	颜面潮红	阿托品、河豚
	颜面口唇青紫	亚硝酸盐、苯胺、硝基苯

① 胡冠武，孟一凡主编．危险物品管理通论［M］．北京：中国人民公安大学出版社，2000.

续表

症　　状		有毒物质
特殊气味	杏仁味	氰化物、硝基苯
	消毒水味	酚、来苏尔
	蒜臭味	有机磷、磷化锌
	霉臭味	六六六
血液变化	血色正常不凝	敌鼠钠盐
	血色鲜红	氰化物、一氧化碳
	血呈酱色不凝	亚硝酸盐、苯胺、硝基苯
消化泌尿系统	流涎	有机磷、有机氟、砷、汞
	口冒白沫	有机磷
	口鼻冒灰色或白样沫	安妥
	剧烈腹痛	酚、砷、汞强酸、强碱、磷化锌、盐卤
	口渴	磷化锌、砷
	剧烈呕吐及腹泻	砷、汞
	血尿、尿闭	汞
神经系统	闪击样昏倒迅速死亡	氰化物、烟碱
	晕睡	安眠镇静药类、吗啡、一氧化碳
	痉挛	氰化物、有机磷、氟乙酰胺
	强直性痉挛	士的宁
	震颤	有机磷、有机氟
	幻觉	大麻
	狂躁不安	氟乙酰胺
	口唇四肢发麻	大麻
	视觉障碍、复视、失明	甲醇
	瞳孔缩小	有机磷、吗啡、氯丙嗪类、磷化锌
	瞳孔散大	大麻
呼吸循环及其他	呼吸浅慢、血压下降	安眠镇静药、吗啡
	肺水肿	有机磷
	心跳加剧、心律紊乱、大量出汗	氟乙酰胺、氨茶碱
	大量出汗	有机磷
	体温升高	有机磷、有机氯、阿托品、伯氨喹
	皮肤发红、气泡	强酸

（二）剧毒化学品①

剧毒化学品，是指具有剧烈急性毒性危害的化学品，包括人工合成的化学品及其混合物和天然毒素，还包括具有急性毒性易造成公共安全危害的化学品。

剧毒化学品的剧烈急性毒性判定界限为：急性毒性类别 1，即满足下列条件之一的是剧

① 《危险化学品目录（2015 版）》中的剧毒化学品目录。

毒化学品：大鼠实验，经口 $LD_{50}\leq 5$ 毫克/千克，经皮 $LD_{50}\leq 50$ 毫克/千克，吸入（4h）$LC_{50}\leq 100$ 毫升/立方米（气体）或 0.5 毫克/升（蒸气）或 0.05 毫克/升（尘、雾）。剧毒化学品的剧烈急性毒性判定也可使用兔实验数据。

《危险化学品目录（2015 年版）》的判定界限与《剧毒化学品目录（2002 年版）》对比发生了较大变化（见表 7-2）。《危险化学品目录（2015 年版）》含有剧毒化学品条目 148 个，比《剧毒化学品目录（2002 年版）》减少了 187 个。

表 7-2　**剧烈毒性判定界限变化对比表**

项目	《危险化学品目录（2015 年版）》	《剧毒化学品目录（2002 年版）》
经口	$LD_{50}\leq 5mg/kg$	$LD_{50}\leq 50mg/kg$
经皮	$LD_{50}\leq 50mg/kg$	$LD_{50}\leq 200mg/kg$
吸入	（4h）$LC_{50}\leq 100ml/m^3$（气体）或 0.5mg/L（蒸气）或 0.05mg/L（尘、雾）	（4h）$LC_{50}\leq 500ppm$（气体）或 2mg/L（蒸气）或 0.5mg/L（尘、雾）
对应的危险类别	急性毒性，类别 1	急性毒性，类别 1 和类别 2

剧毒化学品由公安机关纳入治安管理范围进行严格管理，具体范围参照 2015 年 2 月 27 日，安全监管总局、工业和信息化部、公安部、环境保护部、交通运输部、农业部、国家卫生计生委、质检总局、铁路局和民航局制定的《危险化学品目录》。

（三）剧毒化学品基础知识

1. 毒物的毒性量度

毒物进入人畜体内，发生毒性作用，不同的毒物，其毒性各有不同，对人畜体的损害也是不同的。因此，毒物的毒性很难精确测定，一般是以动物中毒试验来说明并测出结果，外推应用到人体进行评价。量度毒物毒性大小的方法有很多，如致死量（LD）、致死浓度（LC）、半数致死量（LD_{50}）、半数致死浓度（LC_{50}）等。通常用半数致死量（LD_{50}）和半数致死浓度（LC_{50}）来度量。

半数致死量（LD_{50}），是指在一定条件下能杀死受试动物（白鼠或家兔）的一半数量时动物每公斤体重所承受的最低毒物剂量，单位为毫克/千克。半数致死量（LD_{50}）外推应用到人体，若某种毒物对人的致死情况同受试动物相同，则对于体重为 W（千克）的人，该种毒物的致死量为 LD_{50} 乘以 W。根据进入机体的途径不同，LD_{50} 又分为 OLD_{50}（经口）、RLD_{50}（吸入）、SLD_{50}（经皮）、VLD_{50}（经静脉）等。

半数致死浓度（LC_{50}），是指在一定条件下能杀死受试动物（白鼠或家兔）的一半数量时毒物蒸气、烟雾、粉尘的浓度，单位为毫克/立方米。

根据大白鼠口服施药测得的 LD_{50} 值（经口），可以将化学物质分为剧毒、高毒、中等毒、低毒、微毒和无毒六个不同的毒性级别。

不同化学物质的毒性分级标准如表 7-3 所示。

表 7-3 **化学物质的毒性分级标准**

毒性级别	大白鼠一次经口 LD_{50}（mg/kg）	对人的可能致死量（g）
剧毒	<1	0.06
高毒	1~50	4
中等毒	50~500	30
低毒	500~5000	250
微毒	5000~15000	1200
无毒	<15000	>1200

值得注意的是，半数致死量（LD_{50}）和半数致死浓度（LC_{50}）虽能很好地度量毒物的毒性，但是对于慢性毒性而言，却难以理想量度。所以，在判断毒物毒性时，不仅要了解该毒物的半数致死量（LD_{50}）或半数致死浓度（LC_{50}），还应当结合其慢性毒性进行综合分析判断。

2. 影响毒物毒性的因素

毒物对机体的毒性作用受多方面因素的影响，主要有毒物的化学结构、毒物的理化性质、毒物的剂量、肌体的状态（年龄、体重、性别、健康状况、耐受性、过敏性等）、毒物侵入肌体的途径等几个方面。

毒物的理化性质对毒物毒性作用的影响因素主要包括：

（1）毒物的分散度。

分散度即固体颗粒度，当颗粒度小时，则分散度就大，反之亦然。毒物的分散度越大，化学活性越大，对应的毒性也越大。比如，铅块进入人体不会引起中毒，但铅粉进入人体则容易引起中毒。

（2）毒物的溶解度。

毒物在水或弱酸中溶解度越大，其毒性也越大，反之亦然。比如作胃镜检查时所用“钡餐”（硫酸钡），不溶于水和酸，所以对人体无害。

（3）毒物的挥发性。

当毒物的挥发性越大时，其在空气中的浓度就越大，越容易中毒。比如，毒气泄漏造成的中毒事故。

3. 毒物侵入人体的途径①

毒物只有被人体吸收才能发挥其毒性，而吸收的速度随侵入人体内的途径不同而异。其侵入的途径主要有呼吸道吸收、皮肤黏膜吸收、消化道吸收和注射吸收四种。

（1）呼吸道吸收。

人体肺泡表面积为 90~160 平方米，每天吸入空气 12 立方米，约 15 千克。空气在肺泡内流速慢，接触时间长，同时肺泡壁薄，血液丰富，有利于吸收。从鼻腔至肺泡的整个呼吸

① 亓鲁青．常见化学品毒性毒理作用及侵入人体途径［J］．社区医学杂志，2011（20）．

道的各部分结构不同，对毒物的吸收情况也不相同，越是进入深部，表面积越大，停留时间越长，吸收量越大。固体毒物吸收量的大小，与颗粒和溶解度的大小有关。而气体毒物吸收量的大小，与肺泡组织壁两侧分压大小、呼吸深度、速度以及循环速度有关。此外，劳动强度、环境温度、环境湿度以及接触毒物的条件，对吸收量都有一定的影响。

（2）皮肤黏膜吸收。

部分毒物可透过无损皮肤或经毛囊的皮脂腺被吸收。经表皮进入体内的毒物需越过三道屏障。第一道屏障是皮肤的角质层，一般相对分子质量大于300的物质不易透过无损皮肤。第二道屏障是位于表皮角层下面的连接角质层，其表皮细胞富于固醇磷脂，它能阻止水溶性物质的通过，而不能阻止脂溶性物质的通过，毒物通过该屏障后即扩散，经毛细血管进入血液。第三道屏障是表皮与真皮连接处的基膜。脂溶性毒物经表皮吸收后还要有水溶性，才能进一步扩散和吸收，故水、脂均溶的毒物（如苯胺）易被皮肤吸收。毒物通过汗腺吸收并不显著。如果表皮屏障的完整性遭破坏，如外伤、灼伤等，可促进毒物的吸收。潮湿有利于皮肤吸收，特别是对于气体性物质，黏膜吸收毒物的能力远比皮肤强，部分粉尘也可通过黏膜吸收进入体内。

（3）消化道吸收。

许多毒物可通过口腔进入消化道而被吸收。胃肠道的酸碱度是影响毒物吸收的重要因素。胃液属酸性，对于弱碱性物质可增加其电离，从而减少其吸收，对于弱酸性物质则有阻止其电离的作用，因而增加其吸收，肠道吸收最重要的影响因素是肠内的碱性环境和较大的吸收面积。

（4）注射吸收。

使用注射方式使毒物直接进入血液，毒物的毒性作用发挥得最为迅速且强烈。比如，吸毒成瘾者，往往采用皮下、肌肉或静脉注射的方式来迅速满足自己对毒品的需要。

（四）常见剧毒化学品的分类

剧毒化学品的种类繁多，分类方法也不尽相同。通常根据化学组成不同，剧毒化学品分为无机剧毒化合物和有机剧毒化合物两种类型。

1. 常见的无机剧毒化学品

（1）氰及其化合物类，如氰化钾、氢氰酸等。

（2）砷及其化合物类，如三氧化二砷、砷化氢、砷酸钠等。

（3）硒及其化合物类，如三氧化二硒、亚硒酸钠等。

（4）汞、硪、锑、铍、铊、铅、钡、氟、磷、碲及其化合物类，如氯化汞、氢氧化铍、氟化钠、磷化锌等。

2. 常见的有机剧毒化学品

（1）卤代烃及其他卤代物类，如氯化醉、二氯甲烷等。

（2）有机金属化合物类，如甲基汞、四乙基铅等。

（3）有机磷、硫、砷及脂、胺等化合物类，如对硫磷、丁腈等。

（4）某些芳香烃、稠环及杂环化合物类，如硝基苯、糠醛等。

（5）天然有机毒品类，如鸦片、大麻等。

（6）其他类，如硫酸二甲酪、煤焦沥青等。

二、国外剧毒化学品安全管理概述①

化学品的存在，推动了现代社会的发展。但化学品本身固有的危害性对人类的健康和环境造成了严重的威胁、损害，引起了世界各国的高度重视。尤其是剧毒化学品在其产出、应用到废弃物处理过程中，发生过多起严重的污染、伤害事故，对人们的生命、财产和环境造成很大的危害。剧毒化学品作为一类危险性极大的特殊化学物质，受到世界各国和国际组织的高度关注。

世界各国对危险化学品（包括剧毒化学品）安全管理工作都非常重视，美国是目前世界上对各类化学品（包括剧毒化学品）管理最为严格的国家。它主要是按照已经正式颁布的几十个法律及有关行政法规，由4个主要管理机构，即职业安全与健康管理局（OSHA）、食品和药品管理局（FDA）、消费产品安全委员会（CPSC）、环境保护总局（EPA）来全面管理药品、食品、化妆品、农药、工业和日用化学物质，以及它们的潜在危害，保障这些产品和空气、水、土壤、生态、生产场所与消费者的安全。在欧盟内部，对化学品，尤其是剧毒化学品，是通过不同的方式来加以控制的。例如，限制它们的使用，或者禁止在金属作业环境下使用短链氯化烷烃，或者限制它们的用量，或者通过“职业接触限值”来限制化学品在作业场所中出现的最大浓度。

目前，美国、欧共体对剧毒化学品的主要管理办法有：对剧毒化学品的申报和持续报告义务；对剧毒化学品的危险性评估；限制和禁止剧毒化学品的生产、销售和使用；剧毒化学品危害信息交流；社区知情权等。

（一）对剧毒化学品的申报和持续报告义务

不管在欧盟还是在美国，剧毒化学品在进入所在国市场之前，都要向其主管机构进行申报。这些主管机构一般是各国负责化学品安全的政府主管部门或下设组织。在向所在国主管机构提交了申报资料后，申报人（化学品制造商和进口商）还有持续报告的义务，需报告该剧毒化学品进入市场的年投放量和总量的变化，其对健康和环境影响的新的认知信息，其新的用途，其组成的任何变化，制造商或进口商角色的任何变化等。

（二）对剧毒化学品的危险性评估

美国和欧盟都要求有关主管机构或生产使用企业就剧毒化学品对人类和环境的潜在危害性进行评估。欧美已经建立了一套剧毒化学品危险性评估体系，并公布了配套的技术文档。按照欧盟《白皮书》的建议，剧毒化学品“风险评估”的责任将由主管机构负责向剧毒化学品的生产企业和下游用户转移。

（三）限制和禁止剧毒化学品的生产、销售和使用

对于剧毒化学品，各个国家通过不同方式加以控制。在欧盟或其成员国内部，有单独的法规，限制或禁止某些单个剧毒化学品，或一类剧毒化学品的销售和使用。如，德国规定，22类物质（如石棉和镉）禁止在德国境内制造和销售，对特定的危险物质的制造和使用，包括二恶英和呋喃、DDT、一些芳香胺和甲醛，提出了更严格的限制。

（四）剧毒化学品危害信息交流

对危险化学品，尤其是剧毒化学品，推行安全技术说明书（MSDS）和安全标签制度，进行危害信息传递，同时要求这些危害信息语言和格式本地化。值得注意的是，随着新指令

① 叶从胜．国外剧毒化学品安全管理的主要做法［J］．安全、健康和环境，2003（8）．

的实施，欧盟对安全技术说明书的规定有了新的变化，即对不属危险化学品，但含有1%或更多的对健康和环境有害因素的物质，或作业场所接触限值涉及的物质，都要提供安全技术说明书。在德国，所有安全技术说明书上还应有应急联系电话、欧洲废弃物索引号等内容。

（五）社区知情权

在美国，按照应急预案和社区知情权法的规定，公众和社区享有知情权，要求工业界报告社区和州政府规定的有毒化学品的泄漏，要求企业报告化学品或杀虫剂对设施所在社区存在的可能的危害，要求企业报告极度危险物质（包括剧毒物质）在社区内存放的量，并建立了极度危险物质列表，列表内容包括物质的CAS号、商品名称、泄漏报告量和阈限计划量等信息。

三、我国关于剧毒化学品安全管理的法律、法规和标准

我们党和国家历来十分重视，近年来，围绕剧毒化学品的经营，国家先后颁布了相关的法律、法规和标准。

2005年5月25日公安部令第77号颁布《剧毒化学品购买和公路运输许可证件管理办法》，自2005年8月1日起施行；2005年6月30日公安部令第38号颁布《关于贯彻执行〈剧毒化学品购买和公路运输许可证件管理办法〉有关问题的通知》；2005年12月19日公安部令第5号颁布了《关于对核发剧毒化学品购买凭证有关问题的批复》；2011年2月16日国务院令第591号颁布《危险化学品安全管理条例》，自2011年12月1日起施行）；2015年2月27日国家安全生产监督管理局、工业和信息化部、公安部、环境保护部、运输部、农业部、卫生部、国家质量监督检验检疫总局、铁道部和中国民用航空局制定了《危险化学品目录（2015版）》，于2015年5月1日起施行。

第二节　常见剧毒化学品

一、氰化物

（一）氰化物的特性

氰化物，是指分子结构中含有氰基（-CN）的一类化合物的总称。根据与氰基连接的元素或基团不同把氰化物分为两大类，即无机氰化物和有机氰化物两类，一般将无机氰化物归为氰类，有机氰化物归为腈类。无机氰化物主要有氰化氢、氰化钠、氰化钾、氰化镉等，有机氰化物主要有丙腈、丙烯腈等。

（二）氰化物的中毒机理及中毒症状

氰化物的中毒机理：由呼吸道吸入，或者通过皮肤、黏膜、消化吸收氰化物粉尘或气体，可以引起氰化物中毒。氰化物被人体吸收后，氰离子（CN^-）迅速与氧化型细胞色素氧化酶铁（Fe^{3+}）结合，阻碍了三价铁细胞色素氧化酶与二价铁细胞色素氧化酶间氧化还原反应的正常进行，使细胞色素失去传递电子能力，组织呼吸不能正常运行，机体陷于缺氧窒息状态，同时损害大脑的呼吸中枢和运动中枢。

氰化物的中毒中毒症状：当口服氰化物量大时，中毒者在10~60秒内会突然发出尖叫昏倒，临床表现为意识丧失，瞳孔放大，呼吸困难，出现强直性与阵发性痉挛，2至3分钟后，呼吸停止而死亡。如果氰化物剂量较小，临床会出现咽喉紧缩感，强烈恐怖感，心悸，

呼吸困难，剧烈头疼，烦躁不安，意识障碍，血压下降最后昏倒并出现痉挛，约经过10~30分钟呼吸麻痹而死亡。

（三）氰化物的检测方法①②

对含氰化物的检材应及时采样、密封、尽早检验。对于严重腐败或存放较长时间的检材，氰化物均有可能因生成氢氰酸而挥发使之不能检出。由于氰化物不稳定，其保存时间及温度对其浓度的影响很大，所以氰化物检材的采取和保存关系到鉴定结论的科学性。

检材首先可取现场的可疑物品、剩余食物、呕吐物和胃内容物，其次为血液、肝、脾、肺、脑等。怀疑为氰化物吸入性中毒者应取血液。检材如为可疑晶体、粉末及纸片，可取其水溶液或水浸液进行检验。生物检材可不经分离，按化学检验法快速检验，可在蒸馏、扩散、抽吸、顶空等法分离后进行；也可将样品处理和分析结合起来，如抽吸法普鲁士蓝反应、顶空气相色谱法、固相微萃取气相色谱法等。

（四）典型氰化物介绍

1. 氰化氢

氰化氢，别名为无水氢氰酸，在危险化学品目录编号为1693。氰化氢为无色透明液体，易挥发，具有苦杏仁气味，能与乙醇、乙醚、甘油、氨、苯、氯仿和水等混溶。氰化氢易燃，氰化氢蒸汽与空气可形成爆炸性混合物，遇明火、高热能引起燃烧或爆炸。氰化氢长期放置则因水分而聚合，聚合物本身有自催化作用，可引起爆炸。氰化氢主要用于丙烯腈和丙烯酸树脂及农药杀虫剂的制造。

2. 丙腈

丙腈，其别名为乙基氰，在危险化学品目录编号为121。丙腈为无色液体，有芳香气味，密度为0.7818克/立方厘米（20℃），熔点为-103.5℃，沸点为97.1℃，能与醇、醚、二甲基甲酰胺混溶。丙腈易燃，丙腈蒸气与空气可形成爆炸性混合物，遇明火、高热能引起燃烧爆炸。丙腈与氧化剂能发生强烈反应。丙腈蒸气比空气重，能在较低处扩散到相当远的地方，遇火源会着火燃烧。丙腈常用作有机合成原料、溶剂、树脂添加剂和农药除草剂的中间体。

二、砷化物

（一）砷化物的特性

砷化物，是指分子结构中含有砷元素的一类化合物的总称。单质砷无毒性，砷化合物均有毒性。三价砷比五价砷毒性大，约为60倍；有机砷与无机砷毒性相似。最普通的无机三价砷化物有三氧化二砷和亚砷酸钠，无机五价砷化物有五氧化二砷、砷酸和砷酸盐，也有三价和五价的有机砷化物。

（二）砷化物中毒机理及中毒症状③

砷化物中毒机理：砷化物可经消化道、呼吸道或皮肤吸收入体内，其毒性作用主要在于砷对肌体组织细胞内酶蛋白的巯基（¯SH）或羟基（¯OH）有极强的亲和力，能与之结合，使酶失去活性，影响细胞正常代谢，肌体功能发生障碍，导致细胞死亡。

砷化物中毒中毒症状：砷化物中毒分为急性砷中毒和慢性砷中毒。急性砷中毒除直接腐

---

① 土明国，李社红，肖唐付．氰化物测定研究进展［J］．地球与环境，2010（4）．

② 黄森乐，刘清华．氰化物的检测方法［J］．广东化工，2014（41）．

③ 宣昭林，刘戎，李艳杰．砷化物及其毒性［J］．中国地方病防治杂志，2004（19）．

蚀口腔、咽喉、食道、胃粘膜外，对神经系统、皮肤、心、肝、肾、肺等均可造成损伤，导致一系列功能障碍。慢性砷中毒是一种全身性疾病，常见的临床症状是皮肤损伤，即掌趾皮肤角化、躯体色素沉着、皮肤溃烂、皮肤癌等。

（三）砷化物的检测方法

砷化物的定性检测方法主要有雷因希氏法、古蔡氏法（砷斑法）。

雷因希氏法的原理是：在盐酸溶液中，金属铜能从溶液中取代砷而生成砷铜化合物或元素砷，并沉积到铜表面，使铜变黑。

（四）典型砷化物介绍

1. 三氧化二砷

三氧化二砷，别名为白砒、砒霜、亚砷酸酐等，在危险化学品目录编号为 1912。三氧化二砷常见为无嗅无味的白色粉末。三氧化二砷溶于沸水、酸、碱、甘油，几乎不溶于乙醇、氯仿、乙醚。当三氧化二砷含有硫化物杂质时呈橘红色或柠檬黄色，称红砒。三氧化二砷遇高热，升温产生剧毒的气体。三氧化二砷为致癌物，具有刺激性，人经口服 10~15 毫克可导致急性中毒，60~300 毫克可致死。三氧化二砷可经呼吸道、皮肤及消化道吸收中毒。

三氧化二砷主要用于提炼元素砷，是冶炼砷合金和制造半导体的原料。在玻璃工业中，用作澄清剂和脱色剂，以增强玻璃制品透光性。三氧化二砷在皮革工业中，用以制亚砷酸钠作皮革保藏剂。在农业上，三氧化二砷用作防治病虫害的杀虫剂，消毒剂和除锈剂，也用作其他含砷杀虫农药的原料。

2. 砷化氢

砷化氢，别名为砷化三氢，在危险化学品目录编号为 1927。砷化氢为无色、剧毒，是一种可燃气体，还是一种强还原剂。砷化氢与空气混合能形成爆炸性混合物。砷化氢遇明火、高热能引起燃烧爆炸。砷化氢常用于有机合成、军用毒气以及应用于科研或某些特殊实验中。

三、汞化物

（一）汞化物的特性

汞化物，是指分子结构中含有汞元素的一类化合物的总称。常见的汞化物有氯化汞、硝酸汞等。汞化物可用于冶金，尤其是贵重金属金和银的提取，也可作为医药、杀菌剂和防酶剂被广泛应用，同时在化工、轻工等行业也有广泛的应用。

（二）汞化物中毒机理及中毒症状

汞化物中毒机理：汞化物中毒是由于进入肌体内的汞离子与蛋白质中的氨基、羟基、羧基和磷酰等牢固结合，从而抑制了酶的功能，阻碍了细胞的呼吸和正常代谢。高浓度的汞化物可穿过血液屏障，直接损害中枢神经而致汞毒震颤。

汞化物中毒症状：金属汞或汞化物由呼吸道或消化道进入人体内后，数小时至数日内可出现头晕、全身乏力、发热、口腔炎以及恶心、腹痛、腹泻等症状，严重时可导致急性肺水肿和急性肾衰。

（三）汞化物的检测方法

常用的定性检测汞的方法有雷因希氏法、碘化汞反应法。其中碘化汞反应法为在雷因希氏法预实验的基础上进行的确证试验。

雷因希氏法：在盐酸溶液中，金属铜能从溶液中取代汞而生成铜化合物和元素汞，并沉积到铜表面或铜丝表面，使铜变银白色。

碘化汞反应法原理：在雷因希氏法的基础上，将沉淀到铜表面的汞与碘作用，生成红色或黄色的碘化汞，呈菱形晶体。

（四）典型汞化物介绍

氯化汞，其别名为：氯化高汞、二氯化汞、升汞，在危险化学品目录编号为1464。氯化汞为无色结晶或白色颗粒或粉末，溶于水、甲醇、乙醚、丙酮等。氯化汞可用于木材和解剖标本的保存、皮革鞣制和钢铁镂蚀，是分析化学的重要试剂，还可做消毒剂和防腐剂。

四、剧毒农药①②

农药，是指用于预防、消灭或者控制危害农业、林业的病、虫、草和其他有害生物以及有目的地调解植物、昆虫生长的化学合成或者来源于生物、其他天然物质的一种物质或者几种物质的混合物及其制剂。农药对于农业生产有重要的作用，品种很多，人工合成的化学农药约500余种，分为杀虫剂、杀菌剂、除草剂和杀鼠剂四大类。

农药在农业生产、防治病媒生物（传播疾病的生物）等方面发挥了重要的作用，同时农药的广泛使用，也造成了环境的污染和对人体健康的危害。农药都有毒性，其中相当一部分属于剧毒化学品，由于使用不当或保管不善导致的农药中毒或利用农药自杀、他杀案件时有发生。为保护农业生态环境，满足消费者对安全、优质、绿色食用农产品的需求，国家对农产品的范围作出规定，禁止或限制了一些剧毒、高残留农药的使用，如从2002年6月5日开始明令禁止使用六六六、滴滴涕、毒杀芬、毒鼠强、氟乙酸钠、毒鼠硅等一些剧毒或高毒农药，明确规定在蔬菜、果树、茶树、中草药材上不得使用甲胺磷、对硫磷、磷铵、内吸磷、久久磷等19种高毒农药。

根据当前农药管理、使用情况，有机磷农药和杀鼠药是管理中较容易出现问题的两种。

（一）有机磷农药

1. 有机磷农药的特性

根据当前剧毒农药管理、使用情况，含磷农药分为无机类和有机类两种，其中最常用的是有机类农药，又称有机磷农药。有机磷农药是目前我国应用范围最广、用量最大的一类农药，常见的对硫磷、甲拌磷、氧化乐果、保棉丰和八甲磷等都是有机磷农药。有机磷农药具有杀虫效率高、防治范围广、使用成本低、对植物药害小和选择作用高等优点。但有机磷农药毒性作用大，对人畜都有明显的毒害作用。我国发生的农药中毒案例中，绝大多数为有机磷农药中毒。

2. 有机磷农药的中毒机理及中毒症状

有机磷农药的中毒机理：有机磷农药可经消化道、呼吸道、皮肤和黏膜吸收，中毒多见于服毒自杀。其次是因误服、误用或在生产使用过程中操作不当而导致意外中毒，投毒杀人也时有所见。有机磷农药进入肌体后，其磷酰基迅速与血液和神经系统的胆碱酯酶活性中心结合，形成磷酰化胆碱酯酶，从而使其失去分解乙酰胆碱的作用，而乙酰胆碱是胆碱神经系统的信息传递介质，结果造成乙酰胆碱积蓄，导致中枢神经系统和胆碱性神经过度兴奋，最后转入抑制和衰竭以致死亡。

---

① 黄超，胡燕飞，张先福，张家忠主编．危险物品管理［M］．北京：中国人民公安大学出版社，2011.

② 王占军，曹喆主编．危险物品管理实务［M］．北京：群众出版社，2006.

有机磷农药中毒症状：有机磷农药一般进入肌体10分钟，最迟30分钟即发生中毒反应，1~4小时内死亡。有机磷农药中毒者，多出现恶心、呕吐、腹痛、腹泻、瞳孔缩小、呼吸困难、肌肉痉挛等症状，最后可出现中枢神经系统中毒，惊厥、昏迷、血压下降、大小便失禁，最后由过度兴奋转入抑制，呼吸中枢麻痹致死。

3. 有机磷的定性检测方法

有机磷的定性检测方法主要有偶氮色素反应方法、靛酚反应方法以及薄层层析法等。最常用的是偶氮色素反应方法。

偶氮色素反应方法原理为：有机磷中的硝基苯基，经还原可变成苯胺基，苯胺基可经重氮化生成重氮盐，重氮盐再与芳香胺类耦合生成偶氮色素（紫红色）。

4. 典型有机磷农药介绍

（1）O，O-二乙基-O-（4-硝基苯基）硫代磷酸酯，其别名为对硫磷，在危险化学品目录编号为662。O，O-二乙基-O-（4-硝基苯基）硫代磷酸酯纯品为无色无臭的液体，工业品为棕色并有蒜臭的液体。O，O-二乙基-O-（4-硝基苯基）硫代磷酸酯不溶于水，溶于醇类、醚类、酯类、酮类、芳烃等有机溶剂，不溶于石油醚、煤油。O，O-二乙基-O-（4-硝基苯基）硫代磷酸酯常用作农药杀虫剂、杀螨剂，可用于防治棉花、苹果、柑桔、梨、桃等果树害虫及麦红蜘蛛等。

（2）O，O-二乙基-S-［（乙硫基）甲基］二硫代磷酸酯，其别名为甲拌磷，在危险化学品目录编号为676。O，O-二乙基-S-［（乙硫基）甲基］二硫代磷酸酯纯品为无色透明，有蒜臭的油状液体，工业品为棕黄色。O，O-二乙基-S-［（乙硫基）甲基］二硫代磷酸酯受热分解，放出磷、硫的氧化物等毒性气体。O，O-二乙基-S-［（乙硫基）甲基］二硫代磷酸酯在农药中用于浸种、拌种，不能用于喷洒。

（二）杀鼠药

1. 杀鼠药的特性

杀鼠药，是指以灭鼠和防治鼠害为目的的一类农药，我国普遍用以预防鼠害。近年来，随着杀鼠药的普遍使用，误食或利用杀鼠药自杀的事件时有发生，同时犯罪分子也常常利用杀鼠药的易于获取、毒性较强和投毒方便、隐蔽等特点进行投毒犯罪。常见的杀鼠药有磷化锌、敌鼠、溴敌隆、毒鼠强、甘氟等，国家禁用的剧毒急性鼠药包括毒鼠强、氟乙酰胺、甘氟等。它们共同的特点是化学性质稳定，毒性剧烈，可致二次中毒，无特效解毒药。

2. 灭鼠药的检测方法①

有机物类灭鼠药检测方法多为仪器检测，主要方法有液相色谱法、气相色谱电子捕获检测器法、离子色谱法、紫外分光光度法、红外光谱法和薄层色谱法等。

离子色谱法就是采用一种分离阴、阳离子的色谱技术，适用分析极性强的有机酸（如氟乙酸钠是水溶性强的有机酸性化合物）。

紫外分光光度法就是利用敌鼠钠，在酸性介质中与三氯化铁反应，生成砖红色物质，呈色深浅与敌鼠钠含量成正比，可以测定污染食品中灭鼠药的含量。

3. 典型杀鼠药介绍

（1）毒鼠强。

毒鼠强又名没鼠命、三步倒、四二四、闻到死等，化学名为四亚甲基二砜四氨，在危险

① 刘波．常见鼠药分类及其检测方法研究进展［J］．职业与健康，2015（31）．

化学品目录编号为572。毒鼠强为无味、无臭、有剧毒的白色轻质粉末，微溶于丙酮，不溶于甲醇和乙醇。毒鼠强化学性质稳定，不易降解，易导致二次、三次中毒，对人畜危害性极大，且容易造成环境污染。我国1991年开始明令禁止销售和使用，近几年更是严厉整治，坚决清除。但由于毒鼠强生产工艺简单，配置方便，作用速度快，适口性好，杀鼠效果明显，所以仍然被广泛使用。目前我国非法生产、销售和使用毒鼠强的情况仍然比较严重，涉及毒鼠强的违法犯罪案件仍然时有发生。

毒鼠强对哺乳动物有剧毒，人的致死量大约为12毫克。毒鼠强可经消化道吸收，皮肤基本不吸收。毒鼠强对中枢神经系统，尤其是脑干具有强烈的兴奋作用，能引起阵痉挛性惊厥。毒鼠强口服中毒后，轻度中毒表现为头痛、头晕、乏力、恶心、呕吐、口唇麻木、酒醉感；重度中毒表现为突然晕倒，癫痫样大发作，发作时全身抽搐、口吐白沫、小便失禁、意识丧失。毒鼠强中毒目前无特效治疗药物，口服中毒患者应立即入院催吐、洗胃、导泻，进行对症及支持治疗。

（2）甘氟。

甘氟，别名为伏鼠醇、甘伏，在危险化学品目录编号为572。甘氟为无色或微黄色透明油状液体，略有酸味，易和水、醇、乙醚混溶。甘氟化学性质稳定，但暴露在空气中易挥发，是一种植物内吸性药剂，在植物体内能保留20~30天。甘氟具有选择性毒力，潜伏期一般2~3小时，鼠食毒饵后多死于24小时以内，也有长达72小时者。甘氟属极毒，二次中毒的危险性比氟乙酰胺小。

甘氟可通过消化道和呼吸道中毒，主要影响动物的神经系统和心血管系统。甘氟中毒后有明显的几小时潜伏期，急性中毒症状主要表现为兴奋、烦躁不安、肌肉震颤、阵发性或强直性抽搐，甚至引起脚弓反张。

（3）氟乙酰胺。

氟乙酰胺，别名为氟酸醋钠，在危险化学品目录编号为788。氟乙酰胺为白色、无嗅无味的针状晶体，化学性质稳定，长期存放或高温、高压处理毒性不变。氟乙酰胺属高毒农药，具有内吸和触杀作用。人类口服半致死量为2~10毫克/千克。氟乙酰胺进入人体后脱胺形成氟乙酸，干扰正常的三羧酸循环，导致三磷酸腺苷合成障碍及氟柠檬酸直接刺激中枢神经系统，引起神经及精神症状。

氟乙酰胺是内吸性强的农药，用于果树、谷物灭虫时，如在果实中有残毒，食之能造成动物心、肝、脾、肾脏器官损害。口服氟乙酰胺主要在小肠吸收，其代谢、排泄较慢，故可造或蓄积中毒，主要损害神经系统、心脏、消化系统和肝脏。

第三节　剧毒化学品管理

一、剧毒化学品管理的意义①②

剧毒化学品是经济建设和医疗、科研不可或缺的原材料，被广泛地应用于人类生产、生

① 黄超，胡燕飞，张先福，张家忠主编．危险物品管理［M］．北京：中国人民公安大学出版社，2011.

② 胡冠武，孟一凡主编．危险物品管理通论［M］．北京：中国人民公安大学出版社，2000.

活等许多领域。在剧毒化学品的生产、经营、储存、运输、使用以及废弃物处置的过程中，由于对其管理、防护不当，会损害人体健康，造成财产损毁、生态环境污染。因此，如何最大限度地加强剧毒化学品的管理，保护其在生产、经营、储存、运输、使用以及废弃物处理过程中的安全性，降低其危害、污染的风险已引起世界各国的高度重视，加强剧毒化学品安全管理有着重要的意义。

（一）保障剧毒化学品安全生产、使用，满足经济建设和医疗等的需要

随着改革开放和商品经济的发展，剧毒化合物被广泛地应用于人类生产生活的许多领域，在某些方面甚至具有举足轻重的作用。例如，用于冶金、化学合成、染料制造等工业生产的重要原料和试剂，用于农、林业的病虫害防治，用于医疗卫生行业救治某些疾病等。随着其应用的越来越广泛，其种类、产量和社会的需求量不断增加，导致安全管理的难度也相应加大。因此，公安机关治安管理部门必须适应客观形势要求，切实加强剧毒化学品的安全管理，使剧毒化学品的生产、储存、运输、经营、使用都能按照规定安全运行，促进行业健康发展，保障社会主义现代化和人民生产、生活的顺利进行。

（二）预防剧毒化学品安全事故的发生

由事故致因理论可以得知，事故是由一系列不安全因素相互作用的结果，预防和控制事故的主要措施是防止人的不安全行为，消除物的不安全状态，使人、物、环境三者合理匹配。剧毒化学品属于危险源，而危险源是事故发生的根源，是潜在的不安全因素。剧毒化学品对人、畜、家禽都具有极强的毒性，如果管理不善，使用不当，缺乏必要知识，都有可能造成误食、误用、污染等事故，造成人、畜、家禽死亡的中毒事故。这些案件、事故一旦发生，都会给人民群众的生命财产带来严重的损失。因此，作为剧毒化学品治安管理主管部门的公安机关，应当运用现代的预防和控制事故理论，会同有关部门建立健全各项科学的安全管理制度和长效管理机制，经常进行监督检查，及时堵塞漏洞，消除安全隐患，防止剧毒化学品安全事故的发生。

（三）防范利用剧毒化学品进行违法犯罪活动

剧毒化学品对人、畜、家禽都具有极强的毒性，而且由于用量少，便于藏匿和使用，容易被各种违法犯罪分子利用进行违法犯罪活动，严重危害人民群众生命财产安全和社会治安秩序的稳定。例如，2013 年 4 月上海复旦大学上海医学院研究生黄×遭他人投毒死亡的案件中，犯罪嫌疑人林××在饮水机中投放剧毒化学品 N-二甲基亚硝胺，导致黄×中毒死亡。因此，为了防范犯罪分子利用剧毒化学品进行违法犯罪，公安机关应该加强对其生产、储存、运输、销售和使用各个环节的监督检查，防止剧毒化学品被盗、丢失等事件发生，堵塞违法犯罪分子获取剧毒化学品的各种渠道，同时，要加大对非法生产、销售剧毒化学品的打击力度，最大限度地减少和消除投毒案件的发生。

二、剧毒化学品监督管理部门及其主要职责①

根据《危险化学品安全管理条例》的规定，对剧毒化学品的生产、经营、储存、运输、使用和对废弃剧毒化学品处置实施监督管理的有关部门包括：安全生产监督管理部门、公安部门、质检部门、环境保护部门、交通部门、卫生部门、工商部门、铁路部门、民航部门和

① 《危险化学品安全管理条例》，2011 年 2 月 16 日国务院第 144 次常务会议修订，2011 年 12 月 1 日施行.

邮政部门。在这些部门中，安全生产监督管理部门是剧毒化学品安全监管的综合部门，其他有关部门按职责分工负有相应的监管责任。

（一）安全生产监督管理部门

安全生产监督管理部门负责剧毒化学品的安全监督管理综合工作。其职责包括：一是组织确定、公布、调整剧毒化学品目录；二是对新建、改建、扩建生产、储存剧毒化学品的建设项目进行安全条件审查；三是核发剧毒化学品安全生产许可证、剧毒化学品安全使用许可证和剧毒化学品经营许可证，并负责剧毒化学品登记工作。

（二）公安机关①

公安机关治安管理部门、交通管理部门和消防管理部门对剧毒化学品的安全监督管理均负有职责。为落实公安机关剧毒化学品监管职责，根据《危险化学品安全管理条例》对各部门监管职责进行细化和明确。

治安管理部门职责包括：一是负责剧毒化学品生产、使用、储存，使用单位转产、停产、停业或者解散后剧毒化学品的生产或者储存设备、库存产品及生产原料处置方案的备案；二是核发剧毒化学品购买凭证和准购证；三是负责接收公众上缴的剧毒化学品；四是受理剧毒化学品公路运输途中发生被盗、丢失、流散、泄漏等情况的报告；五是在剧毒化学品的泄漏、爆炸事故抢险救援工作中，协助做好人员疏散及现场警戒工作；六是依法对违反剧毒化学品安全管理规程的行为进行行政处罚。

交通管理部门职责包括：一是负责核发剧毒化学品公路运输许可证，并负责对剧毒化学品运输车辆的道路交通安全监督管理；二是负责剧毒化学品道路运输车辆的指挥、疏导；三是负责划定禁止剧毒化学品运输车辆通行的区域，对必须进入禁止通行区域的剧毒化学品运输车辆指定行车时间、路线；四是受理公路运输剧毒化学品途中需要停车住宿或遇到无法正常运输情况的报告；五是依法查处违反剧毒化学品公路运输安全管理规定的行为。

消防管理部门职责包括：一是负责对易燃易爆化学品生产、储存、经营等单位新建、改建、扩建工程，按照国家有关消防法律、法规，履行设计审核及验收职能；二是对易燃易爆化学品生产、储存、经营等单位落实消防安全责任制、履行消防安全职责情况，依法实施消防监督检查；三是参加剧毒化学品事故应急预案的制定和发生事故后的应急救援、抢险工作。

（三）质量监督检验检疫部门

质量监督检验检疫部门负责核发剧毒化学品及其包装物、容器（不包括储存剧毒化学品的固定式大型储罐）生产企业的工业产品生产许可证，并依法对其产品质量实施监督，负责对进出口剧毒化学品及其包装实施检验。

（四）环境保护主管部门

环境保护主管部门负责废弃剧毒化学品处置的监督管理，组织剧毒化学品的环境危害性鉴定和环境风险程度评估，确定实施重点环境管理的剧毒化学品，负责剧毒化学品环境管理登记和新剧毒化学物质环境管理登记；依照职责分工调查相关剧毒化学品环境污染事故和生态破坏事件，负责剧毒化学品事故现场的应急环境监测。

---

① 黄超，胡燕飞，张先福，张家忠主编．危险物品管理［M］．北京：中国人民公安大学出版社，2011.

（五）交通运输主管部门

交通运输主管部门负责剧毒化学品道路运输、水路运输的许可以及运输工具的安全管理，对剧毒化学品水路运输安全实施监督，负责剧毒化学品道路运输企业、水路运输企业驾驶人员、船员、装卸管理人员、押运人员、申报人员、集装箱装箱现场检查员的资格认定。铁路主管部门负责剧毒化学品铁路运输的安全管理，负责剧毒化学品铁路运输承运人、托运人的资质审批及其运输工具的安全管理。民用航空主管部门负责剧毒化学品航空运输以及航空运输企业及其运输工具的安全管理。

（六）卫生主管部门

卫生主管部门负责剧毒化学品毒性鉴定的管理，负责组织、协调剧毒化学品事故受伤人员的医疗卫生救援工作。

（七）工商行政管理部门

工商行政管理部门依据有关部门的许可证件，核发剧毒化学品生产、储存、经营、运输企业营业执照，查处剧毒化学品经营企业违法采购剧毒化学品的行为。

（八）邮政管理部门

邮政管理部门负责依法查处非法寄递剧毒化学品的行为。

上述监督管理部门，依法对剧毒化学品实施监督检查，可以行使下列职权：

一是进入剧毒化学品作业场所进行现场检查，调取有关资料，向有关人员了解情况，向剧毒化学品单位提出整改措施和建议。

二是发现剧毒化学品事故隐患时，责令立即排除或者限期排除。

三是对有根据认为不符合有关法律、法规、规章规定和国家标准要求的设施、设备、器材和运输工具，责令立即停止使用。

四是发现违法行为，当场予以纠正或者责令限期改正。

三、剧毒化学品安全管理的要求

为了加强对剧毒化学品的安全管理，保障人民生命财产安全，保护环境，2011 年 2 月 16 日国务院第 144 次常务会议对《危险化学品安全管理条例》进行修订并获通过，自 2011 年 12 月 1 日起施行，其中，安全生产监督管理部门负责剧毒化学品安全监督管理综合工作。国家对剧毒化学品的生产、经营、储存和运输实行统筹规划、合理布局。

（一）生产安全管理

国家对剧毒化学品生产实行行政许可制度。剧毒化学品生产企业进行生产前，应当依照《安全生产许可证条例》的规定，取得剧毒化学品安全生产许可证。生产列入国家实行生产行政许可制度的工业产品目录的剧毒化学品的企业，应当依照《中华人民共和国工业产品生产许可证管理条例》的规定，取得工业产品生产许可证。负责颁发剧毒化学品安全生产许可证、工业产品生产许可证的部门，应当将其颁发许可证的情况及时向同级工业和信息化主管部门、环境保护主管部门和公安机关通报。

剧毒化学品生产企业发现其生产的剧毒化学品有新的危险特性的，应当立即公告，并及时修订其化学品安全技术说明书和化学品安全标签。剧毒化学品的包装应当符合法律、行政法规、规章的规定以及国家标准、行业标准的要求。

（二）经营安全管理

国家对剧毒化学品经营销售实行行政许可制度。未经许可，任何单位和个人都不得经营销售剧毒化学品。经营剧毒化学品的企业，应当分别向所在地设区的市级或者县级人民政府安全生产监督管理部门提出申请，并提交相关资格证明材料。

经营剧毒化学品的单位，必须具备下列条件：一是经营场所和储存设施符合国家标准；二是从业人员经过专业技术培训并经考核合格，取得上岗资格；三是有健全的安全管理规章制度；四是有符合国家规定的剧毒化学品事故应急预案和必要的应急救援器材、设备；五是法律、法规规定和国家标准要求的其他条件。

经营剧毒化学品的企业不得向未经许可从事危险化学品生产、经营活动的企业采购剧毒化学品；不得经营国家明令禁止的剧毒化学品和用剧毒化学品生产的灭鼠药以及其他可能进入公民日常生活的化学产品的日用化学品；不得销售没有化学安全技术说明书和化学品安全标签的剧毒化学品。

（三）储存安全管理

储存剧毒化学品的仓库、场地要符合安全要求。仓库必须设立在安全地带，库房、储罐、堆场的布置和防火间距必须符合安全要求。库房应保持一定的防火间距，并采用容易冲洗和不发火花的地面。仓库、储罐、堆场应安装避雷设施，库区照明应采用防爆灯具。仓库应设置消防设施，配备通信、报警装置。

剧毒化学品应分类储存。剧毒化学品的储存应当根据其种类、性质的不同，分类、分区，定数量、定库房，确定专人管理。凡是化学性质相互抵触的物品，不得存放在同一库房内，否则易发生化学反应，引起火灾或爆炸事故。防护方法不同的危险化学品也不得同库存放。

（四）运输安全管理

国家对剧毒化学品运输实行行政许可制度，需要运输剧毒化学品的单位和人员，应当依法取得剧毒化学品公路运输许可证，方能运输。严禁无证运输。

从事剧毒化学品道路运输、水路运输的，应当分别依照有关道路运输、水路运输的法律、行政法规的规定，取得危险货物道路运输许可、危险货物水路运输许可，并向工商行政管理部门办理登记手续。剧毒化学品道路运输企业、水路运输企业应当配备专职安全管理人员。

剧毒化学品运输时必须注意以下事项：

一是通过公路运输剧毒化学品。应当按照有关法律、法规规定和国家标准要求并根据剧毒化学品的危险特性，采取必要的安全防护设施。运输剧毒化学品的槽罐以及其他容器必须封口严密，能够承受正常运输条件下产生的内部压力和外部压力，保证剧毒化学品在运输中不因温度、湿度或者压力的变化而发生任何渗（洒）漏。禁止利用内河以及其他封闭水域等航运渠道运输剧毒化学品。载客的火车、飞机机舱不得装运剧毒化学品。

二是运输时必须采用专用包装容器装配货物。这是保证剧毒化学品质量不发生变化，防止着火、腐蚀等灾害事故发生的重要措施，是安全运输的基本条件之一。

三是装运剧毒化学品必须使用专用车辆，不得客货混装。托运人不得在托运的普通货物中夹带剧毒化学品或者将剧毒化学品匿报、谎报为普通货物托运。运输途中需要停车住宿或者遇到无法正常运输的情况时，应当向当地公安部门报告。

四是运输剧毒化学品的车辆必须按当地公安机关规定的时间和路线行驶，如确实需要进入市区、风景旅游区及人口稠密的居民点，应经当地公安机关批准。车辆在途中不能任意停车，用餐需要停车时，应选择空旷地点或指定停车场停放。盛夏高温季节，运输车辆可在早、晚气温较低时行驶。

五是剧毒化学品在运输途中发生被盗、丢失、流散、泄漏等情况时，承运人及押运员必须立即向当地公安机关报告，并采取一切可能的警示措施。公安部门接到报告后，应当立即向其他有关部门通报情况，有关部门应当采取必要的安全措施。

六是通过铁路、航空运输剧毒化学品的，按照国务院铁路、民航部门的有关规定执行。

七是剧毒化学品运达目的地后，收货单位应当在“剧毒化学品公路运输通行证”上签注接收情况，并在收到货物后的七日内将“剧毒化学品公路运输通行证”送目的地县级公安机关治安管理部门备案存查。

四、公安机关对剧毒化学品的安全管理

（一）公安机关对剧毒化学品安全管理的流程①

剧毒化学品是威胁人民生命财产安全的最大物质类危险源，依法对其进行控制符合我国国情和人民利益。剧毒化学品种类繁多，危险性极大，因此剧毒化学品是重点控制对象，需要相关部门协力配合对涉剧毒化学品单位安全进行检查。为确保剧毒化学品单位生产、使用、存储、销售和运输安全、合法，根据《危险化学品安全管理条例》及相关法律、法规的规定，公安机关负责剧毒化学品的公共安全管理，负责发放剧毒化学品购买凭证和准购证，负责审查核发剧毒化学品公路运输通行证，对剧毒化学品道路运输安全实施监督，依法查处涉及剧毒化学品的违法违规行为，预防和减少剧毒化学品事故的发生。

公安机关对剧毒化学品的日常管理流程如图 7-1 所示。

（二）公安机关对剧毒化学品安全管理的措施②③

公安机关是剧毒化学品安全监管的政府职能部门之一，担负着剧毒化学品生产、储存、使用、运输等环节的监督检查职责。公安机关应依法履行自己监督检查的职能，发现和消除事故隐患，防止剧毒化学品事故的发生，掌控剧毒化学品的流向，防止剧毒化学品非法散失社会，危害公共安全。

1. 剧毒化学品的备案工作

剧毒化学品生产、经营、储存和使用单位应依法及时到公安机关备案。

剧毒化学品储存单位应当将储存剧毒化学品以及构成重大危险源的其他危险化学品的数量、地点以及管理人员的情况，报当地公安机关备案。国家有关主管部门向公安机关通报颁发剧毒化学品生产、经营许可证件和登记情况工作，由同级公安机关治安部门负责接受办理，并应及时通报从业单位所在地县级公安机关治安管理部门。

剧毒化学品的生产、储存、使用单位转产、停产、停业或者解散的，应当采取有效措施，处置剧毒化学品的生产或者储存设备、库存产品及生产原料，不得留有事故隐患。处置方案应当报所在地公安机关备案。

县级公安机关治安管理部门要加强日常监督检查，督促辖区内所有剧毒化学品生产、经

① 王占军，曹喆主编．危险物品管理实务［M］．北京：群众出版社，2006.

② 《危险化学品安全管理条例》，2011 年 2 月 16 日国务院第 144 次常务会议修订，2011 年 12 月 1 日施行.

③ 《剧毒化学品购买和公路运输许可证件管理办法》，2005 年 5 月 25 日公安部令第 77 号发布，2005 年 8 月 1 日施行.

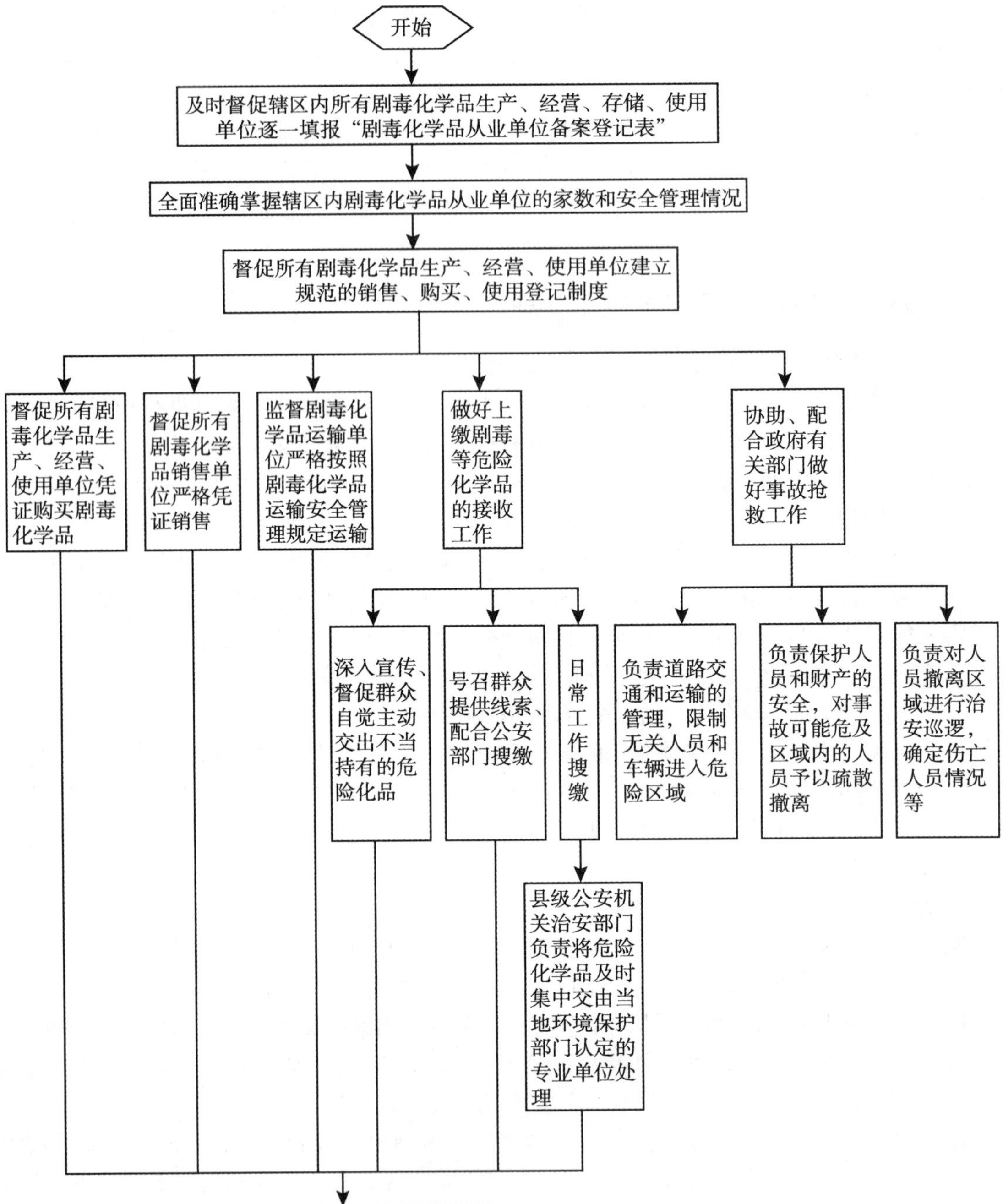

图 7-1　公安机关剧毒化学品日常管理流程

营、储存、使用单位逐一填报《剧毒化学品从业单位备案登记表》，全面准确掌握辖区内剧毒化学品从业单位的家数和安全管理情况。

2. 剧毒化学品的购买许可

国家对剧毒化学品的购买实行行政许可制度。除个人购买农药、灭鼠药、灭虫药以外，在中华人民共和国境内，购买和通过公路运输剧毒化学品行为实行许可管理制度。购买和通过公路运输剧毒化学品，应当依照《剧毒化学品购买和公路运输许可证件管理办法》申请取得《剧毒化学品购买凭证》、《剧毒化学品准购证》和《剧毒化学品公路运输通行证》。未取得上述许可证件，任何单位和个人不得购买、通过公路运输剧毒化学品。

任何单位或者个人不得伪造、变造、买卖、出借或者以其他方式转让《剧毒化学品购买凭证》、《剧毒化学品准购证》和《剧毒化学品公路运输通行证》，不得使用作废的上述许可证件。

公安机关应当坚持公开、公平、公正的原则，严格按照《剧毒化学品购买和公路运输许可证件管理办法》审查核发剧毒化学品购买许可证件，建立健全审查核发许可证件的管理档案，公开办理许可证件的公安机关主管部门的通信地址、联系电话、传真号码和电子信箱，监督指导从业单位严格执行剧毒化学品购买许可管理规定。

（1）申请和审核《剧毒化学品购买凭证》。

生产剧毒化学品的企业申领《剧毒化学品购买凭证》时，应当如实填写《剧毒化学品购买凭证申请表》，并提交剧毒化学品生产企业安全生产许可证或者批准书的复印件。

经营剧毒化学品的企业申领《剧毒化学品购买凭证》时，应当如实填写《剧毒化学品购买凭证申请表》，并提交剧毒化学品经营许可证（甲种）的复印件。

其他生产、科研、医疗等经常需要使用剧毒化学品的单位申领《剧毒化学品购买凭证》时，应当如实填写《剧毒化学品购买凭证申请表》，并提交使用、接触剧毒化学品从业人员的上岗资格证的复印件。使用剧毒化学品从事生产的单位还应当提交剧毒化学品使用许可证、批准书或者其他相应的从业许可证明。

公安机关治安管理部门按审批程序对单位提交的申请材料进行审核，符合要求的，由设区的市级人民政府公安机关治安管理部门负责人审批后，将盖有公安机关印章的《剧毒化学品购买凭证》成册发给购买或使用单位保管、填写。

（2）申请和审核《剧毒化学品准购证》。

临时需要购买、使用剧毒化学品的，应当持销售单位生产或者经营剧毒化学品资质证明复印件，向购买单位所在地设区的市级人民政府公安机关治安管理部门提出申请。

申领《剧毒化学品准购证》时，应当如实填写《剧毒化学品准购证申请表》，并提交注明品名、数量、用途的单位证明。

公安机关治安管理部门按审批程序对单位提交的申请材料进行审核，符合要求的，由设区的市级人民政府公安机关负责人审批签发《剧毒化学品准购证》。

3. 剧毒化学品的运输许可

公路运输剧毒化学品实行剧毒化学品公路运输通行证制度。剧毒化学品公路运输通行证由目的地县级人民政府公安机关交通管理部门核发。公安机关交通管理部门要严格依法审查、及时核发剧毒化学品公路运输许可证件，建立健全审查核发许可证件的管理档案，监督指导从业单位严格执行剧毒化学品公路运输许可管理规定。

（1）申请。

需要通过公路运输剧毒化学品的，应当向运输目的地县级人民政府公安机关交通管理部门申领《剧毒化学品公路运输通行证》。申领时，托运人应当如实填写《剧毒化学品公路运输通行证申请表》，同时提交下列证明文件和资料，并接受公安机关交通管理部门对运输车辆和驾驶人、押运人员的查验、审核：

①《剧毒化学品购买凭证》或者《剧毒化学品准购证》。运输进口或者出口剧毒化学品的，应当提交危险化学品进口或者出口登记证。

②承运单位从事危险货物道路运输的经营（运输）许可证（复印件）、机动车行驶证、运输车辆从事危险货物道路运输的道路运输证。

运输剧毒化学品的车辆必须设置、安装剧毒化学品道路运输专用标识和安全标示牌。安全标示牌应当标明剧毒化学品品名、种类、罐体容积、载质量、施救方法、运输企业联系电话。

③驾驶人的机动车驾驶证，驾驶人、押运人员的身份证件以及从事危险货物道路运输的上岗资格证。

④随《剧毒化学品公路运输通行证申请表》附运输企业对每辆运输车辆制作的运输路线图和运行时间表，每辆车拟运输的载货量。

承运单位不在目的地的，可以向运输目的地县级人民政府公安机关交通管理部门提出申请，委托运输始发地县级人民政府公安机关交通管理部门受理核发《剧毒化学品公路运输通行证》，但不得跨省（自治区、直辖市）委托。

（2）审查。

公安机关交通管理部门受理申请后，应当及时审核和查验以下事项：

①审核证明文件的真实性，并与省级人民政府公安机关建立的剧毒化学品公路运输安全管理数据库进行比对，审核证明文件与运输单位、运输车辆、驾驶人和押运人员的同一性。

②审核驾驶人在一个记分周期内是否有交通违法记分满 12 分，或者有两次以上驾驶剧毒化学品运输车辆超载、超速记录。

③审核申请的通行路线和时间是否可能对公共安全构成威胁。

④查验运输车辆是否设置、安装了剧毒化学品道路运输专用标识和安全标示牌，是否配备了主管部门规定的应急处理器材和防护用品，是否有非法改装行为，轮胎花纹深度是否符合国家标准，车辆定期检验周期的时间是否在有效期内。

⑤审核单车运输的质量是否超过行驶证核定运载质量。

（3）决定。

公安机关交通管理部门经过审核和查验后，应当按照下列情况分别处理：

①对证明文件真实有效，运输单位、运输车辆、驾驶人和押运人员符合规定，通行路线和时间对公共安全不构成威胁的，报本级公安机关负责人批准签发《剧毒化学品公路运输通行证》，每次运输一车一证，有效期不超过 15 天。

②对其他申请条件符合要求，但通行路线和时间有可能对公共安全构成威胁的，由公安机关交通管理部门变更通行路线和时间后，再予批准签发《剧毒化学品公路运输通行证》。

③对车辆定期检验合格标志已超过有效期或者在运输过程中将超过有效期的，没有设置专用标识、安全标示牌的，或者没有配备应急处理器材和防护用品的，应当经过检验合格，补充有关设置，配齐有关器材和用品后，重新受理申请。

④对证明文件过期或者失效的，证明文件与计算机数据库记录比对结果不一致或者没有

记录的，承运单位不具备运输危险化学品资质的，驾驶人、押运人员不具备上岗资格的，驾驶人交通违法记录不符合相关要求的，或者车辆有非法改装行为或者安全状况不合国家安全技术标准的，不予批准。

⑤行驶路线跨越本县（市、区、旗）的，应当由县级人民政府公安机关交通管理部门报送上一级公安机关交通管理部门核准；行驶路线跨越本地（市、州、盟）或者跨省（自治区、直辖市）的，应当逐级上报到省级人民政府公安机关交通管理部门核准。由县级人民政府公安机关交通管理部门按照核准后的路线指定。对跨省（自治区、直辖市）行驶路线的指定，应当由所在地省级人民政府公安机关交通管理部门征得途经地省级人民政府公安机关交通管理部门同意。

⑥签发通行证后，发证的公安机关交通管理部门应当及时将发证信息发送到省级人民政府公安机关建立的剧毒化学品公路运输安全管理数据库，并通过书面或者信息系统通报沿线公安机关交通管理部门。跨县（市、区、旗）运输的，由设区的市级人民政府公安机关交运管理部门通报，跨地（市、州、盟）和跨省（自治区、直辖市）运输的，由省级人民政府公安机关交通管理部门通报。

⑦对气态、液态剧毒化学品单车运输超过 5 吨的，签发通行证的公安机关交通管理部门应当报上一级公安机关交通管理部门备案。

第四节　剧毒化学品事故应急处理

一、剧毒化学品事故应急处理的原则

剧毒化学品事故是指剧毒化学品在生产、经营、储存、使用、运输过程中发生的剧毒化学品的流散、泄漏等造成或者可能造成重大人员伤亡、财产损失、生态环境破坏和严重社会危害，危及公共安全的事故。剧毒化学品事故的发生，不仅会给国家和人民生命财产造成重大损失，还会严重危及公共安全，而剧毒化学品事故的应急处置是否得当是能否有效地降低危害、减少损失的关键。

剧毒化学品事故应急处理是一项技术性较强的工作，要有一个科学应急观，必须“在战略上、战术上重视”，遵循“疏散救人、划定区域、有序处置、确保安全”的战术原则。在执行应急任务的同时，遵循科学规律，既要有效地控制事故，又要避免应急人员遭遇不必要的伤亡悲剧。

二、公安机关在剧毒化学品事故应急处理中的职责

在剧毒化学品事故应急处理工作中，公安机关的职责主要是：

一是负责道路交通和运输的管理，控制无关人员和车辆进入危险区域；

二是负责保护人员和财产的安全，对事故可能危及区域内的人员予以疏散撤离，对人员撤离区域进行治安巡逻，确定伤亡人员情况等。

三、剧毒化学品事故应急处理预案

剧毒化学品事故应急处理预案应体现以人为本的宗旨，遵循快速反应、统一指挥、分级负责、单位自救与社会救援相结合的原则，真正将“安全第一，预防为主”的方针落到实

处。一旦发生剧毒化学品事故，能以最快的速度、最大的效能，有序地实施救援，最大限度地减少人员伤亡和财产损失，把事故危害降到最低，维护辖区安全和稳定。

四、剧毒化学品事故应急处理流程①

剧毒化学品事故的特点是发生突然、扩散迅速、持续时间长、涉及面广，尤其是道路运输剧毒化学品事故，处于公共场所而事故地点不确定，往往会引起人们的慌乱。若违背科学应急规律，会引起二次灾害，加重社会危害程度。剧毒化学品事故应急处理要遵循“先控制”（控制有毒区域和控制染毒人员），“后处置”（控制的同时实施侦检、监测、疏散救人、处置毒源）和救人第一的准则，其程序为：接警（快速应战），救人（紧急疏散），控制（处置泄漏），撤离（清理现场）等四个部分。

（一）接警——快速应战

剧毒化学品事故处置要做到接警调度快、到达现场快、准备工作快、疏散人员快，正确采取措施，果断处置，以快制快。针对剧毒化学品事故的类型，指挥部下达命令启动“应急预案”，各责任部门立即从上风口或侧风口接近现场，进入临战状态。剧毒化学品事故一般来说现场情况复杂，专业技术性强，并且在整个行动中每个环节都不是某一个部门能完成的，必须在统一领导下，协同作战。

1. 询情、检测、设现场指挥部

询情、检测。一是要及时寻找和询问知情人员，了解现场中毒受害人员的数量、所处部位，泄露物质的种类、泄露部位和泄露时间，周围单位、居民、供电和火源情况等。二是要及时展开现场侦检工作，确定泄漏物种类、现场毒物的浓度分布和已扩散的范围，查明泄漏的准确部位，泄漏开口形状、大小，现场可用的控制泄漏源的措施等。

设现场指挥部。在污染范围不清的情况下，指挥部应设在重度危害区外上风或侧风口的一定距离，保障调度指挥；相关部门及专家随同进入该区域，人员实施三级个体防护。同时用快速毒气检测器，监测上风口的指挥区域，随着检测和控制，指挥部再逐步向事故现场前移。

2. 划定警戒区域

公安部门要建立警戒区域并实行交通管制。首先，要设置警戒工作区域，在危险区边界放置标志物，在外围警戒区边缘停放警车、闪烁灯、警戒器材，在出入口外设置器材放置区、着装防护区和洗消区等。其次，要严格控制警戒区域进出人员、车辆，并逐一登记。最后，要对人员实施三级以上个体防护，无一级防护，不可直接穿越初始隔离的重度危险的区域。

3. 重度危险区侦检

消防特勤人员和相关企业专业抢险队员进入重危区侦检，侦检人员实施一级个体防护；通过侦测确认泄漏处的形状、流速及主要的流散方向，确定攻防路线、阵地、现场及周边污染情况。

4. 提供污染浓度和气象数据

环保部门和相关企业应急队员实施三级以上防护，分地段检测污染浓度，提供数据。其他有关部门负责提供气象数据。

---

① 周锦山．剧毒化学品泄露事故应急处置研究［J］．中国安全生产科学技术，2005（6）．

5. 急救及其他供给的待命

卫生部门负责急救中毒人员，指挥部办公室负责调度公众疏散车辆、抢险车辆和有关物资。

（二）救人——紧急疏散

剧毒化学品事故应急处置应遵循“先救人、后堵漏、再灭火”战术原则。消防特勤人员负责重危区救人，将中毒者迅速撤离现场，转移到上风或侧风方向的无污染地区，不要作激烈运动，尽快送医院观察治疗；对呼吸困难的中毒人员，应立即给予吸氧送医院治疗。公安部门和相关部门负责紧急疏散轻度危险区和波及区的公众，专人引导疏散人员，朝上风方向或侧风方向转移，千万不要顺风跑，不要在低洼处滞留；要在疏散或撤离的路线上设立哨位，在没有防毒面具的情况下，尽量用湿毛巾捂住口鼻。事故若涉及相关工厂人员疏散时，相关企业应立即启动“应急预案”，落实安全停车措施。

（三）控制——处置事故

剧毒化学品发生事故时，应立即用吸收材料吸收，防止流入水体。不得使用直流水扑救。进入重度危害区处理溢漏时，一般消防防护服对泄漏防护无效。若已形成扩散毒气云团，为确保紧急疏散公众的时间，消防车从上风方向喷雾水流对泄漏出的有毒气体进行稀释或改变有毒蒸汽云的流向、扩散速度。

1. 就地堵漏和转移处置相结合

剧毒化学品事故发生时，属剧毒化学品爆炸的，应立即采取封堵措施；属毒剂污染的，要现场处置；如有容器等可移动的要用密封箱转移至安全地带实施转移处置。处置过程中要尽可能切断泄漏源，禁止接触或跨越泄漏物，作业时所有设备应接地，在保证安全的情况下堵漏。对少量液氯泄漏可用“氯气捕消器”处理；如像丙腈等这样的剧毒化合物小量泄漏，可采用在泄漏物前方筑堤堵截，用硫酸亚铁或大苏打中和，或用砂土等吸附处理。对需倒罐作业时必须采取防爆措施，专人监护。处理中若涉及化工生产系统，应果断采取工艺措施制止泄漏，并由技术员和熟练的操作工人实施。

2. 减轻剧毒化学品泄漏的毒害

参加事故处置的车辆应停于上风方向，消防车应在保障供水的前提下，从上风方向喷射水花或喷雾水流对泄漏出的有毒有害气体进行稀释、驱散；对泄漏的液体有害物质，可用沙袋或泥土筑堤拦截，或开挖沟坑导流、蓄积，还可向沟、坑内投入中和（消毒）剂，从而使有毒物改变性质，成为低毒或无毒的物质，如果在消防车、洗消车、消防车水罐中加入中和剂（浓度比为5%左右），则驱散、稀释、中和的效果更好。

3. 自始至终严防爆炸，把握好灭火时机

发生剧毒化学品事故，当大量泄漏并在泄漏处稳定燃烧时，在没有制止泄漏绝对把握的情况下，不能盲目灭火，一般应在制止泄漏成功后再灭火，完成了堵漏也就完成了灭火工作。如果一次堵漏失败，再次堵漏需一定时间，应立即用长点火棒将泄漏处点燃，使其恢复稳定燃烧。如果确认泄漏口很大，根本无法堵漏，需冷却着火容器，控制着火范围，一直到燃气燃尽，火势自动熄灭。

（四）撤离——清理现场

剧毒化学品事故处置完成后，要不间断地对事故区域进行定点与不定点的检测，及时掌握发生事故地方剧毒化学品的浓度和扩散范围，经检测确认无污染后，方可清理现场。清理现场时，对少量残液，可用砂土和炉渣等吸收无公害处置；对大量残液，用泵抽吸或使用盛器收集处理；另外，要用喷雾水等清扫现场及低洼、沟渠等处，确保不留残液。清理完毕后，要清点人员、车辆及器材，撤除警戒，做好移交工作。

第五节　涉剧毒化学品单位的安全检查

一、安全检查目的

涉剧毒化学品单位的安全检查，是公安机关贯彻落实《危险化学品安全管理条例》及相关法律、法规的重要手段，是涉剧毒化学品单位安全管理常用的工作方法，安全检查也是发现剧毒化学品管理安全隐患，堵塞剧毒化学品管理安全漏洞，强化剧毒化学品安全管理的重要措施之一。

涉剧毒化学品安全检查的目的是通过安全检查，掌握涉剧毒化学品单位在生产、经营、存储、运输、使用和对废弃剧毒化学品处置的过程中，执行剧毒化学品管理规定制度的真实情况，发现检查对象存在及潜在的安全隐患，防止剧毒化学品事故的发生，掌控剧毒化学品的流向，防止剧毒化学品非法散失社会，危害公共安全。

涉剧毒化学品单位的安全检查工作由各级公安机关负责实施。

二、安全检查的方法①

（一）常见的安全检查方法

对涉剧毒化学品单位的安全检查的方法根据检查的目的不同而不同。常见的安全检查方法有：

1. 全面检查

根据实际需要，对涉剧毒化学品单位进行全面安全检查，检查内容可侧重于某一方面，也可根据剧毒化学品的安全状态进行全方位检查。

2. 分组检查

对覆盖面较大的涉剧毒化学品单位检查，可以按区域或者按危险性质进行分组检查，以提高检查效率。

3. 重点检查

根据剧毒化学品的危险特征及危险发展趋势，对重大剧毒化学品危险源、重点危险隐患进行的专门检查，可以采取分类管理的办法，确定重点，集中力量控制和解决突出的安全问题。

4. 重复检查

对于危险特征突出的重大剧毒化学品危险源、重点危险隐患和重要场所的安全，由于其危险影响面大，作为重点检查对象，可以通过重复检查，防止隐患遗漏。重复检查也可以在一次检查结束后，在特定时间内再进行检查，以核查检查效果。

5. 抽查

因检查人员和时间要求限制，对危险类型相似的检查对象，可以采取抽查的办法进行检查。抽查可以根据所掌握的安全信息，确定重点，也可以随机抽查。

---

①　程念祥．安全检查的组织实施［J］．劳动保护，2007（12）．

进行各种安全检查时，除了查看剧毒化学品的安全状态，重点要现场查证各种记录，检查时可以运用安全检查表逐项对照检查，以提高检查的针对性和有效性。检查结束后进行总结，将检查情况向被检查单位通报，并及时收集归纳各种检查材料和检查记录，以形成完整的检查资料归档。

（二）涉剧毒化学品安全检查的实施

根据《危险化学品安全管理条例》的规定，涉剧毒化学品单位的安全检查工作由县级以上各级各地人民政府公安机关根据管辖负责实施。安全检查的形式可以采取重点检查和重复检查相结合方式检查，还可以采取全面检查和专项检查的方式进行。

三、涉剧毒化学品单位安全检查的内容

公安机关对涉剧毒化学品从业单位的安全检查的内容主要包括：

（一）检查涉剧毒化学品单位的资质

在检查现场，收集涉剧毒化学品从业单位的许可证件、资质证件，与公安机关注册登记、备案登记的信息进行核对，这是现场安全检查最基本的内容，其主要目的是发现从业单位是否超越许可的限制，是否存在非法从业活动，是否存在重要岗位人员脱岗，是否存在作业现场管理秩序混乱等问题。检查内容包括：

1. 从业单位的主体许可信息，如单位许可证、人员许可证等。

2. 从业单位活动的许可信息，如生产、存储、购买、运输、使用、废除等作业活动的主体、地点、时间、活动内容。

3. 现场剧毒化学品的相关许可信息，如品种、数量、来源、登记标识等。

（二）对涉剧毒化学品单位管理制度检查

对涉剧毒化学品单位管理制度检查的内容包括以下几个部分：

1. 是否制定符合剧毒化学品治安管理要求的管理责任制和各项规章制度、操作规程。

2. 是否设置治安保卫机构或配备治安保卫人员，是否设置与剧毒化学品交易、储存、运输、流向登记等各项治安管理措施的相应部门、机构或人员。

3. 是否聘用符合规定资质条件和数量的工程技术人员，是否依法加强对本单位从业人员的安全教育、法制教育和岗位技术培训，使其经考核合格方可上岗作业。

4. 使用的剧毒化学品储存库、作业现场保管设施、剧毒化学品运输车辆、剧毒化学品信息管理系统设备，其内容和数量是否符合相应标准或规章的规定。

5. 是否对从业活动进行安全管理，如剧毒化学品生产、经营、储存、使用单位是否将储存剧毒化学品的数量、地点及管理人员情况报当地公安机关备案；从业单位因转产、停产或解散的，剧毒化学品处置方案是否报当地公安机关备案；剧毒化学品的销售、购买和使用登记制度是否健全；剧毒化学品是否在专用库房内单独存放；剧毒化学品是否实行双人收发、双人保管制度；剧毒化学品出入库手续是否健全，是否账目清楚、账物相符；剧毒化学品的生产、储存、使用单位是否对剧毒化学品的产量、流向、储存量和用途如实记录；是否采用必要的保安措施，防止剧毒化学品被盗、丢失或者误售、误用；发生剧毒化学品被盗、丢失、误售、误用后是否立即报告当地公安机关；剧毒化学品购买、运输许可证件是否合法有效；有无伪造、变造、买卖、出售或者以其他方式转让剧毒化学品购买证、准购证及其他有关证件，或使用过期作废的上述有关证件的行为；是否按《剧毒化学品购买和公路运输许可证件管理办法》的规定，申领和使用《剧毒化学晶购买凭证》、《剧毒化学品准购证》

和《剧毒化学品公路运输通行证》等各项许可证件。

（三）对涉剧毒化学品单位封闭式管理及其流向查验登记制度执行情况的检查

1. 专库储存情况，即储存剧毒化学品必须使用专用的储存仓库，禁止在专用储存库以外的地方存放。

2. 储存库的建设、治安防范措施和安全评价等情况，必须符合标准规定。

3. 储存设施的技防、人防、物防、犬防等治安防范措施的现状，必须符合标准规定。

4. 运输车辆和驾驶、押运人员的资质和安全设施现状，均符合相关标准规定。

5. 剧毒化学品流向信息的查验、登记、备案、信息采集和报送情况，包括储存库的出入库等。

6. 实有剧毒化学品的品种、数量、来源、登记标识与台账结存信息一致。

7. 实有剧毒化学品的警示、登记标识质量可靠、信息准确等。

（四）对涉剧毒化学品单位的安全保卫设施的检查

检查涉剧毒化学品的重点区域及设备设施，主要包括人防、物防和技防是否符合国家行业标准，电子信息管理系统运转是否符合规范要求，运输车辆是否符合安全要求等。

（五）检查结果反馈

在安全检查工作结束后，应将检查结果反馈给被检单位，指明违反管理规定的行为，提出纠正和改进的措施并检查确认。此项内容是整个安全检查工作的重要组成部分，是安全检查任务和效果的充分体现。

四、安全检查中发现问题的处理

对涉剧毒化学品从业单位安全检查过程中发现的问题，首先是确认隐患或违规行为是否存在，然后针对涉剧毒化学品从业单位存在的隐患，要在现场向被检查单位提出，单位负责人应签字确认，责令其立即改正，消除隐患；如果不能立即改正的，则应由安全检查人员下发《限期整改通知书》，监督被检查单位限期整改。检查中发现违反剧毒化学品管理法律法规行为的，依照法律规定，公安机关应责令停业整顿或吊销许可证件，同时依法对单位负责人和相关责任人进行处罚，给予行政处分、治安处罚直至追究其刑事责任。

五、安全检查要求

（一）两名以上工作人员对涉剧毒化学品单位开展安全检查。

（二）安全检查过程中应做好记录，采用照相机、摄像机等录音、录像设备固定相关证据。

（三）检查中注意自身安全，防止因安全检查而引发安全事故。

（四）检查结束后，要求见证人、被检查单位的负责人在安全检查记录上签字，以及在《责令限期整改通知书》上签字。

第六节 违反剧毒化学品管理行为的法律责任

一、非法制造、买卖、储存、运输、邮寄、携带、使用、提供、处置剧毒化学品行为的法律责任

非法制造、买卖、储存、运输、邮寄、携带、使用、提供、处置剧毒化学品，是指违反

国家对剧毒化学品管理的法律规定，非法制造、买卖、储存、运输、邮寄、携带、使用、提供、处置剧毒化学品的行为。

该行为侵犯的客体是国家对剧毒化学品的管理制度以及社会公共安全，在客观方面主要表现在违反剧毒化学品管理规定。该行为主体可以是个人，也可以是单位，在主观方面主要表现为故意和过失。

该行为在情节和危害后果上：如果行为的情节轻微，或危害后果较小，就可以确认为违反治安管理行为，对行为人相应的处罚为：依据《治安管理处罚法》第 30 条的规定，处 10 日以上 15 日以下拘留；情节较轻的，处 5 日以上 10 日以下拘留；如果行为的情节恶劣，或造成严重的危害后果，则构成犯罪，对行为人相应的处罚为：依据《刑法》第 125 条、第 127 条、第 130 条的规定，参照非法制造、买卖、运输、储存危险物质罪处罚，即处 3 年以上 10 年以下有期徒刑；情节严重的，处 10 年以上有期徒刑、无期徒刑或者死刑。非法携带爆炸性、易燃性、毒害性、腐蚀性的危险化学品，进入公共场所或者公共交通工具，危及公共安全，情节严重的，处 3 年以下有期徒刑、拘役或者管制。

二、未如实记录剧毒化学品相关情况的行为的法律责任

未如实记录剧毒化学品相关情况的行为是指剧毒化学品的生产、储存、使用单位在生产、储存、使用剧毒化学品时，未如实记录其生产、储存、使用过程中剧毒化学品的品种、数量、流向等情况的行为。

该行为侵犯的客体是国家对安全生产、储存、使用剧毒化学品的管理秩序，在客观方面主要表现在未如实记录剧毒化学品在生产、储存、使用过程中的品种、数量、流向等情况的行为。该行为的主体为剧毒化学品的生产、储存、使用单位，该行为的主观方面是故意。

该行为在情节和危害后果上：如果行为的情节轻微，或危害后果较小，就可以确认为违反治安管理行为，则对行为人相应的处罚为：依据《危险化学品安全管理条例》第 23 条、第 81 条、第 94 条的规定，由公安机关责令改正，可以处 1 万元以下的罚款；拒不改正的，处 1 万元以上 5 万元以下的罚款；如果行为的情节恶劣，或造成严重的危害后果，则构成犯罪，属于危险物品肇事罪，对行为人相应的处罚为：依据《刑法》第 136 条的规定，处 3 年以下有期徒刑或者拘役；后果特别严重的，处 3 年以上 7 年以下有期徒刑。

三、剧毒化学品丢失、被盗不报的行为的法律责任

剧毒化学品丢失、被盗不报，是指生产、储存、使用剧毒化学品的单位，发现本单位生产、储存、使用的剧毒化学品丢失或者被盗，不立即向公安机关报告的行为。

该行为侵犯的客体是国家对剧毒化学品生产、储存过程中的安全管理秩序，在客观方面主要表现在发现剧毒化学品丢失或者被盗，不立即向公安机关报告的行为。该行为的主体是生产、储存、使用剧毒化学品的单位，在主观方面主要表现为故意。

该行为在情节和危害后果上：如果行为的情节轻微，或危害后果较小，就可以确认为违反治安管理行为，则对行为人相应的处罚为：依据《危险化学品安全管理条例》第 4 条、第 23 条、第 25 条、第 81 条的规定，由公安机关责令改正，可以处 1 万元以下的罚款；拒不改正的，处 1 万元以上 5 万元以下的罚款。依据《治安管理处罚法》第 31 条的规定，对直接责任人，可以处 5 日以下拘留；故意隐瞒不报的，处 5 日以上 10 日以下拘留；如果行为的情节恶劣，或造成严重的危害后果，则构成犯罪，属于危险物品肇事罪，对行为人相应

的处罚为：依据《刑法》第 136 条的规定，处 3 年以下有期徒刑或者拘役；后果特别严重的，处 3 年以上 7 年以下有期徒刑。

四、未备案剧毒化学品的储存情况的行为的法律责任

未备案剧毒化学品的储存情况，是指储存剧毒化学品的单位，没有将其储存的剧毒化学品的种类、数量、储存地点以及管理人员的情况，报所在地县级公安机关备案的行为。

该行为侵犯的客体是国家对剧毒化学品的安全管理秩序，在客观方面主要表现在为生产、储存、使用和经营剧毒化学品的单位不按照规定向剧毒化学品储存地的县级公安机关报告其储存的种类、数量、储存地点以及管理人员的情况的行为。该行为的主体是依法生产、储存、使用和经营剧毒化学品的单位，在主观方面主要表现为故意。

该行为在情节和危害后果上：如果行为的情节轻微，或危害后果较小，就可以确认为违反治安管理行为，则对行为人相应的处罚为：依据《危险化学品安全管理条例》第 25 条、第 81 条的规定，由公安机关责令改正，可以处 1 万元以下的罚款；拒不改正的，处 1 万元以上 5 万元以下的罚款；如果行为的情节恶劣，或造成严重的危害后果，则构成犯罪，属于危险物品肇事罪，对行为人相应的处罚为：依据《刑法》第 136 条的规定，处 3 年以下有期徒刑或者拘役；后果特别严重的，处 3 年以上 7 年以下有期徒刑。

五、未如实记录、保存剧毒化学品购买单位相关情况的行为的法律责任

未如实记录、保存剧毒化学品购买单位相关情况，是指剧毒化学品生产企业、经营企业未如实记录剧毒化学品购买单位的名称、地址、经办人的姓名、身份证号码以及所购买的剧毒化学品品种、数量、用途，或者保存销售记录和相关材料的时间少于 1 年的行为。

该行为侵犯的客体是国家对剧毒化学品的安全管理秩序，在客观方面主要表现在未如实记录剧毒化学品购买单位的相关情况或保存销售记录和相关材料少于 1 年的行为。该行为的主体是剧毒化学品生产企业和经营企业，在主观方面主要表现为故意。

该行为在情节和危害后果上：如果行为的情节轻微，或危害后果较小，就可以确认为违反治安管理行为，则对行为人相应的处罚为：依据《危险化学品安全管理条例》第 41 条、第 81 条的规定，由公安机关责令改正，可以处 1 万元以下的罚款；拒不改正的，处 1 万元以上 5 万元以下的罚款；如果行为的情节恶劣，或造成严重的危害后果，则构成犯罪，属于危险物品肇事罪，对行为人相应的处罚为：依据《刑法》第 136 条的规定，处 3 年以下有期徒刑或者拘役；后果特别严重的，处 3 年以上 7 年以下有期徒刑。

六、未按规定备案销售、购买剧毒化学品情况行为的法律责任

未按规定备案销售、购买剧毒化学品是指剧毒化学品的销售企业、购买单位违反法律的规定，在销售、购买剧毒化学品后，未在规定的期限内（5 日）将所销售、购买的剧毒化学品的品种、数量以及流向信息报所在地县级人民政府公安机关备案的行为。

该行为侵犯的客体是国家剧毒化学品管理秩序以及社会公共安全，在客观方面主要表现为未在规定时限内将销售、购买剧毒化学品的情况报所在地县级人民政府公安机关备案。该行为的主体是剧毒化学品的销售企业、购买单位，在主观方面主要表现为故意。

该行为在情节和危害后果上：如果行为的情节轻微，或危害后果较小，就可以确认为违反治安管理行为，则对行为人相应的处罚为：依据《危险化学品安全管理条例》第 41 条、

第 81 条的规定，由公安机关责令改正，可以处 1 万元以下的罚款；拒不改正的，处 1 万元以上 5 万元以下的罚款；如果行为的情节恶劣，或造成严重的危害后果，则构成犯罪，属于危险物品肇事罪，对行为人相应的处罚为：依据《刑法》第 136 条的规定，处 3 年以下有期徒刑或者拘役；后果特别严重的，处 3 年以上 7 年以下有期徒刑。

七、转让购买的剧毒化学品不报行为的法律责任

转让购买的剧毒化学品不报，是指使用剧毒化学品的单位违反法律规定，在依照规定转让其购买的剧毒化学品后，未将有关情况向所在地县级人民政府公安机关报告，情节较轻，尚不构成刑事处罚，但依照法律规定应予处罚的行为。

该行为侵犯的客体是国家剧毒化学品管理秩序以及社会公共安全，在客观方面主要表现为未将本单位转让剧毒化学品的情况向所在地县级人民政府公安机关报告。该行为的主体是转让剧毒化学品的单位，在主观方面主要表现为故意。

该行为在情节和危害后果上：如果行为的情节轻微，或危害后果较小，就可以确认为违反治安管理行为，则对行为人相应的处罚为：依据《危险化学品安全管理条例》第 42 条、第 81 条的规定，由公安机关责令改正，可以处 1 万元以下的罚款；拒不改正的，处 1 万元以上 5 万元以下的罚款；如果行为的情节恶劣，或造成严重的危害后果，则构成犯罪，属于危险物品肇事罪，对行为人相应的处罚为：依据《刑法》第 136 条的规定，处 3 年以下有期徒刑或者拘役；后果特别严重的，处 3 年以上 7 年以下有期徒刑。

八、向不符合条件的单位、个人转让剧毒化学品行为的法律责任

向不符合条件的单位、个人转让剧毒化学品行为侵犯的客体是国家剧毒化学品管理秩序以及社会公共安全，在客观方面主要表现在向不符合条件的单位、个人转让剧毒化学品。该行为的主体是使用剧毒化学品的单位，在主观方面主要表现为故意。

该行为在情节和危害后果上：如果行为的情节轻微，或危害后果较小，就可以确认为违反治安管理行为，则对行为人相应的处罚为：依据《危险化学品安全管理条例》第 42 条、第 84 条的规定，由公安机关责令改正，处 10 万元以上 20 万元以下的罚款；拒不改正的，责令停产停业整顿；如果行为的情节恶劣，或造成严重的危害后果，则构成犯罪，属于危险物品肇事罪，对行为人相应的处罚为：依据《刑法》第 136 条的规定，处 3 年以下有期徒刑或者拘役；后果特别严重的，处 3 年以上 7 年以下有期徒刑。

九、剧毒化学品运输车辆途中长时间停车不向公安机关报告行为的法律责任

剧毒化学品运输车辆途中长时间停车不向公安机关报告的行为违反了《危险化学品安全管理条例》的规定。该行为侵犯的客体是剧毒化学品的安全管理秩序，在客观方面主要表现为运输剧毒化学品的车辆途中长时间停车不向公安机关报告的行为。该行为的主体是剧毒化学品的承运人，在主观方面主要表现为故意和过失。

该行为在情节和危害后果上：如果行为的情节轻微，或危害后果较小，就可以确认为违反治安管理行为，则对行为人相应的处罚为：依据《危险化学品安全管理条例》第 48 条、第 89 条的规定，由公安机关责令改正，处 1 万元以上 5 万元以下的罚款；如果行为的情节恶劣，或造成严重的危害后果，则构成犯罪，属于危险物品肇事罪，对行为人相应的处罚为：依据《刑法》第 136 条的规定，处 3 年以下有期徒刑或者拘役；后果特别严重的，处 3

年以上 7 年以下有期徒刑。

十、剧毒化学品运输途中丢失、被盗、被抢或者发生流散、泄漏等情况行为的法律责任

剧毒化学品在运输途中丢失、被盗、被抢或者发生流散、泄漏等情况，承运人不采取必要的警示措施和安全措施，不向公安机关报告的行为违反了《危险化学品安全管理条例》的规定。该行为侵犯的客体是剧毒化学品的安全管理秩序，在客观方面主要表现为剧毒化学品在道路运输途中丢失、被盗、被抢或者发生流散、泄漏等情况，驾驶人员、押运人员不采取必要警示措施和安全措施，不向公安机关报告的行为。该行为的主体是剧毒化学品的承运人，在主观方面主要表现为故意和过失。

该行为在情节和危害后果上：如果行为的情节轻微，或危害后果较小，就可以确认为违反治安管理行为，则对行为人相应的处罚为：依据《危险化学品安全管理条例》第 51 条、第 89 条的规定，由公安机关责令改正，处 1 万元以上 5 万元以下的罚款；如果行为的情节恶劣，或造成严重的危害后果，则构成犯罪，属于危险物品肇事罪，对行为人相应的处罚为：依据《刑法》第 136 条的规定，处 3 年以下有期徒刑或者拘役；后果特别严重的，处 3 年以上 7 年以下有期徒刑。

十一、非法获取剧毒化学品购买、公路运输许可证件行为的法律责任

非法获取剧毒化学品购买、公路运输许可证件，是指剧毒化学品的购买、运输单位提供虚假证明文件、采取其他欺骗手段或者贿赂等不正当手段，非法获取《剧毒化学品购买凭证》、《剧毒化学品准购证》和《剧毒化学品公路运输通行证》的行为。

该行为侵犯的客体是国家对剧毒化学品的安全管理秩序以及对剧毒化学品购买、公路运输许可证件的专项管理秩序，在客观方面主要表现在行为人实施了提供虚假证明文件、采取其他欺骗手段或者贿赂等不正当手段，非法获取剧毒化学品购买、公路运输许可证件的行为。该行为的主体是需要剧毒化学品购买、公路运输许可证件的单位，包括生产剧毒化学品的企业、经营剧毒化学品的企业和其他生产、科研、医疗等经常需要使用剧毒化学品的单位等，在主观方面主要表现为故意。

该行为属于违反治安管理行为，依据《剧毒化学品购买和公路运输许可证件管理办法》第 3、4、5、8、21、27、28 条的规定，由发证的公安机关依法撤销许可证件，处以 1000 元以上 1 万元以下罚款，对利用骗取的许可证件购买了剧毒化学品的，责令退回原销售单位。

十二、未按规定上缴交剧毒化学品购买证件回执、购买凭证存根和不再需要使用、作废、填写错误的购买凭证行为的法律责任

未按规定上缴交剧毒化学品购买证件回执、购买凭证存根和不再需要使用、作废、填写错误的购买凭证行为侵犯的客体是国家对剧毒化学品购买证件的管理制度以及社会公共安全，在客观方面主要表现在持证单位未及时将剧毒化学品购买证件回执、购买凭证存根和不再需要使用、作废、填写错误的购买凭证交回原发证公安机关核查存档的行为。该行为的主体是持有《剧毒化学品购买凭证》的单位，在主观方面主要表现为故意和过失。

该行为属于违反治安管理行为，依据《剧毒化学品购买和公路运输许可证件管理办法》第 16、19、25 条的规定，由原发证公安机关责令改正，处以 500 元以上 1000 元以下罚款。

☞ **思考题：**

1. 什么是剧毒化学品？
2. 毒物侵入人体的途径有哪些？
3. 常见的剧毒化学品有哪些？举例说明。
4. 公安机关在剧毒化学品管理中的主要职责是什么？
5. 公安机关在剧毒化学品事故处理中的主要职责有哪些？
6. 简述剧毒化学品事故应急处理的流程？
7. 涉剧毒化学品主管部门有哪些？其相应的职责是什么？
8. 违反剧毒化学品管理行为有哪些？

☞ **本章参考文献：**

[1] 胡冠武，孟一凡主编．危险物品管理通论［M］．北京：中国人民公安大学出版社，2000.

[2] 黄超，胡燕飞，张先福，张家忠主编．危险物品管理［M］．北京：中国人民公安大学出版社，2011.

[3] 王占军，曹喆主编．危险物品管理实务［M］．北京：群众出版社，2006.

[4] 曾伟，覃泽敏主编．危险物品管理工作规范化指南［M］．北京：中国人民公安大学出版社，2012.

[5] 亓鲁青．常见化学品毒性毒理作用及侵入人体途径［J］．社区医学杂志，2011（9）．

[6] 叶从胜．国外剧毒化学品安全管理的主要做法［J］．安全、健康和环境，2003（8）．

[7] 土明国，李社红，肖唐付．氰化物测定研究进展［J］．地球与环境，2010（4）．

[8] 黄森乐，刘清华．氰化物的检测方法［J］．广东化工，2014（41）．

[9] 宣昭林，刘戎，李艳杰．砷化物及其毒性［J］．中国地方病防治杂志，2004（19）．

[10] 刘波．常见鼠药分类及其检测方法研究进展［J］．职业与健康，2015（31）．

[11] 周锦山．剧毒化学品泄漏事故应急处置研究［J］．中国安全生产科学技术，2005（6）．

[12]《危险化学品目录（2015版）》，2015年2月27日国务院令第591号发布，2015年5月1日起施行.

[13]《危险化学品安全管理条例》，2011年2月16日国务院第144次常务会议修订，2011年12月1日施行.

[14]《剧毒化学品购买和公路运输许可证件管理办法》，2005年5月25日公安部令第77号发布，2005年8月1日施行.

[15] 程念祥．安全检查的组织实施［J］．劳动保护，2007（12）．

第八章　放射性物品管理

☞ **本章重点：**

1. 放射性物品管理要求；
2. 公安机关对放射性物品管理的措施；
3. 涉放射性物品单位的安全检查。

☞ **本章难点：**

1. 放射性物品的性质和危害；
2. 辐射事故处理；
3. 涉放射性物品单位的安全检查。

第一节　放射性物品基础知识

放射性物品是一类具有很强的杀伤性的危险物品，同时也是在我们在生产和生活中广泛应用的一类特殊物品。放射性物品的管理对于整个社会的公共安全具有至关重要的作用。为了维护正常的社会治安秩序，保障公民的生命财产安全和社会的和谐稳定，要求有关部门必须加强对放射性物品的管理。公安机关在放射性物品管理中必须认真履行职责，认真检查涉源单位的安全保卫工作，对丢失和被盗放射源的案件进行立案侦查和追缴，同时还要协助环保、卫生部门开展专项行动。

一、放射性物品的概念

放射性物品是指含有放射性核素物质，在没有外力的作用下，能自发地放射出肉眼看不见的、具有穿透性射线和能量的元素、化合物及装置的总称。①

根据《放射性同位素与射线装置安全和防护条例》等有关规定，放射性物品包括：放射性同位素、放射源、射线装置、非密封放射性物质、放射性废物、伴有产生 X 射线的电器产品、具有放射性能的核材料、军用放射性同位素、射线装置等。

二、放射性元素与放射性同位素

（一）放射性元素

原子是构成物质的最小粒子，也是物质进行化学反应的最基本粒子，由带正电的原子核及核外电子组成，原子核一般由质子和中子组成。任何含有过多质子或中子的原子核都是不

---

① 在 2010 年 1 月 1 日起实行的《放射性物品运输安全管理条例》中将放射性物品界定为：放射性物品是指含有放射性核素、并且活度和比活度均高于国家豁免值的物品.

稳定的，那些不稳定的原子核在变化过程中，除了有能量释放出来，还有射线放射出来，这种具有放出射线的元素叫做放射性元素。在化学元素周期表中，原子序数在84以后的元素，都具有放射性，属于放射性元素。

放射性元素分为天然放射性元素和人工放射性元素两种。天然放射性元素存在于自然界的矿物质中，人们可以把它们从含放射性物质的矿石中提炼出来，如镭、锕、钍等都是天然放射性元素。人工放射性元素是人们利用离子加速器、原子核反应和分离核燃料生产的，如钴-60（Co^{60}）、锶-90（Sr^{90}）、碘-131（I^{131}）等。

（二）放射性同位素

同位素是指具有相同的质子数，但中子数不同的同一类原子，互称为同位素。在同一种元素中，不是所有的同位素都具有放射性，例如，氢有三种同位素，分别是氕、氘、氚，氕、氘是没有放射性的，而氚是有放射性的。这些具有放射性的同位素，则称为放射性同位素。

三、常见的放射性射线

（一）α射线

α射线，由带两个单位正电荷的氦原子核组成，即α粒子组成。α射线，又称甲种射线，是一种高速运动的氦原子核的粒子束，带两个单位的正电的粒子，一般由质量较重的放射性原子核发射，能量通常为4~9 Mev，速度为光速的1/10。射线的电离作用大，射程短，贯穿本领小。一个能量为5 Mev的α粒子在空气中的射程大约是3.5厘米，一张纸或皮肤的角质就能把它挡住。因此，α射线一般不会对人体造成外照射损伤，但当它进入人体的组织或器官时，由于它有很强的电离能力，会对人会造成严重的内照射损伤。

（二）β射线

β射线，又称乙种射线，是一种高速运动的粒子流，由带负电荷的高速运动的电子流组成，速度接近光速，质量为质子质量的1/1840。β射线的电离作用较小，贯穿本领较大。与α粒子的能量相同的β粒子，在同一种物质中的射程要比α粒子远很多。例如，一个能量为5 Mev的α粒子，在空气中的射程只有3.5厘米，而一个能量为5 Mev的β粒子，在空气中的最大射程可达20米，可以穿透几毫米厚的铅板。

（三）γ射线

γ射线，由不带电荷的光子流组成，属于电磁辐射。γ射线，又称丙种射线，是波长很短的电磁波，属于电磁辐射。其静止质量等于零，也称为光子。由于不带电荷，所以γ射线的电离作用小，但贯穿能力比α射线和β射线大得多，在空气中射程可达百米，可以穿透几厘米厚的铅板，需要采用比重大的材料才能屏蔽它。

（四）中子流

中子流，由不带电荷的中子流组成。多数放射性核素不能直接辐射出中子，而是利用人工制造的中子放射源产生。当中子与物质相互作用时，主要是和原子核内的核力相互作用，与外壳层的电子不会发生作用。中子的穿透能力和电离能力都很强。

需要说明的是，射线种类中还有X射线，α射线和β射线、γ射线是来自原子核内的射线，X射线是来自原子核外的射线，它不是放射性核素所特有的，而是由射线装置产生的。

常见四种射线的性能比较如表 8-1 所示。

表 8-1 **常见四种射线的性能比较①**

射线种类	α 射线	β 射线	γ 射线	中子流
带电荷	+2	−1（+1）	0	0
电离能力	100000	1000	1	强
空气中穿透能力	1	100	10000	强
空气中射程	几厘米	几十米	几百米	强
生物体中穿透能力	0.04mm	5cm	穿透人体	穿透人体

四、放射性衰变的特性

放射性同位素由于原子核内能过剩，使原子核（核素）处于不稳定状态，会自行发生核变化，把过剩的能量以射线的形式释放出来，变成另一种核素或另一种状态，这种有规律的核变化过程称为放射性衰变。经过放射性衰变，原核素（母核）衰变为新的核素（子核），形成新元素。放射性衰变主要有 α 衰变、β 衰变和 γ 衰变。一种核素衰变时，不一定能及时放出 α、β、γ 三种射线，往往只能放出三种射线中的一种或两种。质量较重的放射性同位素大多能放射出 α 射线；质量较轻的放射性同位素一般只能放射出 β、γ 射线。如磷-32（P^{32}）只能放出单一的 β 射线；而钴-60（Co^{60}）同时放出 β、γ 两种射线。

（一）放射性衰变服从指数规律

放射性衰变是原子核自发进行的过程，它不受温度、压力、磁场等外界条件的影响，如果衰变后的新元素也具有放射性，则继续衰变，直到最后衰变成不再具有放射性的稳定元素为止。放射性衰变服从指数规律。放射性元素的所有原子核并不同时发生衰变，而是有先有后的。

设零时刻原子核数为 N_0，t 时刻有多少个原子核在衰变？

经过 t 时间后尚未衰变的原子核数 N 可以表示为：

$$N = N_0 e^{-\lambda t}$$

式中：

N 是 t 时刻的原子核数；

N_0是开始时的原子核数；

λ 是放射性衰变常数，即单位时间内每一个原子核的衰变几率，每一种放射性元素都有其固定的衰变常数；

t 是衰变时间。

此式可以比较准确地计算放射性强度。

（二）有一定的半衰期

放射性核素的放射性强度随着时间的推移而减少，放射性原子核数因衰变减少到原来的一半所需要的时间，叫做放射性核素的半衰期。不同的放射性元素其半衰期的长短也不同，

① 王占军，黄超主编．危险物品管理［M］．北京：中国人民公安大学出版社，2014.

长的可达几千年甚至几亿年，短的只有几秒钟。根据半衰期可以估算放射性元素现有的放射性强度。放射性元素衰变的速度不随自然界物理条件的改变而变化，相当于一种天然的时间标准。所以，自然界中一些半衰期长的元素可以用做考察天然过程的特殊时钟，如确定地球、岩石及陨石的年龄等。一个特定的放射性同位素的半衰期是常数，测量它的半衰期有助于识别出未知成分的放射性样品，这种方法只能用于那些衰变率在合理的计数时间内有很大变化的同位素；而且这种同位素必须有足够长的半衰期，以便在它完全衰变之前，进行某些测量。几种放射性同位素的半衰期如表 8-2 所示。

表 8-2　**几种放射性同位素的半衰期①**

符号	半衰期	衰变类型
$^{3}_{1}H$	12. 3 年	β^-
$^{40}_{19}K$	1. 28×10^{9}年	β^+、K 电子俘获
$^{214}_{82}Pb$	26. 8 分	β^-
$^{238}_{92}U$	4. 51×10^{9}年	α
$^{235}_{90}U$	7. 13×10^{8}年	α
$^{232}_{90}Th$	1. 40×10^{10}年	α
$^{234}_{90}Th$	24. 1 天	β^-
$^{214}_{84}Sr$	28. 1 年	β^-
$^{214}_{84}Po$	1. 64×10^{-4}秒	α
$^{226}_{88}Ra$	1622 年	α
$^{222}_{86}Rn$	3. 82 天	α

（三）能自发地放出射线

放射性同位素能自发地放出的射线有α、β、γ三种。放射性物质在衰变时，不受外界的温度、湿度、压力等条件的影响，自发地放射射线。

五、放射源

（一）常见的放射性物品

放射性物品是指能够放射射线的物品。常见的放射性物品主要有以下几类：

1. 放射源

如工农业、医疗、科研、地质等部门使用的钴-60、铯-137 和钋铍中子源等。

2. 放射性矿砂及其浓缩物

如独居石、铀矿砂、浓缩铀等。

3. 放射性化工制品

① 董青青，盛虎主编．危险物品安全管理［M］．北京：群众出版社，2007.

如夜光粉、硝酸钍等。

4. 放射性药剂

如用于放射治疗和临床诊疗的铬-51、铟-113、碘-125 等。

5. 放射性废物

如核企业、反应堆和放射性实验室产生的放射性的“三废”。

6. 射线装置

如 X 线机、加速器、中子发生器等。

（二）放射源及危害等级

1. 放射源

放射源，是指除研究堆和动力堆核燃料循环范畴的材料以外，永久密封在容器中或者有严密包层并呈固态的放射性材料。为了使用方便、安全，一般都是把放射性物品装入容器或镀在固体物质上，形成能辐射射线的装置或物质。

2. 放射源危害等级

依据《放射源分类办法》（国家环境保护总局 2005 年第 62 号公告），参照国际原子能机构的有关规定，按照放射源对人体健康和环境的潜在危害程度，从高到低将放射源分为Ⅰ、Ⅱ、Ⅲ、Ⅳ、Ⅴ类，Ⅴ类源的下限活度值为该种核素的豁免活度。常见放射源分类简表如表 8-3 所示。

表 8-3　**常见放射源分类简表①**

核素名称	Ⅰ类源（贝柯）	Ⅱ类源（贝柯）	Ⅲ类源（贝柯）	Ⅳ类源（贝柯）	Ⅴ类源（贝柯）
Am—241	$\geqslant 6\times10^{13}$	$\geqslant 6\times10^{11}$	$\geqslant 6\times10^{10}$	$\geqslant 6\times10^{8}$	$\geqslant 1\times10^{4}$
Au—198	$\geqslant 2\times10^{14}$	$\geqslant 2\times10^{12}$	$\geqslant 2\times10^{11}$	$\geqslant 2\times10^{9}$	$\geqslant 1\times10^{6}$
C—14	$\geqslant 5\times10^{16}$	$\geqslant 5\times10^{14}$	$\geqslant 5\times10^{13}$	$\geqslant 5\times10^{11}$	$\geqslant 1\times10^{7}$
Cd—109	$\geqslant 2\times10^{16}$	$\geqslant 2\times10^{14}$	$\geqslant 2\times10^{13}$	$\geqslant 2\times10^{11}$	$\geqslant 1\times10^{6}$
I—131	$\geqslant 2\times10^{14}$	$\geqslant 2\times10^{12}$	$\geqslant 2\times10^{11}$	$\geqslant 2\times10^{9}$	$\geqslant 1\times10^{6}$
Ir—192	$\geqslant 8\times10^{13}$	$\geqslant 8\times10^{11}$	$\geqslant 8\times10^{10}$	$\geqslant 8\times10^{8}$	$\geqslant 1\times10^{4}$
Ni—63	$\geqslant 6\times10^{16}$	$\geqslant 6\times10^{14}$	$\geqslant 6\times10^{13}$	$\geqslant 6\times10^{11}$	$\geqslant 1\times10^{8}$
Po—210	$\geqslant 6\times10^{13}$	$\geqslant 6\times10^{11}$	$\geqslant 6\times10^{10}$	$\geqslant 6\times10^{8}$	$\geqslant 1\times10^{4}$
Ra—226	$\geqslant 4\times10^{13}$	$\geqslant 4\times10^{11}$	$\geqslant 4\times10^{10}$	$\geqslant 4\times10^{8}$	$\geqslant 1\times10^{4}$

注：1. 贝柯：放射性活度单位，1 贝柯表示在 1 秒钟内发生了一次衰变。

2. Am—241 用于固定式烟雾报警器时的豁免值为 1×10^{5} 贝柯。

3. 核素份额不明的混合源，按其危险度最大的核素分类，其总活度视为该核素的活度。

（1）Ⅰ类放射源为极高危险源。在没有防护情况下，接触这类源几分钟到 1 小时就可致人死亡。

① 王占军，黄超主编．危险物品管理［M］．北京：中国人民公安大学出版社，2014.

（2）Ⅱ类放射源为高危险源。在没有防护情况下，接触这类源几小时至几天可致人死亡。

（3）Ⅲ类放射源为危险源。在没有防护情况下，接触这类源几小时就可对人造成永久性损伤，接触几天至几周也可致人死亡。

（4）Ⅳ类放射源为低危险源。基本不会对人造成永久性损伤，但对长时间、近距离接触这些放射源的人可能造成可恢复的临时性损伤。

（5）Ⅴ类放射源为极低危险源。不会对人造成永久性损伤。

生产的放射源应当有明确标号和必要说明文件。其中，Ⅰ类、Ⅱ类、Ⅲ类放射源的标号应当刻制在放射源本体或者密封包壳体上，Ⅳ类、Ⅴ类放射源的标号应当记录在相应说明文件中。

（三）放射源的分类

放射源分为封闭源和开放源两种类型。根据放射性核素半衰期的长短、射线的强弱和使用范围的不同，将不同剂量的放射性核素按其特性和需要，分别装入不同材料、不同厚度、不同容量的密封的永久性装置中进行整体使用的，叫封闭源；采用临时性包装或专门制作的瓶罐贮存，以便于分散使用的，叫开放源。放射源的名称一般以内含的放射性元素的名称来命名，如钴-60（Co^{60}）源。中子源用两种反应的元素来命名，如镭-铍中子源。

放射性核素有金属和非金属之分，如钴-60（Co^{60}）、金-198（Au^{198}）、铁-59（Fe^{59}）等为金属元素；磷-32（P^{32}）、硫-35（S^{35}）、碘-131（I^{131}）等为非金属元素。根据用途不同，人们把固体放射源做成正方体、长方体、圆柱体、扁圆体和针状、棒状、环状等各种不同的形状。辐射 γ 射线的放射源，通常装在大小不同的铅罐里；辐射 α、β 射线的放射源，大多装在一定厚度的塑料或铁质容器内；中子辐射源，一般装在用石蜡或其他轻质材料做屏蔽的容器里。

六、放射性现象的应用

放射性射线碰到各种物质的时候，会产生各种效应，它包括射线对物质的作用和物质对射线的作用两个相互联系的方面。例如，射线能够使照相底片和核子乳胶感光；射线能使一些物质产生荧光；射线可穿透一定厚度的物质，在穿透物质的过程中，能被物质吸收一部分，或者是散射一部分，还可能使一些物质的分子发生电离；另外，当射线辐照到人、动物和植物体时，会使生物体发生生理变化。射线与物质的相互作用，对核射线来说，它是一种能量传递和能量损耗过程，对受照射物质来说，它是一种对外来能量的物理性反应和吸收过程。放射性现象能够为人类造福，在工、农业生产和地质勘探、医疗卫生等领域应用十分广泛。放射现象应用方式主要有辐照、示踪、催化和发光几种。

（一）辐照

辐照是放射性物品最常用的方式。在工业上，用辐照的方式可以进行工业探伤；测量物质的厚度和密度；检查密封容器的深度和容积等。在农业上，可以利用放射性元素的射线辐照作物的种子或植株，以改变其遗传基因，使其后代发生变异，然后从中挑选出符合要求的品种。在医疗上，可以用辐照的方式治疗恶性肿瘤等。各国生产的放射性同位素有 80% 用在医疗方面。

（二）示踪

利用示踪可以探测管道等地下物体或其他人们不易接触物体的漏点和裂痕；可以了解农

作物吸收水肥的情况；可以诊断疾病等。

（三）催化

放射性元素能自发地放射出射线和能量，可以利用辐射代替催化剂催化化学反应过程。

（四）发光

利用放射性物质辐射的射线为能源，激发荧光物质（如硫化锌）制成荧光粉，用于钟表、仪表、标志牌、瞄准器的夜间显示等。

第二节　放射性射线危害及防护

一、放射性射线的危害

放射性射线的辐射危害主要是指放射性辐射对人体或其他生物体的危害。放射线对人体的照射方式有两种：一种是内照射，即放射性物质进入人体内造成的照射；另一种是外照射，即放射性物质在人体外部对人体造成的照射。人体或其他生物体若受到放射线的照射，可以引发多种病变，甚至导致死亡。

放射性射线对人体、动植物有机生命照射后产生的效应称生物效应。如过度照射或者超过使用剂量，不仅破坏恶性组织，连健康组织也要遭受到损坏，可以灼烧皮肤，引起射线疾病，甚至引起死亡。放射线伤害是在不引起疼痛的情况下发生的。人体受到放射线的照射后，产生的有害效应可能出现在受照射者本人身上，也可能出现在他的后代身上，出现在受照射本人身上的叫躯体效应，出现在受照射者后代身上的叫遗传效应。

（一）躯体效应

根据躯体效应发生的早晚，可分为急性躯体效应和晚期躯体效应。

急性躯体效应是指一次或短时间内接受大剂量照射时产生的效应。急性躯体效应表现为皮肤溃烂、毛发脱落、恶心、呕吐、厌食等。如不及时治疗，一个月或半个月内会死亡。

晚期躯体效应是指受照者受急性照射恢复后（受照 6 个月后）或长期接受超允许水平的低剂量照射时可能出现的效应。晚期效应表现为诱发癌症、白血病及寿命缩短。

（二）遗传效应

人体受到放射性射线的照射后，所产生的危害作用还可能出现在后代人身上，如遗传性流产、遗传性疾病、先天性畸形等。辐射的遗传效应是由于损伤了生殖细胞，这种损伤在细胞的遗传要素中属变异形式，即取所谓的基因变态形式。

放射性物质对机体的直接损伤危害是破坏机体主要物质基础的蛋白质，特别是破坏 DNA 的合成。放射性损伤的主要症状表现为：乏力、呕吐、腹泻、便血、造血功能障碍，还伴有出血、贫血症状。日本广岛、长崎两市的原子弹受害者在 3 周至 6 周死亡的人，几乎全部都有出血症状。同时放射性物质破坏神经系统功能，引起四肢抽搐、高度兴奋等，还可引起皮肤烧伤、红肿、脱屑、角化，毛发脱落，色素沉着，视力减退，生殖能力障碍等。特别引起重视的是放射性损伤不仅表现在直接受辐射者（躯体效应），还可显现在受照者的后代身上（遗传效应），超量受辐射者的后代可能出现先天畸形、器官发育异常、呆傻、小头症以及遗传性死亡等。①

---

① 张瑞萍．放射性辐射的危害及安全防护［J］．北京警察学院学报，2011（6）．

二、辐射防护

（一）辐射防护的要求

1. 实践的正当性

对于一项辐射实践只有在考虑了社会、经济和其他有关因素之后，其对受照个人或社会所带来的利益足以弥补其可能引起的辐射危害时，该实践才是正当的。对于不具有正当性的实践不应予以批准。

2. 剂量限制和潜在照射危险限制

应对个人受到的正常照射加以限制，以保证来自各项获准实践的综合照射所致的个人总有效剂量和有关器官或组织的总当量剂量不超过国家辐射防护标准规定的相应剂量限值。不应将剂量限值应用于获准实践中的医疗照射。应对个人所受到的潜在照射危险加以限制，使来自各项获准实践的所有潜在照射所致的个人危险与正常照射剂量限值所相应的健康危险处于同一数量级水平。

3. 防护与安全的最优化

对于来自一项实践中的任一特定源的照射，应使防护与安全最优化，使得在考虑了经济和社会因素之后，个人受照剂量的大小、受照射的人数以及受照射的可能性均保持在可合理达到的尽量低水平，这种最优化应以该源所致个人剂量和潜在照射危险分别低于剂量约束和潜在照射危险约束为前提条件，治疗性医疗照射除外。

4. 剂量约束和潜在照射危险约束

除了医疗照射之外，对于一项实践中的任一特定的源，其剂量约束和潜在照射危险约束应不大于审管部门对这类源规定或认可的值，并不大于可能导致超过剂量限值和潜在照射危险限值的值。对任何可能向环境释放放射性物质的源要加以限制，使得在考虑了所有其他有关实践和源可能造成的释放累积和照射之后，任何公众成员（包括其后代）在任何一年里所受到的有效剂量均不超过相应的剂量限值。

（二）剂量限值

《电离辐射防护与辐射源安全基本标准》GB 18871—2002 规定了职业照射和公众照射的剂量限值。以下所列的剂量限值适用于实践所引起的照射，不适用于医疗照射，也不适用于无任何主要责任方负责的天然源的照射。

1. 职业照射的剂量限值

应对任何工作人员的职业照射水平进行控制，使之不超过下述限值：

（1）由审管部门决定的连续 5 年的年平均有效剂量（但不可作任何追溯性平均），20mSV。

（2）任何一年中的有效剂量，50 mSV。

（3）眼晶体的年当量剂量，150 mSV。

（4）四肢（手和足）或皮肤的年当量剂量，500 mSV。

对于年龄为 16~18 岁接受涉及辐射照射就业培训的徒工和年龄为 16~18 岁在学习过程中需要使用放射源的学生，应控制其职业照射使之不超过下述限值：

（1）年有效剂量，6 mSV。

（2）眼晶体的年当量剂量，50 mSV。

（3）四肢（手和足）或皮肤的年当量剂量，150 mSV。

2. 公众照射剂量限值

实践使公众中有关关键人群组的成员所受到的平均剂量估计值不应超过下述限值：

（1）年有效剂量，1 mSV。

（2）特殊情况下，如果 5 个连续年的年平均剂量不超过 1 mSV，则某一单一年份的有效剂量可提高到 5 mSV。

（3）眼晶体的年当量剂量，15 mSV。

（4）皮肤的年当量剂量，50 mSV。

（三）辐射防护的措施

辐射防护的目的是为了控制射线对人体的照射，保障个人所受的剂量当量不超过国家规定的限值。

对放射源而言，只要放射源的密封性不遭受破坏，只需防护其外照射就可达到防护的目的。对非密封放射性物质，既要防护其外照射，又要防护其内照射。

1. 外照射的防护措施

（1）时间防护。

如果剂量率一定，受照剂量与工作时间成正比，所以工作人员在辐射停留的时间越长，所受到的照射剂量必然越大；反之，则越小。因此，应当限制工作人员在辐射场中的停留时间。

（2）距离防护。

从辐射防护的角度出发，为使人体所接受的辐射剂量率（或剂量）减小，应适当加大人体与放射源之间的距离。据测定，点状放射源的辐射强度与距离的平方成反比，即距离增加一倍受照射剂量只有原来的 1/4。增大距离的具体方法很多，如采用长柄器械或机械手远距离操作，保持控制室、操作台与放射源之间有足够距离等。

（3）屏蔽防护。

通过在人与放射源之间设置一层足够厚的屏蔽物，以减小人体受到的照射。射线的类型和能量不同，屏蔽材料的性质及厚度也不相同。

各种射线常用的吸收屏蔽材料如表 8-4 所示。

表 8-4　**常用辐射防护材料表①**

射线种类	材料名称
α射线	空气、铝箔、
β 射线	铝板、有机玻璃、薄铁片、木制品、塑料制品
γ射线	铁板、铅板、铅玻璃、混凝土、石料、砖、泥土、水
中子流	水、石蜡、硼酸

2. 内照射防护措施

就同一数量的放射性物质而言，内照射比外照射更具危害性。一旦放射性物质被摄入体内，将会连续照射人体，直到放射性物质衰变成不再具有放射性的稳定元素或被排出体外为

① 王占军，黄超主编．危险物品管理［M］．北京：中国人民公安大学出版社，2014.

止。因此，内照射防护的关键是防止放射性物质渗入、食入或吸入体内。内照射的具体防护措施主要有：

（1）防止放射性物质污染空气。

如采用湿式操作，防止放射性粉尘扩散；在通风橱或密封容器内进行放射性物质的开瓶、分装等操作；防止操作过程中包装破损或容器倾倒等过错发生。

（2）防止放射物质污染食物或水源。

如在工作场所内严禁进食、吸烟、饮水和存放食物。

（3）防止放射性物质污染体表。

如工作时必须换衣服、戴手套、戴口罩，工作后及时清洗去污。

三、放射性废物处理

放射性废物包括过期放射源和使用过程中产生的固体废物、废液和废气。这些废物虽然失去了使用价值，但仍然能够放射射线，污染环境、水源、空气，因此，不能随意丢撒，也不能私自掩埋，必须进行专门的处置。

（一）放射性固体废物的处理

放射性固体废物可分为可燃烧的和不可燃烧的两类。放射性固体废物的处理方法一般有焚烧、贮存和埋藏。

1. 焚烧

焚烧放射性废物的焚烧炉应专门设计和建造，它要能较好地净化焚烧时产生的放射性气体和气溶胶。对于低水平放射性废物，可用敞开式焚烧炉焚烧，这是因为放射性活度的总量小，扩散到环境中的量也很小（易挥发的碘、钋等除外），但灰烬要认真收集包装，并送贮存库存放。含有易挥发的放射性气体或气溶胶的固体废物，不宜采用焚烧法，要用特殊的空气净化设施处置。

2. 贮存

大、中城市应普遍设有放射性废物的专用贮存库（站），负责接收存放本地区的放射性废物。这种库（站）需请有关部门专门设计，建造贮存库的地点要远离市区，一般选择在人口稀少的山区，但也要兼顾交通便利。废物贮存库一般也承担废物的接收与运输任务，故应配备专门运输工具。

3. 埋藏

目前采用的处置方式有浅地层埋藏、废矿井和岩洞处置、深井注入等，其中前两种用得较普遍。浅地层埋藏，即在地表开掘或修筑沟槽，把废物容器放入，上面覆盖一定厚度的土层。埋藏场应选在地质构造稳定、交通方便、人口稀少和无经济发展前途的地区。场区边界与露天水源的距离不宜小于500米。埋藏层距地下水位需有一定距离。高放射性废物要深地层埋藏，即把废物放入地下几百米甚至千余米深的地层中，凭借深厚的地层将废物与人类生活环境隔绝。处置库必须建在地质构造稳定的区域，岩体应具有优异的隔水能力以及良好的导热性、热稳定性、辐射稳定性和机械强度。库外围的地质介质应具有良好的吸留能力，以阻滞核素的迁移。适于作处置库的地质介质有岩盐、花岗岩、黏土等。

（二）放射性废液的处理

放射性废液的处理一般都要经过净化浓集与固化两步。常用的净化浓集过程有蒸发、离子交换和化学沉淀等。在净化浓集过程中产生的浓集物，如蒸残液、再生液和淤泥等，都必须转变成固体形式。为了适应处置的要求，固化物应具有良好的抗浸出性、化学稳定性、辐射稳定性和机械强度。为了减少运输、处置费用，还要求其体积尽量小。低、中放射性废液的固化方法有水泥固化、沥青固化和塑料固化。高放射性废液的固化方法，目前比较成熟的是玻璃固化。

（三）放射性废气的处理

对半衰期很短的放射性废气，可以采取放置衰变的办法减少向环境排放的放射总量。这个方法就是在通风排气系统中增设一个大面积的排气室，延迟气体排出排风口的时间。大部分单位的放射性废气，可以采取直接稀释排放或经净化后的稀释排放两种处理方法。

第三节　放射性物品管理要求和公安机关管理的措施

一、加强放射性物品管理的意义

（一）保障放射性物品的正当应用，为人类造福

辐照、示踪、催化和发光等放射技术已在各行业得到了广泛的应用。在公安工作中，利用中心活化分析技术鉴定毛发、指纹、毒物、枪弹、麻醉品、文物，还可制作离子感烟自动火灾报警器等，同时，放射技术在科研、地质勘探、考古、国防等方面也有着广泛的应用。因此，公安机关应配合环保、卫生等部门加强对放射性物品的安全管理工作，在保障安全的前提下，使其充分发挥在经济建设中的积极作用。

（二）防止被违法犯罪分子利用，作为作案工具

放射性物品具有对人体严重损害而又不易被发觉的特点。如果对放射性物品管理不严，一旦发生丢失、被盗而落入违法犯罪分子手中进行辐射犯罪活动，就可能变成一种无形的“杀人武器”，给人民生命安全带来严重危害，直接影响到公共安全和社会稳定，甚至造成不良的政治影响。因此，公安机关要预防和打击犯罪分子利用放射性物品进行违法犯罪活动。

（三）预防和减少辐射事故的发生

在生产、使用、储存、运输放射性物品的过程中，有时会发生辐射事故。究其原因，有思想麻痹、违章操作、缺乏放射知识等方面的因素，但最终根源还是管理不善的问题。近几年屡屡发生放射源被盗、误拿、误拣，从而对群众造成伤害的辐射事故，就是管理方面存在许多漏洞造成的。因此，有关管理机关必须采取有效措施，防止辐射事故的发生。

二、放射性物品管理要求

（一）放射源存放保管的安全要求

根据《剧毒化学品、放射源存放场所治安防范要求》（GA 1002—2012）的规定，放射源存放场所（部位）的风险等级应根据其品种、数量、常温常压下物态及流失后对治安潜在危害等因素划分为三级，从高至低依次为一级、二级、三级。

一级风险等级：Ⅰ类放射源，但医疗单位使用的Ⅰ类放射源除外。

二级风险等级：Ⅱ、Ⅲ类放射源；医疗单位使用的Ⅰ类放射源。

三级风险等级：Ⅳ、Ⅴ类放射源；医疗单位使用的Ⅱ、Ⅲ、Ⅳ类放射源。

治安防范级别（含技术防范级别）应与存放场所（部位）风险等级相对应，分为三级，从高至低依次为一级、二级、三级。一级治安防范要求用于一级（含）以上风险等级，二级治安防范要求适用于二级（含）以上风险等级，三级治安防范要求适用于三级风险等级。

1. 人力防范要求

在人力防范上，要求值守人员认真履行岗位职责，对进出存放场所人员进行检查、制止非法侵入；应严格执行交接班制度，并有记录。保卫值班室应 24 小时有专人值守。值守人员应每两小时对存放场所周围进行一次巡查，巡查时携带自卫器具。敞开式存放场所（部位）等不宜单独设置保卫值班室的，单位总值班室等其他房间可兼用为保卫值班室，其监控中心宜设在保卫值班室内。放射源使用单位应设置治安保卫机构或者配备专人，对治安防范措施开展日常检查，及时发现、整改治安隐患，并保存检查、整改记录。放射源使用单位应建立放射源防盗、防抢、防破坏及技术防范系统发生故障等状态下的应急处置预案，并每年开展一次针对性的应急演习。放射源使用单位放射源应单独存放，不得与易燃、易爆、腐蚀性物品等一起存放。放射源应由专人保管，并做好发放、领取、使用、归还情况的登记，登记资料至少保存 1 年。含放射源的装置暂停使用期间，应存放在专用仓库内。放射源使用单位应每天核对、检查放射源存放情况，发现放射源的包装、标签、标识等不符合安全要求的，应及时整改，账物不符的，查找不到下落的，应立即报告单位主管部门和所在地公安机关。

2. 实体防范要求

在实体防范上，要求放射源使用单位存放场所的建筑结构、配电设施、通风设施应符合 GB 15603 的要求。放射源存入场所（部位）的防盗安全门应符合 GB 17565 的要求，其防盗安全级别为乙级（含）以上；防盗锁应符合 GA/T73 的要求；防盗保险柜应符合 GB 10409 的要求。一、二级风险的库房墙壁应采用混凝土或实心砖墙建造，墙壁厚度应不小于 250 毫米，顶部应采用现浇钢筋混凝土或钢筋混凝土楼板建造，厚度不小于 160 毫米。放射源存放场所（部位）应设置明显的电离辐射警告标示。放射源使用单位料位仪等含放射源装置应装防盗保护罩。

3. 技术防范要求

在技术防范上，三级技术防范应符合以下要求：放射源库房出入口应设置入侵报警装置和视频监控装置，监视及回放图像应能清楚辨别进出人员的体貌状况；放射源存放场所（部位）应设置入侵报警装置和视频监控装置，监视及回放图像应能清晰显示人员的活动状况；放射源保卫值班室应配备通讯工具并保持 24 小时畅通，安装紧急报警装置，出现紧急情况时能人工触发报警；放射源使用单位应设置监控中心，可设在保卫值班室内，监控中心应配备通讯工具，安装紧急报警装置和监控中心设备，出现紧急情况时能人工触发报警，监视及回放图像应能清楚辨别人员的体貌特征。二级技术防范要求：除符合三级技术防范的要求外，还应符合下列要求：放射源库区出入口应设置入侵报警装置和视频监控装置，监视及回放图像应能清晰显示人员的活动状况；放射源库区出入口应设置视频监控装置，监视及回放图像应清晰显示人员的体貌特征和进出车辆的车型及车牌号；放射源库区内主要通道应设置视频监控装置，监视及回放图像应能清晰显示人员的活动状况；放射源装卸区域应设置视频监控装置，监视及回放图像应清晰显示人员及车辆状况；放射源巡查部位和区域应设置电子巡查装置；放射源监控中心应独立设置，面积应与治安防范系统的规模相适应，不宜小于 20 平方米。

（二）放射性物品生产、使用的安全要求

按照《放射性同位素与射线装置放射防护条例》第 11 条的规定，放射性同位素的生产、使用、贮存场所和射线装置的生产、使用场所必须设置防护设施。其入口处必须设置放射性标志和必要的防护安全联锁、报警装置或者工作信号。《中华人民共和国放射性污染防治法》第 16 条规定“放射性物质和射线装置应当设置明显的放射性标识和中文警示说明。生产、销售、使用、贮存、处置放射性物质和射线装置的场所，以及运输放射性物质和含放射源的射线装置的工具，应当设置明显的放射性标志”。国际通用的放射性标志是黄底黑色三叶形符号，把它贴在或印在放射性物品的包装上，或制成标志牌，钉在有重大辐射危险的工作区的明显处，以警示人们。

放射性物品警示标识如图 8-1 所示。

图 8-1 放射性物品警示标识

在室外、野外从事放射工作时，必须划出安全防护区域，并设置危险标志，必要时应设专人警戒。另外，在地面水或地下水中进行放射性同位素试验时，必须要先经所在地省级环保、卫生行政部门批准。使用放射性物品的单位要建立剂量安全小组或设立剂量安全员，负责具体的监测和监督，检查、检测从事放射性物品工作的人员所受射线照射或污染的程度，督促检查是否严格按照操作规程工作，是否按照防护要求穿戴防护用品，下班前对个人防护用品进行放射性污染检查等，保证放射性物品的安全使用。

生产、销售、使用放射性同位素和加速器、中子发生器以及含放射源的射线装置的单位，应当在申请领取许可证前编制环境影响评价文件，报省、自治区、直辖市人民政府环境保护行政主管部门审查批准。未经批准，有关部门不得颁发许可证。国家建立放射性同位素备案制度，具体办法由国务院规定。使用放射性同位素和射线装置的单位，应当按照国务院环境保护行政主管部门的规定对其产生的放射性废物进行收集、包装、贮存。

放射性装置的生产调试和使用场所，应当具有防止误操作、防止工作人员受到意外照射的安全措施。用人单位必须配备与辐射类型和辐射水平相适应的防护用品和监测仪器，包括个人剂量测量报警、固定式和便携式辐射监测、表面污染监测、流出物监测等设备，并保证可能接触放射线的工作人员佩戴个人剂量计。

生产放射源的单位，应当按照国务院环境保护行政主管部门的规定回收和利用废旧放射源；使用放射源的单位，应当按照国务院环境保护行政主管部门的规定将废旧放射源交回生产放射源的单位或者送交专门从事放射性固体废物贮存、处置的单位。生产、销售、使用、贮存放射源的单位，应当建立健全安全保卫制度，指定专人负责，落实安全责任制，制定必要的事故应急措施。发生放射源丢失、被盗和放射性污染事故时，有关单位和个人必须立即采取应急措施，并向公安部门、卫生行政部门和环境保护行政主管部门报告。

（三）放射性物品的运输

按照《放射性物品运输安全管理条例》的规定，根据放射性物品的特性及其对人体健康和环境的潜在危害程度，将放射性物品分为一类、二类和三类。

一类放射性物品，是指Ⅰ类放射源、高水平放射性废物、乏燃料等释放到环境后对人体健康和环境产生重大辐射影响的放射性物品。

二类放射性物品，是指Ⅱ类和Ⅲ类放射源、中等水平放射性废物等释放到环境后对人体健康和环境产生一般辐射影响的放射性物品。

三类放射性物品，是指Ⅳ类和Ⅴ类放射源、低水平放射性废物、放射性药品等释放到环境后对人体健康和环境产生较小辐射影响的放射性物品。

托运放射性物品的，托运人应当持有生产、销售、使用或者处置放射性物品的有效证明，使用与所托运的放射性物品类别相适应的运输容器进行包装，配备必要的辐射监测设备、防护用品和防盗、防破坏设备，并编制运输说明书、核与辐射事故应急响应指南、装卸作业方法、安全防护指南。运输说明书应当包括放射性物品的品名、数量、物理化学形态、危害风险等内容。

承运放射性物品应当取得国家规定的运输资质。托运人和承运人应当对直接从事放射性物品运输的工作人员进行运输安全和应急响应知识的培训，并进行考核，考核不合格的，不得从事相关工作。托运人和承运人应当按照国家放射性物品运输安全标准和国家有关规定，在放射性物品运输容器和运输工具上设置警示标志。国家利用卫星定位系统对一类、二类放射性物品运输工具的运输过程实行在线监控。

运输放射性物品时，托运人应当向承运人提交运输说明书、辐射监测报告、核与辐射事故应急响应指南、装卸作业方法、安全防护指南，承运人应当查验、收存。托运人提交文件不齐全的，承运人不得承运。托运一类放射性物品的，托运人应当编制放射性物品运输的核与辐射安全分析报告书，报国务院核安全监管部门审查批准。放射性物品运输的核与辐射安全分析报告书应当包括放射性物品的品名、数量、运输容器型号、运输方式、辐射防护措施、应急措施等内容。国务院核安全监管部门应当自受理申请之日起45个工作日内完成审查，对符合国家放射性物品运输安全标准的，颁发核与辐射安全分析报告批准书，对不符合国家放射性物品运输安全标准的，书面通知申请单位并说明理由。

一类放射性物品启运前，托运人应当将放射性物品运输的核与辐射安全分析报告批准书、辐射监测报告，报启运地的省、自治区、直辖市人民政府环境保护主管部门备案。收到备案材料的环境保护主管部门应当及时将有关情况通报放射性物品运输的途经地和抵达地的省、自治区、直辖市人民政府环境保护主管部门。

通过道路运输放射性物品的，应当经公安机关批准，按照指定的时间、路线、速度行驶，并悬挂警示标志，配备押运人员，使放射性物品处于押运人员的监管之下。通过道路运输核反应堆燃料的，托运人应当报国务院公安部门批准。通过道路运输其他放射性物品的，托运人应当报启运地县级以上人民政府公安机关批准。

生产、销售、使用或者处置放射性物品的单位，可以依照《中华人民共和国道路运输条例》的规定，向设区的市级人民政府道路运输管理机构申请非营业性道路危险货物运输资质，运输本单位的放射性物品，并承担条例规定的托运人和承运人的义务。

一类放射性物品从境外运抵中华人民共和国境内，或者途经中华人民共和国境内运输的，托运人应当编制放射性物品运输的核与辐射安全分析报告书，报国务院核安全监管部门审查批准。二类、三类放射性物品从境外运抵中华人民共和国境内，或者途经中华人民共和国境内运输的，托运人应当编制放射性物品运输的辐射监测报告，报国务院核安全监管部门备案。

（四）放射性工作单位或场所的安全要求

放射性工作单位、场所一般分为开放型和封闭型两种。开放型放射性工作单位、场所，是指在使用的过程中，放射性同位素直接暴露在环境里，并可能向环境流散放射性物质（如气体、液体、尘埃等）的工作单位和场所。开放型放射性工作单位、场所（如医院的放射性同位素诊断、治疗室，大学和科研部门的放射化学实验室等）的工作人员和周围的居民，既可能受到内照射，也可能受到外照射。因此，国家对开放型放射工作单位和场所使用的放射性核素、工作场所的选址和布局、建筑结构、废物处理等都有严格的要求，以防止工作人员受到照射，防止放射性物质流散到环境中去而导致公众受到照射。

封闭型放射性工作单位、场所，是指在使用过程中，将放射性同位素封闭在一定容器内，不向外界环境流散放射性气体、液体或尘埃的工作单位、场所。封闭型放射性工作单位、场所使用的放射源多是封闭在一定容器内或是固体的。例如，医院里用来治疗癌症的钴治疗机，工厂里使用的 γ 射线密度计等，都是把放射源装在铅制容器里。这类固体放射源造成外照射主要原因有：违反操作规程，距离放射源太近，工作时间过长；防护设备失灵；失去屏蔽；放射源、丢失、被盗或被误拣、误用；固体放射源、破碎，造成辐射污染；误入辐射工作区等。因此，国家对封闭型放射性工作单位、场所的安全要求主要是防止发生外照射事件，防止发生丢失、被盗等事故。

（五）放射性废物的管理

放射性废物，是指含有放射性核素或者被放射性核素污染，其浓度或者比活度大于国家确定的清洁解控水平，预期不再使用的废弃物，包括放射性固体废物、废气、废液。由于辐射的广泛应用，在核电站、医院和工厂，在生产、研究和教学中都产生了大量的放射性废物。这些放射性废物的放射性是毁不掉的，它终究要进行衰变，对这些放射性废物的处理，是全世界都在关注的一个重大问题。常规的放射性废物的处置办法有三种：一是储存、埋藏；二是向环境中排放和消散；三是技术处理。在一定情况下，选择哪种方法取决于许多因素，如放射性废物的数量和种类、物理和化学状态以及地理位置等。

产生放射性废物（源）的单位，应到省级辐射环境管理部门办理登记手续，按《城市放射性废物管理办法》对本单位的放射性废物（源）进行收集、包装和收集前的暂存。

产生放射性废物（源）的单位送贮放射性废物（源）前，应当报送《放射性废物（源）送贮申请表》，送交省级辐射环境管理部门审批。《放射性废物送贮申请表》应包括以下主要内容：一是放射性废物（源）来源、种类、身份编码、数量等；二是废物（源）形式、包装情况；三是报废日期；四是单位地址，联系人，联系电话；五是当地环保部门意见。

三、公安机关对放射性物品管理的措施

根据《放射性同位素与射线装置安全和防护条例》第 3 条的规定，国务院环境保护主管部门对全国放射性同位素、射线装置的安全和防护工作实施统一监督管理。国务院公安、

卫生等部门按照职责分工和本条例的规定，对有关放射性同位素、射线装置的安全和防护工作实施监督管理。

公安机关是放射性物品管理的部门之一，主要负责检查涉源单位的安全保卫情况，负责丢失和被盗放射源案件的立案侦查和追缴，同时还要协助环保、卫生部门开展专项行动的执法工作。

（一）认真检查涉源单位的安全保卫工作，协助环保、卫生部门搞好安全监督检查

公安机关要与环保部门一起，建立健全放射源安全检查制度、预警和应急处理机制以及事故分级报告制度，有计划地开展经常性的安全检查工作，查找隐患，堵塞漏洞。公安机关要协助环保、卫生部门彻底查清我国放射源污染现状，对无主放射源和废弃放射源、收贮对多年没有使用或今后几年也不再使用的闲置放射源实施强制性收贮，并做好详细记录和备案工作。目前，我国放射性工作单位、场所放射源的管理中仍存在不少问题。2014 年，普查结果显示，我国在用的放射源单位超过 12000 家，共有 10 万多枚放射源在用，几乎遍布全国所有省区。此外，至少 2000 枚废旧放射源下落不明。① 因此，公安机关要积极配合环保、卫生部门，经常开展对涉源单位的安全检查工作，依法实施严格管理。

（二）严格负责放射性物品的道路运输管理工作

《放射性物品运输安全管理条例》第 38 条要求“通过道路运输放射性物品的，应当经公安机关批准，按照指定的时间、路线、速度行驶，并悬挂警示标志，配备押运人员，使放射性物品处于押运人员的监管之下。通过道路运输核反应堆乏燃料的，托运人应当报国务院公安部门批准。通过道路运输其他放射性物品的，托运人应当报启运地县级以上人民政府公安机关批准”。

公安机关交通管理部门在检查有关放射性物品的运输申请后，认真审查相关资料，符合要求的，发放《道路危险货物运输许可证》，在证件的运输范围内填写放射性物品，并注明许可运输放射性物品。②

（三）对放射源丢失和被盗案件进行立案侦查和追缴

公安机关对利用放射性物品伤害他人、危害公共安全的刑事犯罪依法进行打击，对放射性同位素丢失、被盗的辐射事故负责调查处理，对丢失的放射源及时追缴，协助卫生等行政部门对人体受到超剂量照射的辐射事故进行调查。同时，还要做好核事故应急工作。公安机关在进行上述工作时，要加强与环保和卫生部门的配合，科学操作，注意安全，要对可能拥有放射源的行业进行认真排查，其中辐照装置、水泥等建材行业、塑料及造纸工业、地质勘察业、煤田勘探开采、石油开采、化工行业、高等级公路桥梁建设单位、医疗机构、自然科学研究单位、大专院校、机械制造与安装、冶金、钟表制造、仪表制造、炼油、卷烟制造、造船、发电、制药、育种、石棉、木材加王、荧光灯、电影制片、面粉加工、饲料加工、纺织、兵器、电缆等行业或生产部门都是重点检查的对象，工作中要取得涉源单位的支持。

---

① 轶名．放射源丢失，问责不能手软．新华网，http：//news. xinhuanet. com/comments/2014-05/11/c_1110630715. htm. 2014-5-11.

② 在交通运输部下发了《关于做好〈放射性物品道路运输管理规定〉贯彻实施有关工作的通知》（厅函运〔2010〕208 号）的附件 5 中规定，“放射性物品道路运输许可与道路危险货物运输许可，同用《道路危险货物运输许可证》一种证件。对放射性物品道路运输许可，即在《道路危险货物运输许可证》的‘运输范围’内填写‘放射性物品’，并注明许可运输的放射性物品”。

（四）加强对废旧金属收购站点的管理

许多放射源、丢失和被盗的真正原因是违法犯罪分子为了卖包裹放射性物品金属以获利。所以，公安机关要加强对废旧金属收购站点的管理，在加强特种行业管理的同时，要制定相应规章制度，对废旧金属收购站点的经营者进行宣传教育，晓以利害，同时要公布国家环保举报热线 12369，鼓励和方便广大群众举报监督和反映情况，发现问题，及时控制。

（五）做好安全教育和宣传工作

《放射性污染防治法》第 5 条第 2 款规定“县级以上人民政府应当组织开展有针对性的放射性污染防治宣传教育，使公众了解放射性污染防治的有关情况和科学知识”。公安机关应当协同环保、卫生部门通过各种广大人民群众喜闻乐见的形式，运用通俗易懂的语言，向社会广泛宣传《放射性污染防治法》，广泛宣传放射源及辐射安全基本知识，树立和提高专业人员以及公众的放射源安全使用、管理、存放和识别能力，努力使广大人民群众增强守法和自我保护意识，提高对违法行为进行检举和控告的主动性。通过召开新闻发布会和电视、电话会议等各种形式，动员相关行业和社会各方面力量参与专项行动。有条件的地区，可以制定核与辐射安全示范教育设施，加强核与辐射安全管理人员、监测技术人员和废物库管理人员的培训，提高思想认识、技术水平和依法行政的能力。

（六）协助环保、卫生部门搞好行政执法工作

公安机关虽然不再办理《放射源登记证》（卫生部门也不再办理《放射源许可证》），但公安机关仍然参与对生产、进出口、销售和使用、运输、贮存、处置放射源单位的现场检查。所以，公安机关要协助环保、卫生部门围绕重点地区、重点行业以及放射源重点使用单位，抓好专项行动，协助环保部门对全国现有放射源的企事业单位进行申报登记，对存在安全隐患的，要求限期整改。同时，公安机关要对涉源单位开展职业病危害项目申报和项目评价等情况进行监督检查和登记备案。

第四节　辐射事故处理

一、辐射事故的概念

根据《关于建立放射性同位素与射线装置辐射事故分级处理和报告制度的通知》，辐射事故，是指放射源丢失、被盗、失控事故或者放射性同位素和射线装置失控导致人员受到异常照射的事故。

辐射事故的认定有三个方面的基本标准；一是放射源丢失、被盗、失控或放射性同位素和射线装置失控导致人体受到了意外的照射而死亡或器官受损；二是放射源丢失、被盗、失控，或者放射性物质泄漏造成了较大范围或较严重的环境污染；三是放射源丢失、被盗、失控，基于其较大的潜在危害性，在此情况下并不要求产生人体死亡、伤害或环境污染的危害后果。放射性物品在应用过程中只要出现了上述标准之一就可认定为辐射事故。因此，辐射事故是造成了或可能造成辐射危害后果的事故。

二、辐射事故的分级

根据辐射事故的性质、严重程度、可控性和影响范围等因素，从重到轻将辐射事故分为特别重大辐射事故、重大辐射事故、较大辐射事故和一般辐射事故四个等级。①

（一）特别重大辐射事故

特别重大辐射事故，是指Ⅰ类、Ⅱ类放射源丢失、被盗、失控造成大范围严重辐射污染后果，或者放射性同位素和射线装置失控导致3人以上（含3人）急性死亡的事故。具体包括以下情形之一：

1. Ⅰ类、Ⅱ类放射源丢失、被盗、失控造成大范围严重辐射污染后果；
2. 放射性同位素和射线装置失控导致3人以上（含3人）急性死亡；
3. 放射性物质泄漏，造成大范围（江河流域、水源等）放射性污染事故；
4. 国外航天器在我国境内坠落造成环境放射性污染的事故。

（二）重大辐射事故

重大辐射事故，是指Ⅰ类、Ⅱ类放射源丢失、被盗、失控，或者放射性同位素和射线装置失控导致2人以下（含2人）急性死亡或者10人以上（含10人）急性重度放射病、局部器官残疾的事故。具体包括以下情形之一：

1. Ⅰ类、Ⅱ类放射源丢失、被盗、失控；
2. 放射性同位素和射线装置失控导致2人以下（含2人）急性死亡或者10人以上（含10人）急性重度放射病、局部器官残疾；
3. 放射性物质泄漏，造成局部环境放射性污染。

（三）较大辐射事故

较大辐射事故，是指Ⅲ类放射源丢失、被盗、失控，或者放射性同位素和射线装置失控导致9人以下（含9人）急性重度放射病、局部器官残疾的事故。具体包括以下情形之一：

1. Ⅲ类放射源丢失、被盗、失控；
2. 放射性同位素和射线装置失控导致9人以下（含9人）急性重度放射病、局部器官残疾；
3. 铀（钍）矿尾矿库垮坝事故。

（四）一般辐射事故

一般辐射事故，是指Ⅳ类、Ⅴ类放射源丢失、被盗、失控，或者放射性同位素和射线装置失控导致人员受到超过年剂量限值的照射。具体包括以下情形之一：

1. Ⅳ类、Ⅴ类放射源丢失、被盗、失控；
2. 放射性同位素和射线装置失控导致人员受到超过年剂量限值的照射；
3. 铀（钍）矿、伴生矿严重超标排放，造成环境放射性污染事故。

三、辐射事故应急预案

县级以上人民政府环境保护主管部门应当会同同级公安、卫生、财政等部门编制辐射事故应急预案，报本级人民政府批准。辐射事故应急预案应当包括下列内容：

一是应急机构和职责分工；

二是应急人员的组织、培训以及应急和救助的装备、资金、物资准备；

三是辐射事故分级与应急响应措施；

① 根据《放射性同位素与射线装置安全和防护条例》和《国家环保总局辐射事故应急预案》（环办〔2007〕17号）的有关规定.

四是辐射事故调查、报告和处理程序。

生产、销售、使用放射性同位素和射线装置的单位，应当根据可能发生的辐射事故的风险，制定本单位的应急方案，做好应急准备。

四、辐射事故的报告制度

发生辐射事故时，事故单位应当立即启动本单位的辐射事故应急方案，采取必要防范措施，并在2小时内填写《辐射事故初始报告表》，向当地环境保护部门和公安部门报告。造成或可能造成人员超剂量照射的，还应同时向当地卫生行政部门报告。

接到辐射事故报告的环境保护部门、公安部门和卫生行政部门，应在2小时内将辐射事故信息向上一级环境保护部门、公安部门和卫生行政部门报告，直至省级环境保护部门、公安部门和卫生行政部门；在发生特别重大辐射事故情况下，可以同时向国家环保总局、公安部和卫生部报告。

省、地（市）和县级环境保护部门、公安部门、卫生部门在接到各类辐射事故报告后，应当按照辐射事故应急预案的要求和辐射事故的严重程度，立即派人赶赴现场，进行现场调查，采取有效措施，控制并消除事故影响，同时将辐射事故信息报告同级人民政府。事故处置工作基本完成后，省级环境保护部门应向国家环保总局报送辐射事故后续报告。

省级环境保护部门在接到辐射事故报告后，确认该辐射事故属特别重大辐射事故和重大辐射事故时，应及时通报省级公安部门和卫生行政部门，并在2小时内上报国家环保总局。国家环保总局在接到事故报告后，立即组织核实、确认事故类型，在2小时内报国务院，并通报公安部和卫生部。较大辐射事故和一般辐射事故无须上报国务院有关部门。每年1月10日前和7月10日前，各省级环保部门应分别将上一年度辖区内发生的所有辐射事故情况汇总报送国家环保总局，并抄送同级公安部门和卫生行政部门。

五、辐射事故的职责分工

根据《放射性同位素与射线装置安全和防护条例》的规定，在发生辐射事故或者有证据证明辐射事故可能发生时，县级以上人民政府环境保护主管部门有权责令停止导致或者可能导致辐射事故的作业，并组织控制事故现场。

辐射事故发生后，有关县级以上人民政府应当按照辐射事故的等级，启动并组织实施相应的应急预案。县级以上人民政府环境保护主管部门、公安机关、卫生主管部门，按照职责分工做好相应的辐射事故应急工作：

1. 环境保护主管部门负责辐射事故的应急响应、调查处理和定性定级工作，协助公安机关监控追缴丢失、被盗的放射源。

2. 公安机关负责丢失、被盗放射源的立案侦查和追缴。

3. 卫生主管部门负责辐射事故的医疗应急。

环境保护主管部门、公安机关、卫生主管部门应当及时相互通报辐射事故应急响应、调查处理、定性定级、立案侦查和医疗应急情况。国务院指定的部门根据环境保护主管部门确定的辐射事故的性质和级别，负责有关国际信息通报工作。发生辐射事故的单位应当立即将可能受到辐射伤害的人员送到当地卫生主管部门指定的医院或者有条件救治辐射损伤病人的医院，进行检查和治疗，或者请求医院立即派人赶赴事故现场，采取救治措施。

六、辐射事故的应急处理措施

为了保障工作人员和公众的安全与健康，保护国家财产安全，应尽最大努力避免发生放射性事故。一旦发生事故，应把事故的危害控制在最低限度和最小范围内，同时付出的代价与事故处理后得到效益相比应该是合理的。这是事故处理的总原则。

辐射事故的应急处理措施主要包括以下内容：

（一）划出警戒区，疏散警戒区内人员

在接到报警后，有关机构和部门要立即组织人员赶赴事故现场，在专业人员的指导下，划出警戒区，疏散警戒区内所有人员。

（二）采取措施防止事故继续发生和蔓延

查清事故发生的原因后，应立即采取相应的措施防止事故继续发生和蔓延而扩大危害范围。放射性事故多种多样，如场所、地面、设备污染事故，放射性气体、气流胶和粉末污染空气事故，以及丢失放射性物质事故，只有弄清事故发生的前因后果、种类、范围和水平，才能采取有效的措施减少和预防事故危害。

（三）处理过程中时，避免农作物、食物及水源受到污染

处理事故时，应避免农作物和其他食物及水源受到污染。如果遇到强放射源穿透屏蔽或者大泄漏事故，首先要撤离工作人员和公众，然后研究如何处理放射性污染等事宜。

（四）保护好现场

在事故紧急处置时，应尽量保护好现场，尤其是不要让无关人员进入：一是为防止无关人员受照射；二是防止污染范围扩大；三是防止破坏现场。因此，处理辐射事故现场比对其他事故现场要严格，必要时可划出禁区，设立岗哨。

（五）事故处理要及时、迅速、彻底，不留后患

事故发生后，要迅速组织人力、物力采取果断措施进行处理，而且要处理彻底，尤其是污染事故，不能采取简单的掩埋、转移等方法处理。由于丢失放射性物质，往往会造成人心极大的恐慌和社会秩序的混乱，因而发生事故后，要迅速查找，尽快追回丢失的放射性物质。

（六）在专业技术人员的指导下进行处理

处理技术性较强的事故，必须在专业技术人员的指导下进行，切忌不懂装懂，潦草从事。如果必须接受应急照射时，要在安全防护人员监督下实施，受照剂量必须控制在国家允许的剂量限值以下。

第五节　涉放射性物品单位的安全检查

为了及时发现隐患，督促各项安全法规、制度、标准的落实，保障公共安全，保障公民的生命财产安全和社会稳定，公安机关结合工作需要，可汇同涉源单位的上级主管部门、环境部门，对涉源单位进行安全检查。对于不同的性质的涉源单位，检查的内容也不同，检查通常以安全检查表的形式进行记载检查内容。

一、涉源单位安全检查的目的

通过检查放射源（密封放射源和非密封放射源）许可登记资料汇总和移交、申报登记、使用等环节的工作、设施齐备的情况，确保放射性物品的安全管理和使用。

通过申报登记，掌握涉源单位所拥有的放射源的数量、种类和分布情况；通过现场检查、限期整改和立案追缴，查处放射源生产、进出口、销售、使用、运输、贮存、处置等各个环节中存在的安全问题；通过对检查中发现的闲置废弃放射源进行强制收贮，消除涉源单位存在的安全隐患，保障社会公共安全及从业人员的安全，保证放射性物品的安全使用和合理开发。

二、安全检查要求

对涉源单位的安全检查一般由涉源单位的主管部门、环保部门及公安机关治安管理部门组织实施，也可以组织联合检查。

检查时要求两人以上，公安机关的人民警察要求着制服，携带相关证件及安全检查的相关文件资料。必要时，可以聘请专业人员参加。

检查后，及时将检查结果及处理意见通报给被检查单位和上级机关，并将检查结果整理成书面材料存档，建立安全检查档案。

三、涉源单位安全检查的方法

在对涉源单位安全检查时，通常可以采用以下五种检查方法：

（一）询问法

询问法，即通过询问涉源单位涉源工作的员工及相关人员放射性物品工作知识及安全工作要求等情况达到了解被检查单位安全管理情况。询问的内容要紧紧围绕检查内容进行。询问时应全面、细致，不能应付了事。

（二）调阅法

调阅法，即通过查阅涉源单位的有关放射性物品的管理文件、资料的方法了解被检查单位的安全管理情况。文件、资料应当包括：

1. 有关涉源工作的批准文件、资料；
2. 有关涉源工作场所的建筑审核和验收文件、资料；
3. 有关涉源工作的器材、设备等的合格材料；
4. 有关的安全管理制度及设施、设备的配备及使用资料；
5. 各项安全管理制度的落实及记录材料；
6. 涉源工作的工作人员的专业知识及安全培训及记录材料；
7. 各种涉源工作的设施、设备的检查和维修保养记录材料；
8. 应急预案及演练等情况；
9. 安全管理人员的配备、培训、工作及工作记录等资料；
10. 其他与安全管理工作有关的文件、资料。

（三）查看法

查看法，即通过查看涉源单位的有关涉源工作的设施、设备的外观、运行情况了解被检查单位在安全管理设施、设备方面是否符合安全工作要求。

（四）测试法

测试法，即通过测试涉源工作的设施、设备的功能和性能等情况，进一步了解被检查单位安全管理工作情况。

（五）实练法

实练法，即通过涉源工作单位工作人员对涉源工作的设施设备的实际操作、应急预案的实战演练等，检查涉源单位相关工作人员的安全工作实际及准备情况。

四、涉源单位安全检查的内容

（一）组织机构及职责

1. 检查涉源单位安全管理机构

检查涉源单位和各级放射安全防护管理第一责任人和放射安全和防护管理各环节的直接管理责任人是否明确。

2. 放射物品库安全管理人

检查放射物品库安全管理人的配备情况、安全检查、值班、物品发放及收回记录、发现安全问题及上报和整改情况。

3. 安全管理制度的建立及落实情况

检查涉源单位的安全管理制度的建立、地方备案、台账维护、监督检查、剂量检测、职业健康体检、事故调查、应急预案等安全管理制度的建立和落实情况。

4. 教育培训情况

检查涉源单位对涉源工作人员的相关专业知识及安全知识的教育和培训制度及落实情况。

5. 涉源工作各环节的制度及落实情况

检查涉源工作的采购、验收、调拨、建档、贮存、保卫、运输、使用、退役、应急预案及设备设施的使用、维护保养及管理制度及落实情况。

6. 其他需要检查的内容。

（二）涉源工作的资质及备案

1. 检查涉源工作单位所取得的涉源工作许可证及有效期。

2. 检查涉源工作单位的放射性物品备案的落实情况。

3. 检查涉源工作单位在放射性物品转入前，将本单位主管领导审核的采购申请及报省级环境保护主管部门的审批、备案情况。

4. 在放射性物品转出前，对转出放射性物品和相关资料进行审核，提出转出申请，报省级环境保护部门审批、备案情况。

5. 对从事涉源工作的工作人员定期参加培训、考核及取得环保部门核发的从事资格证件后，所在单位人力资源管理部门考核合格后方可从事涉源工作，定期对涉源工作的人员进行能力评价情况。

6. 非经营性运输放射性物品的车辆及人员资质等情况。

7. 其他需要检查的内容。

（三）涉源工作各环节的安全工作

1. 放射性物品的采购及验收工作的审批及程序是否符合规定。

2. 转出、转入放射性物品的报批、备案等是否完备。

3. 贮存仓库的建筑及安全监控设施设备的完备、运行、使用记录是否完备。

4. 放射性物品的出入库记录是否完备。

5. 放射性物品的使用的批准及使用记录是否完备。

6. 安全保卫的设施、人员（人防、物防、技防、犬防等）的配备及工作情况。

7. 放射性物品的运输情况。包括：车辆、司机、押运员、设施设备、标志、运输过程的安全情况等。

8. 放射性物品的搬运工作人员及工作情况。

9. 放射性物品使用场所的安全监测情况。

10. 环境监测情况。

11. 放射性废物的安全管理情况。

12. 涉源单位及场所的警告标志的张贴情况。

13. 消防器材的配备及保养情况。

14. 其他内容。

五、安全检查中发现问题的处理

（一）责令当场整改

在安全检查中发现的安全隐患，能够当场整改的，要求涉源单位当场整改。

（二）责令限期整改

在安全检查中，发现的安全隐患，无法当场整改的，可以要求被检查单位限期整改。

（三）责令停产停业整顿

对在安全检查中发现的重大安全隐患，可能引发安全事故的隐患，通过限期整改不足以消除安全隐患的，可以要求其停产停业整顿。

（四）复查

对被要求限期整改或停产停业整顿的涉源单位在按期整改或整顿后，可以要求检查单位派员进行复查。

（五）取消从业资质

对在安全检查中发现的重大安全隐患等问题，可以按规定取消涉源单位的涉源工作资质。

（六）处罚

对在安全检查中发现的安全隐患等问题，触犯法律的，按法律规定追究相应的单位及责任人的法律责任。

第六节　违反放射性物品管理行为的法律责任

一、违反《刑法》的法律责任

（一）危害公共安全罪

危害公共安全罪，指危害广大群众生命健康和公私财产的安全，足以使多人死伤或使公私财产遭受重大损失的行为。《刑法》第 114 条、115 条规定：

1. 投放放射性物品危害公共安全的行为

对投放放射性物品危害公共安全的行为，尚未造成严重后果的，处 3 年以上 10 年以下有期徒刑；投放放射性物品致人重伤、死亡或者使公私财产遭受重大损失的，处 10 年以上有期徒刑、无期徒刑或者死刑。

2. 非法制造、买卖、运输、储存放射性物品，危害公共安全的行为

对非法制造、买卖、运输、储存放射性物品，危害公共安全的行为，处3年以上10年以下有期徒刑；情节严重的，处10年以上有期徒刑、无期徒刑或者死刑。

3. 盗窃、抢夺放射性物品危害公共安全的行为

对盗窃、抢夺放射性物品危害公共安全的行为，处3年以上10年以下有期徒刑；情节严重的，处10年以上有期徒刑、无期徒刑或者死刑。抢劫放射性物品，危害公共安全的，处10年以上有期徒刑、无期徒刑或者死刑。

4. 非法携带放射性物品进入公共场所或者公共交通工具，危及公共安全的行为

对非法携带放射性物品进入公共场所或者公共交通工具，危及公共安全的行为，情节严重的，处3年以下有期徒刑、拘役或者管制。

5. 违反放射性物品的管理规定的行为

对违反放射性物品的管理规定，在生产、储存、运输、使用中发生重大事故，造成严重后果的，处3年以下有期徒刑或者拘役；后果特别严重的，处3年以上7年以下有期徒刑。

（二）侵犯公民人身权利、民主权利罪

侵犯公民人身权利、民主权利罪，指非法侵犯公民的人身权利和民主权利的行为。这类犯罪侵犯的客体，是公民的人身权利和民主权利，具体表现为公民的生命、健康、人身自由、名誉、人格以及选举权、被选举权等不受非法侵犯的权利。

《刑法》第131条规定，“保护公民的人身权利、民主权利和其他权利，不受任何人、任何机关非法侵犯。违法侵犯情节严重的，对直接责任人员予以刑事处分”。

违反劳动管理规定，雇用未满16周岁的未成年人在放射性危险环境下从事劳动，情节严重的，对直接责任人员处3年以下有期徒刑或者拘役，并处罚金；情节特别严重的，处3年以上7年以下有期徒刑，并处罚金。有前款行为，造成事故，又构成其他犯罪的，依照数罪并罚的规定处罚。

（三）投放虚假危险物质罪

投放虚假危险物质罪，是指投放虚假爆炸性、毒害性、放射性、传染病病原体等物质，严重扰乱社会秩序的行为。

《刑法》第291条规定：投放虚假的放射性物品，或者编造放射威胁等恐怖信息，或者明知是编造的恐怖信息而故意传播，严重扰乱社会秩序的，处5年以下有期徒刑、拘役或者管制；造成严重后果的，处5年以上有期徒刑。

（四）污染环境罪

污染环境罪是指违反防治环境污染的法律规定，造成环境污染，后果严重，依照法律应受到刑事处罚的行为。

《刑法》第338条、339条规定：违反国家规定，向土地、水体、大气排放、倾倒或者处置放射性废物，造成重大环境污染事故，致使公私财产遭受重大损失或者人身伤亡的严重后果的，处3年以下有期徒刑或者拘役，并处或者单处罚金；后果特别严重的，处3年以上7年以下有期徒刑，并处罚金。

二、违反《治安管理处罚法》的法律责任

（一）投放虚假的放射性物品扰乱公共秩序的行为

《治安管理处罚法》第25条规定：投放虚假的爆炸性、毒害性、放射性、腐蚀性物质

或者传染病病原体等危险物质扰乱公共秩序的，处 5 日以上 10 日以下拘留，可以并处 500 元以下罚款；情节较轻的，处 5 日以下拘留或者 500 元以下罚款。

（二）违反国家规定，制造、买卖、储存、运输、邮寄、携带、使用、提供、处置放射性物品的行为

《治安管理处罚法》第 30 条规定：违反国家规定，制造、买卖、储存、运输、邮寄、携带、使用、提供、处置放射性物品的，处 10 日以上 15 日以下拘留；情节较轻的，处 5 日以上 10 日以下拘留。

（三）放射性物品被盗、被抢或者丢失，未按规定报告的行为

《治安管理处罚法》第 31 条规定：放射性物品被盗、被抢或者丢失，未按规定报告的，处 5 日以下拘留；故意隐瞒不报的，处 5 日以上 10 日以下拘留。

三、违反《放射性同位素与射线装置安全和防护条例》的法律责任

（一）县级以上人民政府环境保护主管部门有下列行为之一，构成犯罪的，依法追究刑事责任：

1. 向不符合规定条件的单位颁发许可证或者批准不符合规定条件的单位进口、转让放射性同位素的。

2. 发现未依法取得许可证的单位擅自生产、销售、使用放射性同位素和射线装置，不予查处或者接到举报后不依法处理的。

3. 发现未经依法批准擅自进口、转让放射性同位素，不予查处或者接到举报后不依法处理的。

4. 对依法取得许可证的单位不履行监督管理职责或者发现违反规定的行为不予查处的。

5. 在放射性同位素、射线装置安全和防护监督管理工作中有其他渎职行为的。

（二）县级以上人民政府环境保护主管部门和其他有关部门有下列行为之一的，对直接负责的主管人员和其他直接责任人员，依法给予行政处分；构成犯罪的，依法追究刑事责任：

1. 缓报、瞒报、谎报或者漏报辐射事故的。

2. 未按照规定编制辐射事故应急预案或者不依法履行辐射事故应急职责的。

（三）生产、销售、使用放射性同位素和射线装置的单位部分终止或者全部终止生产、销售、使用活动，未按照规定办理许可证变更或者注销手续的，造成辐射事故，构成犯罪的，依法追究刑事责任。

（四）伪造、变造、转让许可证的，或者同位素进口和转让批准文件的，构成犯罪的，依法追究刑事责任。

（五）生产、销售、使用放射性同位素和射线装置的单位有下列行为之一的，构成犯罪的，依法追究刑事责任：

1. 未按照规定对本单位的放射性同位素、射线装置安全和防护状况进行评估或者发现安全隐患不及时整改的。

2. 生产、销售、使用、贮存放射性同位素和射线装置的场所未按照规定设置安全和防护设施以及放射性标志的。

四、违反《放射性物品运输安全管理条例》的法律责任

（一）国务院核安全监管部门和省、自治区、直辖市人民政府环境保护主管部门或者其他依法履行放射性物品运输安全监督管理职责的部门有下列行为之一的，对直接负责的主管人员和其他直接责任人员依法给予处分；直接负责的主管人员和其他直接责任人员构成犯罪的，依法追究刑事责任：

1. 未依照《放射性物品运输安全管理条例》规定作出行政许可或者办理批准文件的。

2. 发现违反《放射性物品运输安全管理条例》规定的行为不予查处，或者接到举报不依法处理的。

3. 未依法履行放射性物品运输核与辐射事故应急职责的。

4. 对放射性物品运输活动实施监测收取监测费用的。

5. 其他不依法履行监督管理职责的行为。

（二）通过道路运输放射性物品，有下列行为之一的，由公安机关责令限期改正，处 2 万元以上 10 万元以下的罚款；构成犯罪的，依法追究刑事责任：

1. 未经公安机关批准通过道路运输放射性物品的。

2. 运输车辆未按照指定的时间、路线、速度行驶或者未悬挂警示标志的。

3. 未配备押运人员或者放射性物品脱离押运人员监管的。

（三）未取得放射性物品运输的核与辐射安全分析报告批准书或者放射性物品运输的辐射监测报告备案证明，将境外的放射性物品运抵中华人民共和国境内，或者途经中华人民共和国境内运输，构成犯罪的，依法追究刑事责任。

（四）在放射性物品运输中造成核与辐射事故，构成犯罪的，依法追究刑事责任。

（五）拒绝、阻碍国务院核安全监管部门或者其他依法履行放射性物品运输安全监督管理职责的部门进行监督检查，或者在接受监督检查时弄虚作假，构成犯罪的，依法追究刑事责任。

☞ **思考题：**

1. 什么是放射性同位素？
2. 常见的放射性射线有哪几种，各自的特点有哪些？
3. 放射性衰变的特征有哪些？
4. 放射性射线对人体有哪些危害，防护措施有哪些？
5. 公安机关对放射性物品管理的措施有哪些？
6. 在辐射事故中，公安机关的职责与任务有哪些？
7. 在对涉源单位进行安全检查时，公安机关的职责与任务有哪些？
8. 对违反放射性物品管理中，哪些行为要给予治安行政处罚？

☞ **主要参考文献：**

［1］王占军，黄超主编．危险物品管理［M］．北京：中国人民公安大学出版社，2014.

［2］张瑞萍．放射性辐射的危害及安全防护［J］．北京警察学院学报，2011（6）.

公安院校创新应用型精品规划系列教材

☆ 犯罪学教程
☆ 治安学
☆ 治安社会防范教程
☆ 安保勤务与安全检查
☆ 危险物品管理
☆ 公安监所管理工作实务
☆ 犯罪心理学教程
☆ 治安学专业实训教程
☆ 治安学概论
☆ 治安学通论
☆ 道路交通管理学
公安基础理论
治安案件查处
治安管理处罚法
治安秩序管理
侦查学
法医学
物证技术学
现场勘查
文件检验学
道路交通事故司法鉴定
警察职业道德
警察学原理
警察心理健康
安全防范技术应用
安防工程设计
监狱学基础理论
法院执行实务
书记员工作实务
警察防卫与控制技术
公安内勤工作手册
公安应用写作教程
信息化警务
乘警勤务
警察法学
道路交通事故处理
刑事影像学
刑事科学技术概论
车辆和驾驶员管理
社区警务
户政与人口管理
消防管理
保卫学
计算机应用技术
网络信息安全
逻辑学
公安机关办案程序

欢迎广大教师和读者就系列教材的内容、结构、设计以及使用情况等，提出您宝贵的意见、建议和要求，我们将继续提供优质的售后服务。

联系人：田红恩
电　话：137 2030 4986
E-mail：113391595@qq.com

武汉大学出版社（全国优秀出版社）